W0177600

Der Griff nach der Psyche

C(

Bärbel Schwertfeger ist Diplom-Psychologin und schreibt als freie Journalistin u. a. für *Wirtschaftswoche, Handelsblatt, FAZ, Blick durch die Wirtschaft, Süddeutsche Zeitung, Handelsblatt* und *Stern*. Die Autorin zahlreicher Bücher beschäftigt sich seit 1994 intensiv mit dem Thema »Psychoseminare«. Zu ihren wichtigsten Buchveröffentlichungen zählen: *Der Therapieführer* (1989 und 1995), *Die Körpersprache der Bosse* (1990), *Das MBA-Handbuch* (1994).

Bärbel Schwertfeger

DER GRIFF NACH DER PSYCHE

Was umstrittene Persönlichkeitstrainer in Unternehmen anrichten

Vorwort von Lutz von Rosenstiel

Campus Verlag
Frankfurt/New York

Die Deutsche Bibliothek – CIP-Einheitsaufnahme

Schwertfeger, Bärbel:
Der Griff nach der Psyche : was umstrittene Persönlichkeitstrainer in
Unternehmen anrichten / Bärbel Schwertfeger. Vorw. von Lutz von
Rosenstiel. – Frankfurt/Main ; New York : Campus Verlag, 1998
　　ISBN 3-593-35910-3

Das Werk einschließlich aller seiner Teile ist urheberrechtlich geschützt. Jede
Verwertung ist ohne Zustimmung des Verlags unzulässig. Das gilt insbeson-
dere für Vervielfältigungen, Übersetzungen, Mikroverfilmungen und die Ein-
speicherung und Verarbeitung in elektronischen Systemen.
Copyright © 1998 Campus Verlag GmbH, Frankfurt/Main
Umschlaggestaltung: Guido Klütsch, Köln
Umschlagmotiv: © The Image Bank
Satz: Leingärtner, Nabburg
Druck und Bindung: Media-Print Informationstechnologie, Paderborn
Gedruckt auf säurefreiem und chlorfrei gebleichtem Papier.
Printed in Germany

INHALT

VORWORT

»Aufklärung«, so schreibt Immanuel Kant, »ist der Ausgang des Menschen aus seiner selbstverschuldeten Unmündigkeit. Unmündigkeit ist das Unvermögen, sich seines Verstandes ohne Leitung eines anderen zu bedienen.« In diesem Sinne ist »Der Griff nach der Psyche« von Bärbel Schwertfeger ein aufklärerisches Buch. Es beschäftigt sich mit jenen Trainingsmethoden, die insbesondere für Fach- und Führungskräfte der Wirtschaft angeboten werden und ihrer »Persönlichkeitsentwicklung« dienen sollen. Die Teilnahme an derartigen Trainings bedeutet eine nicht unerhebliche Investition an Geld, Zeit und Emotion. Ob freilich diese Investition lohnt und an welchen Kriterien dieses »Lohnen« festgemacht werden sollte, ist vielfach offen. Wer sich ein neues Auto kauft, wird in der Regel bewußte Kriterien für die Auswahl haben, sich Informationen über die zur Wahl stehenden Fahrzeuge beschaffen und Testberichte in relativ unabhängigen und fachkundigen Zeitschriften studieren. Ein Unternehmen, das Mitarbeiter zu einem Persönlichkeitstraining entsendet, oder Führungskräfte, die sich selbst für eine solche Veranstaltung anmelden, haben in der Regel diese Kriterien und Informationen nicht. Sie investieren bei hoher Unsicherheit.

Es gibt ohne Frage wissenschaftlich gut fundierte, in der Methodenzusammenstellung vernünftig konzipierte und der beruflichen Qualifikation dienende Seminare, die darüber hinaus dem Teilnehmer helfen, sich über eigene Stärken und Schwächen bewußt zu werden. Diese Seminare können auch dazu verhelfen, daß man außerhalb der beruflichen Welt mit sich selbst und mit anderen verhaltenssicherer und angemessener umgehen kann, um so zusätzliche Autonomie zu gewinnen. Es gibt andere Veranstaltungen, die ein Sammelsurium irrelevanter Übungen und Informationen sind, kaum etwas bewirken und letztlich als vertanes Geld und vertane Zeit abgeschrieben werden müssen. Es gibt aber auch solche Vorgehensweisen, die geeignet erscheinen, die Teilnehmer tief zu beeindrucken, sie im Kern zu erschüttern, ihnen bislang unbekannte Seiten ihrer eigenen Persönlichkeit zu zeigen, und die zugleich Gemeinschaftserlebnisse vermitteln, die den Teilnehmern bis dahin gänzlich fremd waren. Allerdings führt dies dann nicht zu mehr Autonomie, sondern zu Schritten in die Abhängigkeit vom Veranstalter, vom Trainer oder – bei Generalisierung der Wirkung – vom eigenen Unternehmen oder Vorgesetzen.

Ähnliche Vorgehensweisen gab es und gibt es von alters her in vielen Kulturen, verbunden mit den – häufig nicht mehr bewußten – Zielen, Menschen an Werte dieser Kultur, an den Herrschenden und an die der Erhaltung seiner Macht dienenden Traditionen oder an bestehende Strukturen und Institutionen zu binden.

Tradierte Feste, Initiations- und Mannbarkeitsriten, rauschhafte Orgien, Einsatz von Drogen, tranceentwickelte Körperbewegungen unter der Anleitung von Zauberern sind vielfach in ihren Erscheinungsformen und in ihren Wirkungen beschrieben worden. Innerhalb der modernen Industriegesellschaft erscheinen derartige Rituale lächerlich, werden als »Mummenschanz« abgetan und sind doch unter Nutzung und Ausbeutung von Erkenntnissen der modernen Psychologie in neuerer Form wieder erstanden, etwa in bestimmten Psychotrainings, die Bärbel Schwertfeger in ihrem Buch beschreibt.

Derartige Trainings werden für Unternehmer, vor allem aber für qualifizierte Fach- und Führungskräfte aus größeren Unternehmen angeboten. Solche Unternehmen gelten als zweckrationale Gebilde, innerhalb derer das Handeln der Mitarbeiter – insbesondere aber das Handeln der Führungskräfte – rational zu sein und den Unternehmenszielen zu dienen hat. Da ist kein Platz für Emotionen, und falls es doch so etwas wie Gefühlsarbeit gibt, geht es darum, etwa dem Kunden gegenüber Höflichkeit und Freundlichkeit darzustellen und ansonsten die eigene Emotionalität zu kontrollieren oder gar zu unterdrücken. Der Mensch tritt in den Hintergrund und läßt der Rolle den Vortritt. Und doch erfahren die gleichen Personen immer wieder – in Stellenanzeigen, in »How to«-Büchern, aus Vorstandsreden und anderen Quellen mehr – daß es auf die »Persönlichkeit« ankomme. Psychoseminare bieten sich an, wenn Führungskräfte – häufig gar auf Anraten der Personalentwicklung des Unternehmens und von dieser finanziert – ihre Persönlichkeit perfektionieren wollen. Und da es – etwas holzschnittartig dargestellt – zu der Überzeugung von Führungskräften gehört, daß Dinge gestaltbar, machbar sind, wenn man nur will, suchen sie nach Experten, die versprechen, die Persönlichkeit rasch und effizient umzugestalten. So geraten sie – ohne über Qualitätskriterien zu verfügen – an Anbieter von Psycho- oder Persönlichkeitsseminaren, und dort erleben sie – unerfahren im Umgang mit eigenen Affekten und Emotionen – häufig Faszinierendes, werden tief beeindruckt und erschüttert und verwechseln die Intensität des Erlebens mit jener zielbezogenen Wirksamkeit, auf die es ihnen ankommt. Und sie übersehen, daß sie durch derartige Veranstaltungen nicht autonom werden im Umgang mit sich selbst, nicht qualifiziert werden zur Führung der eigenen Person, sondern daß sie in Abhängigkeit geraten von jenen, die sie zu so tiefen und unerwarteten Erfahrungen geführt haben.

Seminarveranstaltungen, die dem einzelnen mehr Wahrhaftigkeit vermitteln, ihm helfen, sich selbst realistischer zu sehen, ihn dabei unterstützen mit eigenen Schwächen konstruktiv umzugehen, sind fraglos der eigenen Entfaltung und dem beruflichen Erfolg dienlich. Es gibt solche Seminare. Es gibt aber leider auch andere, und die Mechanismen des Marktes sind bislang kaum geeignet, sie zu eliminieren. Also tut Aufklärung not. Bärbel Schwertfeger hat dazu einen Beitrag geleistet. Ihre Dokumentationen lesen sich häufig spannend und erinnern an einen Krimi. Die Autorin wird sich dort, wo sie Namen nennt und Konkretes dokumentiert, auch Feinde machen.

Natürlich kann ich nicht beurteilen, ob dies nun alles stimmt oder gar repräsentativ für das Gesamtgeschehen ist. Manchmal würde man sich wünschen, auch die andere Seite zu hören. Doch hilft die Zielstrebigkeit, mit der die Autorin recherchiert hat, und der Mut, den sie mit ihrer engagierten Dokumentation beweist, den nach Qualitätskriterien suchenden Personalentwicklern oder potentiellen Kunden derartiger Seminare, ein kritisches Gespür zu entwickeln.

Was ist der Stil derer, die ihre Geschäfte dadurch zu machen suchen, daß sie die von ihnen Trainierten abhängig machen, statt Souveränität und Freiheit zu vermitteln? So kann vielleicht jener, der fachkundige Unterstützung auf seinem beruflichen Weg sucht, etwas kritischer mit den enthusiastischen und begeisterten Berichten anderer über derartige Seminare umgehen oder auch lernen, eigene, bisher gar nicht gekannte Erlebnisse von hoher Intensität bei derartigen Veranstaltungen nicht für Indikatoren des Erfolgs zu halten. Das Buch kann dazu beitragen, daß der Leser etwas mündiger wird. Dies – ich sagte es zu Beginn – ist ein Beitrag zur Aufklärung.

München im November 1997

Lutz von Rosenstiel

EINLEITUNG

Sie versprechen den Durchbruch zum Erfolg, mehr Energie und Lebensfreude. Sie locken mit der Überwindung eigener Blockaden und der Freisetzung ungeahnter Leistungspotentiale. Persönlichkeitstrainings liegen im Trend. Doch die Realität ist manchmal ernüchternd. Mit autoritärem Drill und aufwühlenden Übungen werden die Teilnehmer mürbe gemacht. Statt Selbstverantwortung wird absoluter Gehorsam verlangt: das Psychotraining als Mogelpackung.

Was ich bei meinen Recherchen in den vergangenen Jahren alles erlebte, würde Bände füllen. Das Buch gibt davon nur einen kleinen Auschnitt wieder. Insofern ist es ein persönliches Buch. Sein Hauptanliegen ist jedoch Aufklärung. Warum lassen sich intelligente Menschen so schnell beeinflussen? Warum verlieren Manager jegliche kritische Distanz und werden zu blinden Anhängern eines Psychogurus? Das Buch erklärt die psychologischen Mechanismen, durchleuchtet die Methoden umstrittener Psychoanbieter und entlarvt ihre Tricks. Zu großen Teilen ist es aber auch ein Enthüllungsbuch. Viele werden daher nicht erfreut sein, ihren Namen darin zu finden. Andere werden schockiert sein, welchen Einfluß die Psychomanipulateure bereits in ihren Unternehmen haben.

Die Idee zu diesem Buch kam nicht über Nacht. Mein Interesse an Persönlichkeitsseminaren begann schon während meines Psychologiestudiums vor mehr als fünfzehn Jahren.

1988 schrieb ich einen Psychotherapieführer. Dort wurden die Ansätze verschiedener Therapieformen dargestellt. Vieles davon findet man auch in den Persönlichkeitstrainings für Manager wieder. Ich besuchte zahlreiche dieser Seminare. Ich war beim Dialektiktraining in den Schweizer Bergen, beim Meditieren in der Wüste, habe drei Tage geschwiegen und Holzbretter durchgeschlagen. Die Seminare waren interessant, amüsant und lehrreich. Manche sprachen mich mehr, andere weniger an.

Ein entscheidendes Erlebnis war der Besuch eines Persönlichkeitsseminars in der Schweiz. Schon die Beschreibung war merkwürdig und strotzte vor großen Versprechungen. Noch komischer war jedoch das Seminar selbst. Der Guru thronte auf einem Stuhl über uns, gab unverständliches und banales Zeug von sich wie: »Das Leben ist ein Risiko.« Fragen würgte er konsequent ab. Die Teilnehmer, überwiegend Manager aus höheren Ebenen, waren frustriert. Am Abend wurde heftig gemeckert. Am nächsten Tag saßen sie wieder brav wie kleine Schuljungen auf ihren Stühlen und schwiegen. Erstmals erlebte ich bewußt, wie schnell sich Manager einwickeln lassen und wie wenig kritikfähig die großen Macher sind.

Noch interessanter war allerdings die Reaktion des Institutsleiters nach dem Seminar. Als ich ihm unmißverständlich erklärte, wie katastrophal ich das Seminar fand, und ihm meine Beurteilung auch detailliert begründete, sagte er: »Hunderte von Managern sind begeistert. Wahrscheinlich haben Sie das Seminar einfach nicht richtig verstanden.« Ich war sprachlos. Ich ließ das Seminar noch einmal im Geiste Revue passieren und blieb bei meiner Meinung. Das Phänomen begann mich zu interessieren.

Im Laufe der nächsten Jahre kam ich immer häufiger in Kontakt mit Personalentwicklern und Managern, die mir von abstrusen Persönlichkeitstrainings erzählten. Sie berichteten von autoritärem Drill, verwirrenden Übungen, Heulorgien und psychischen Zusammenbrüchen. Sie schilderten, welchen Einfluß dubiose Trainer im Unternehmen hatten und wie sie quasi gezwungen wurden, an den Psychokursen teilzunehmen. Ich schrieb einige Artikel über die Gefahren dieser Psychokurse und bekam immer mehr Anfragen von verunsicherten Personalmanagern und von Betroffenen.

Eine weitere Wende kam 1995. Auf einem Kongreß traf ich den Amerikaner Steven Hassan. Der Psychotherapeut gilt laut *Spiegel* als der erfolgreichste Ausstiegsberater für Mitglieder totalitärer Sekten. Hassan öffnete mir die Augen. Plötzlich wurde mir klar, daß die Methoden, mit denen Sekten und Psychokulte Menschen manipulieren, zum Teil auch in zahlreichen Psychotrainings eingesetzt werden. Ich schrieb mehrere Artikel über die Methoden der Psychomanipulateure. Fast immer wenn ich Anbieter nannte, wurde ich massiv angegriffen. Merkwürdigerweise ließen sich die Kritisierten niemals auf eine inhaltliche und methodische Diskussion ein. Statt dessen gab es Drohungen, Verleumdungen, Angriffe unter der Gürtellinie oder Klagen. Geklagt wurde dabei häufig nur, um zu klagen und den Gegner zu zermürben. Inhaltlich ging es meist um Peanuts.

Teil I

Auf der Suche nach
dem Patentrezept

1
DIE VERMEINTLICHE WUNDERWAFFE

Voll im Trend
Warum Persönlichkeitstrainings so gefragt sind

»Wir suchen Persönlichkeiten«, heißt es heute unisono in den Unternehmen. Ob Hochschulabsolvent oder Manager, ohne Persönlichkeit sinken ihre Karrierechancen. Doch was ist eine Persönlichkeit? Teamorientiert und konfliktfähig soll er oder sie sein, Eigeninitiative und Durchsetzungsvermögen zeigen und gut kommunizieren können. Soziale Kompetenz und seit kurzem auch emotionale Intelligenz heißen die Schlagworte. Der Wunschkatalog hat nur einen Nachteil. Die geforderten Eigenschaften lassen sich nur schlecht überprüfen, und keiner weiß, ob oder wie man sie erlernen kann.

Persönlichkeit ist längst zur Worthülse geworden. Jeder redet davon, keiner weiß so genau, was damit gemeint ist. Der Ruf nach Persönlichkeiten ist oftmals auch nur ein Ausdruck der Hilflosigkeit. Denn so genau wissen viele Personalverantwortliche selbst nicht, was sie suchen. Da wird der unbequeme Querdenker gesucht, der sich dann möglichst geräuschlos in die bestehenden Strukturen einfügen soll. Da soll ein Manager seinen Mitarbeitern als Coach zur Seite stehen und ihnen mehr Selbstverantwortung zugestehen, doch gleichzeitig wird er für die Fehler seiner Mitarbeiter bestraft. Da wird Eigenverantwortung und Empowerment gepredigt, doch aus Kostengründen muß nun sogar der Kauf eines Radiergummis von oben genehmigt werden. Wer vom Mitarbeiter verantwortungsvolles Handeln erwartet, muß loslassen können. Doch das können die wenigsten. Die meisten Unternehmen werden noch immer nach dem Glaubenssatz »Vertrauen ist gut, aber Kontrolle ist besser« gemanagt, und die Widersprüche zwischen den Aussagen der Hochglanzbroschüren und dem Alltag zermürben so manchen.

Doch immerhin hat man in vielen Unternehmen inzwischen erkannt, daß es meist nicht an der fachlichen, sondern an der sozialen Kompetenz mangelt. Denn wenn es im zwischenmenschlichen Gefüge knirscht, dann nützen auch die besten Rationalisierungsmaßnahmen wenig. Kommunikationsprobleme, Grabenkämpfe und Intrigen sind oftmals die eigentlichen Feinde der Effektivität. Ein Team, das nur mit sich selbst beschäftigt ist, wird zwangsläufig unproduktiv. Mitarbeiter, die von ihrem Chef ständig demotiviert werden, leisten langfristig weniger.

Vor allem die Führungskräfte sind heute gefordert und müssen sich auf eine neue Rolle einstellen. Statt wie bisher Befehlsgeber zu sein, sollen sie heute ihre Mitarbeiter coachen. An die Stelle von Kontrolle soll Vertrauen treten. So steht es in den Hochglanzbroschüren. Doch die Realität sieht oft anders aus. Viele Führungskräfte haben den erwünschten Rollenwechsel nicht geschafft oder sind schlichtweg überfordert. Aus dem autoritären Chef wird eben nicht plötzlich ein mitfühlender Coach.

Die meisten Veränderungsprozesse scheitern an den Menschen. Da basteln Berater an neuen Strukturen, nur die Mitarbeiter spielen nicht mit. Und selbst die schönsten Veränderungsprojekte versanden oftmals schnell. Bestes Beispiel ist das gefeierte Konzept des Reengineering. Das Niederreißen alter Strukturen und die Neuausrichtung scheiterten vielfach, weil man die Menschen dabei vergessen hatte. Das gestand selbst Reengineering-Erfinder James Champy ein.

Wurde der »Faktor Mensch« lange zu wenig beachtet, so verfallen manche Unternehmen heute geradezu ins Gegenteil. Plötzlich liegt es nur an den Mitarbeitern. Sie müssen sich ändern und werden daher in entsprechende Seminare geschickt. Das Persönlichkeitsseminar als Wunderwaffe. Da soll dann aus dem eingefleischten Einzelgänger plötzlich ein Teamplayer werden. Der ängstliche Sachbearbeiter soll zum tatendurstigen Macher mutieren, und alles soll natürlich möglichst schnell und reibungslos geschehen.

Das Abschieben der Verantwortung auf den einzelnen Mitarbeiter entlastet die Unternehmen. Wenn der Gewinn nicht stimmt, dann liegt es eben an den unmotivierten Mitarbeitern. Sie müssen sich nur ändern, dann klappt alles. Deshalb haben Powertrainer wie der Niederländer Emile Ratelband oder wie Jürgen Höller so regen Zulauf. Da werden mal eben 50 000 Mark in ein Powertraining investiert. Das muß reichen. Doch das Strohfeuer der Begeisterung ist schnell wieder verpufft. Bestenfalls kommen die Mitarbeiter mit neuem Schwung zurück und scheitern dann an den alten Strukturen. Denn im Arbeitsalltag fehlen die Discomusik, das Gebrülle und der Feuerlauf, bei denen die Teilnehmer der Powertrainings aufgeputscht werden.

Der Wettbewerb zwingt die Unternehmen, zu sparen – und gespart wird gern bei den Mitarbeitern. Sie arbeiten mehr, oftmals bis an die Grenze ihrer Belastbarkeit. Doch die Situation auf dem Arbeitsmarkt zwingt sie, mitzuspielen und zu schweigen. Wer sich wehrt oder nicht belastbar ist, der fliegt. Längst hat die Angst Einzug in die deutschen Unternehmen gehalten. Doch Angst ist ein Tabu. »Bei dem vielen Geld, das meine Manager verdienen, können sie sich keine Ängste leisten.« Diese Aussage eines Vorstandsvorsitzenden ist symptomatisch. Aber das Ignorieren von Angst kostet viel Geld. Laut einer Langzeitstudie der beiden Wissenschaftler Winfried Panse und Wolfgang Stegmann belaufen sich die betriebs- und volkswirtschaftlichen Kosten, die auf die Ängste der Mitarbeiter zurückzuführen sind, auf jährlich rund 100 Milliarden Mark.

Die Angst um den Job und der zunehmende Leistungsdruck machen viele empfänglich für die Versprechungen mancher Persönlichkeitsseminare. Denn die sind in der Tat verlockend. In ein paar Tagen erreicht man alles: den Durchbruch zu mehr Effektivität und Erfolg, mehr Energie und Lebensfreude.

Hilfe oder Bluff
Was kann ein Persönlichkeitsseminar leisten?

Unter den Begriff Persönlichkeitstraining läßt sich letztlich vieles subsumieren. Das reicht vom Kommunikationskurs über das Outdoortraining bis hin zum Selbsterfahrungsseminar. Eigentlich ist schon die Bezeichnung Persönlichkeitstraining unsinnig. Denn bis heute sind sich die Wissenschaftler nicht einig, wie man Persönlichkeit überhaupt definiert. Persönlichkeit ist ein sehr komplexer Sammelbegriff, wie ein Mensch mit verschiedenen Situationen umgeht. Es ist seine einzigartige Anpassung an die Umwelt. Persönlichkeit ist ein System sorgfältig aufeinander abgestimmter Denk-, Verhaltens- und Erlebensweisen. Wer in dieses System eingreift, destabilisiert es. Es ist daher ein ganz normaler Schutzmechanismus, wenn Menschen sich einem Eingriff in dieses System widersetzen.

Das Zusammenspiel von Einstellung, Verhalten und Gefühlen muß stimmig sein, sonst kommt der Mensch aus dem Gleichgewicht. Wer etwas verändern will, der kann an verschiedenen Punkten ansetzen. Man kann – wie die Verhaltenstherapie – das Verhalten ändern und damit auch das Gefühl beeinflussen. Wer lernt, wie er selbstsicher auftritt, wird sich nach einiger Zeit auch so fühlen. Verhalten läßt sich am einfachsten ändern, und viele Seminare befassen sich daher in erster Linie mit der Verbesserung oder Erweiterung des Verhaltensrepertoires. Wer etwa lernt, wie er ein Konfliktgespräch führt, der erwirbt – sofern das Seminar etwas taugt – konkrete Fertigkeiten oder bekommt Informationen und Anregungen für den Alltag. Auch Fertigkeiten wie die Moderation von Gruppen oder die Präsentation lassen sich erlernen. Diese Art von Trainings sind jedoch nicht Thema dieses Buches.

Man kann auch an der Einstellung ansetzen und damit das Verhalten beeinflussen. Wer etwa erkennt, daß ein Konflikt nicht per se etwas Negatives ist, was es grundsätzlich zu vermeiden gilt, wird in Zukunft vielleicht anders reagieren. Dabei geht es um die Erweiterung oder Veränderung der eigenen Sichtweise. Das ist schon wesentlich schwieriger als eine Verhaltensänderung. Denn oftmals sind bestimmte Einstellungen tief verwurzelt und durch bisherige Erfahrungen im Leben vielfach bestätigt worden. Rationale Einsichten allein führen daher nur selten zu veränderten Einstellungen. Dazu kommt, daß der Mensch unter Streß sehr schnell in seine alten Denk- und Verhaltensweisen zurückfällt.

Einen anderen Ansatz haben Selbsterfahrungsseminare. Sie sind stark auf das Erleben gerichtet. Man erlebt sich selbst in der Gruppe und bekommt Rückmeldungen über seine Wirkung. Man kann neue Verhaltsweisen ausprobieren und seine Sichtweise erweitern. Dabei ist es nicht immer angenehm, wenn man erfährt, wie man auf andere wirkt. Denn oftmals klaffen Selbst- und Fremdbild erheblich auseinander. Der Trainer braucht daher viel Fingerspitzengefühl. Er muß eine positive Atmosphäre schaffen, in der Offenheit möglich ist, ohne daß sie verletzend wirkt. Er muß wissen, was er dem einzelnen zumuten kann. Er muß eingreifen, wenn ein Teilnehmer von der Gruppe in eine Außenseiterposition gedrängt wird. Selbsterfahrungsseminare können durchaus sinnvoll und nützlich sein. Ich selbst habe zahlreiche Seminare mitgemacht und dort erlebt, wie Manager ihr eigenes Verhalten reflektierten und mit Hilfe der Gruppe ihr Selbstbild zurechtrückten. Wie sie ehrliches Feedback bekamen, was ja gerade bei Topmanagern sehr selten der Fall ist. Wie sie merkten, daß sie plötzlich als Mensch und nicht als Funktions- und Machtträger gesehen wurden. Diese Seminare können daher zu neuen Erkenntnissen oder Erfahrungen führen, die sich dann im Idealfall auch positiv auf das Arbeitsfeld auswirken. Doch was auch immer man dort lernt, es muß in das bestehende System »Persönlichkeit« integriert werden, sonst wirkt es aufgesetzt.

Unabhängig von seinem Ansatz zeichnet sich ein seriöses Psychoseminar immer dadurch aus, daß der Trainer auf den einzelnen eingeht und nicht allen Teilnehmern dasselbe Erfolgsrezept überstülpt. Sinnvolle Persönlichkeitsentwicklung ist nur möglich, wenn ich meine eigene Persönlichkeitsstruktur erkenne. Nur wenn ich weiß, wie und warum ich so reagiere, kann ich mein Verhalten auch dauerhaft verändern. Der erste Schritt muß daher stets eine Diagnose sein. Wo liegen meine Probleme? Was sind die Ursachen? Was will ich überhaupt ändern? Ein guter Seminarleiter unterstützt daher ebenso wie ein guter Psychotherapeut den Teilnehmer bzw. Klienten dabei, seine Ziele zu erreichen.

Problematisch wird es jedoch, wenn Psychotrainer versuchen, die Grundhaltungen eines Menschen zu verändern. Da soll dann zum Beispiel in ein paar Tagen aus einem depressiven Menschen ein euphorischer Draufgänger werden. Diese Grundhaltungen sind nur schwer zugänglich, und der Widerstand gegen Veränderungen ist zudem meist sehr groß. Ein Seminaranbieter, der ausdrücklich eine Persönlichkeitsveränderung – was auch immer er darunter versteht – verspricht, arbeitet daher häufig mit Methoden der mentalen Umprogrammierung (siehe Kapitel 2). Er destabilisiert das bisherige Selbstkonzept des Teilnehmers, um ihm dann eine gänzlich neue Sichtweise aufzuoktroyieren. Alles, was er bisher erlebt hat, wird in Frage gestellt. Statt die Vergangenheit zu bearbeiten, wird sie gewissermaßen gelöscht. Hier geht es nicht darum, einzelne neue Sichtweisen in die Persönlichkeitsstruktur zu integrieren, sondern es geht um eine völlig neue Interpretation der Realität. Experten bezeichnen diesen Prozeß häufig als Gehirnwäsche. Doch damit das auch funktioniert, darf der Teilnehmer vorher nicht wissen, was mit ihm passiert. Deshalb erfährt er auch nichts über den Ablauf des Seminars, und deshalb müssen die Teilnehmer auch danach schweigen.

Crashkurse für die Psyche liegen im Trend. Statt sich mühsam mit Verhaltensveränderungen oder Selbstreflexionen abzuplagen, sind Patentrezepte gefragt. Die Persönlichkeitsveränderung soll möglichst schnell und effektiv sein. Gerade Manager gehen dabei häufig von dem Irrglauben aus, der Mensch funktioniere wie eine Maschine. Man bräuchte ihn nur in das richtige Training zu schicken, und schon kommt die Erfolgspersönlichkeit heraus.

Der Wunsch nach schnellen Lösungen hängt sicher auch mit unserer gegenwärtigen gesellschaftlichen Situation zusammen. Der rasante Wandel überfordert viele. Die Situation im Job und auf dem Arbeitsmarkt löst bei vielen Ängste aus. Was passiert, wenn ich die Anforderungen meines Chefs nicht mehr erfülle? Wie sicher ist mein Arbeitsplatz? Die Menschen suchen nach Sicherheit. Und je machtloser sie sich fühlen, um so größer ist der Wunsch nach Rezepten, wie man dieser Machtlosigkeit entkommen kann. Hier hat sich das Konzept des positiven Denkens als genial erwiesen. Seine Grundthese lautet: Du mußt nur richtig denken, und schon klappt alles. Bei vielen führt das zu einem regelrechten Allmachtsgefühl. Nicht umsonst erlebt die Botschaft der Positiv-Denker von Norman Vincent Peale, Joseph Murphy und Dale Carnegie derzeit wieder neuen Aufschwung. Denn was paßt besser in unsere Zeit als die Erkenntnis »Ich kann alles erreichen, wenn ich nur will«?

Noch einen Schritt weiter ging Werner Erhard, der Gründer des umstrittenen Erhard-Seminar-Trainings (EST): Bereits Anfang der siebziger Jahre brachte er das Erfolgsrezept seiner Seminare auf den Punkt: »Du bist der Gott in deinem Universum. Du hast es geschaffen.« Längst hat Erhards Gedankengut Einzug in die Unternehmen und Unternehmensberatungen gehalten. Man läßt sich nicht mehr von den Widrigkeiten der Realität beeinflussen, man erfindet einfach seine Zukunft.

Doch was zunächst verlockend klingt, hat erhebliche Nachteile. Nur die wenigsten können sich vorstellen, daß tiefe Eingriffe in die eigene Gefühls- und Gedankenwelt mit einem erheblichen Risiko verbunden sind und zu gravierenden psychologischen Problemen und Verwirrungen führen können. Gerade Manager sind häufig davon überzeugt, daß sie durch Psychotechniken nicht beeinflußbar sind. Es gehört schließlich zu ihrem Selbstbild, stark, selbstbewußt und durchsetzungsfähig zu sein und dem Gruppendruck widerstehen zu können. Dieser gefährliche Irrglaube treibt Manager in die Fänge umstrittener Psychotrainer oder -sekten. Die Mechanismen sind dabei häufig gleich (siehe Kapitel 2). Denn die Anbieter arbeiten mit Methoden der Bewußtseinskontrolle, manipulieren ihre Teilnehmer oder machen sie mit Methoden aus der Psychotherapie mürbe.

In den Trainings werden die Teilnehmer mit mehr Gefühlen und Konflikten konfrontiert, als sie auf einmal bearbeiten und ertragen können. Plötzlich müssen sie ihr gesamtes Leben in einer sehr konzentrierten Art und Weise Revue passieren lassen. Fast alles wird in Frage gestellt. Der bisherige Rahmen bricht aus den Fugen. Die Betroffenen sind verunsichert und verwirrt und greifen dankbar nach dem Strohhalm, den ihnen der Trainer bietet. Hier liegt der wesentliche Unterschied zu einer seriösen Psychotherapie, wo Therapeut und Klient so langsam vorgehen, daß der Klient die auftauchenden emotionalen Erlebnisse verarbeiten kann.

Wie undurchsichtig der Psychomarkt ist, hat die Stiftung Warentest im August 1997 festgestellt. »Tips und Techniken für die Lösung von Alltags- und Berufsproblemen hatten wir erwartet. Überforderte und unfähige Kursleiter, depressive und aggressive Kursteilnehmer und selbstgestrickte Kursprogramme fanden wir dort statt dessen«, heißt es in dem Test-Heft. Erstaunlich fanden die Tester, wie leichtgläubig sich die meisten auf das Abenteuer Psychotraining einlassen. »Im übrigen«, heißt es, »fällt man in der Regel unangenehm auf, wenn man als potentieller Kursteilnehmer im Vorfeld Informationen über die Qualität von Kursen bekommen will.«

Das größte Manko sahen die Tester in der mangelhaften Qualifikation der Kursleiter. Ausführliche Informationen über akademische und therapeutische Ausbildung sowie Erfahrungen fehlten meist. Auch die mangelhafte Vorauswahl wurde bemängelt. So verschickte man an 25 Kursanbieter den Brief einer fiktiven Person mit ausgeprägt psychischen Problemen. Sie zeigte Interesse an dem jeweiligen Angebot und bat um Auskunft, ob der Kurs für sie geeignet sei. Obwohl durch den Brief ein »Nein« nahezu provoziert wurde, rieten nur 14 Anbieter vom Besuch des Kurses ab oder schlugen ein Informationsgespräch vor. Gut bewertet wurden von den Testern Kursleiter, die in hohem Maß auf die Teilnehmer eingingen und sich intensiv mit deren Erfahrungen und Gefühlen auseinandersetzten. Ihre Ausführungen waren verständlich, die Übungen abwechslungsreich, und insgesamt herrschte eine positive Atmosphäre, in der sich alle wohl fühlten.

Zum Nutzen der Psychokurse schreiben die Verbraucherschützer: Durch den Besuch eines guten Trainings könne man sich selbst und andere besser wahrnehmen und seine Kommunikationsfähigkeit ausbauen. Man erhalte Tips, um sein Selbstbewußtsein zu verbessern, oder erwerbe Kompetenzen für die Konfliktbewältigung. Ein Psychotraining sei jedoch niemals ein Ersatz für eine Psychotherapie und daher nur für psychisch stabile Menschen geeignet. Sonst bestehe die Gefahr, durch das Aufreißen alter Wunden in Prozesse hineinzugeraten, mit denen man allein nicht fertig wird.

Doch viele Persönlichkeitstrainer setzen gerade auf das Aufbrechen unbewußter oder verdrängter Probleme. Sie benutzen wirkungsvolle Techniken aus der Psychotherapie, um die Teilnehmer zu knacken. Besonders wirksam sind dabei Techniken aus der Körpertherapie wie etwa Bioenergetik oder das umstrittene Rebirthing. Über den Körper kommt man schneller an tiefere Probleme heran, rationale Widerstände werden ausgeschaltet. Doch egal, welche Methoden man anwendet, auf irgendwelche Probleme stößt man bei jedem. Vor allem bei den Themen Eltern, Sexualität und Partnerschaft gibt es immer mehr oder weniger belastende Erlebnisse oder Ängste.

Ziel der Trainer ist es oftmals, die Teilnehmer betroffen zu machen und damit letztlich ihre Kompetenz und die Wirksamkeit ihres Trainings zu unterstreichen. Doch Menschen zu knacken ist einfach. Viel schwieriger ist es, mit den aufgerissenen Wunden richtig umzugehen. Das erfordert eine fundierte therapeutische Ausbildung sowie ein Eingehen auf den einzelnen, was in einer Gruppe meist schon aus Zeitgründen nicht möglich ist. Gerade für Manager ist das Zulassen und Ausleben von Gefühlen oft eine völlig neue und überwältigende Erfahrung. Denn viele haben den Bezug zu ihren Gefühlen verloren. So bescheinigte die Beraterin Gertrud Höhler den Managern »emotionale Magersucht«. Gleich Pawlowschen Hunden seien sie konditioniert, Gefühle aus dem Arbeitsprozeß auszublenden.

Dazu kommt, daß gerade Manager in puncto Psychologie oft blutige Anfänger sind. So gelingt es den Trainern häufig, durch den geschickten Einsatz bedeutungsvoller Fremdwörter, den Verweis auf ungeprüfte psychologische Thesen oder durch den Einsatz dubioser Psychotests Eindruck zu schinden. Banalitäten werden als psychologische Weisheiten verkauft. Heilsversprechen von schneller Effizienz treiben Manager in die Fänge psychologischer Quacksalber.

Das Problem ist, daß sich der Erfolg eines Psychotrainings kaum messen läßt. Denn was verbessert sich im Berufsalltag, wenn der Chef entdeckt hat, welche Versagensängste ihn in seiner Kindheit gequält haben? Was passiert, wenn ein Manager voller Euphorie und Tatendrang an seinen Arbeitsplatz zurückkehrt und dort wieder auf dieselben lähmenden Strukturen stößt? Dazu kommt der Placebo-Effekt. Man muß nur an etwas glauben, dann hilft es auch. So kann selbst das unsinnigste Psychoseminar bei dem einen oder anderen tatsächlich zu Erfolgen führen.

Die Bewertung von Persönlichkeitsseminaren ist stets sehr subjektiv. Denn hier geht es nicht um Fakten, hier geht es um das persönliche Erleben. Was der eine toll findet, ist für den anderen ein totaler Unsinn. Ein und dasselbe Seminar wird von jedem anders erlebt, was eben auch Ausdruck seiner Persönlichkeit ist. Der eine ist begeistert vom Wildwasser-Rafting, der andere vom Meditationskurs. Positive Bewertungen von Persönlichkeitsseminaren sind daher wenig aussagekräftig. Denn schließlich geht es nicht ums schöne Erlebnis, sondern um den Nutzen – und der läßt sich eben meist nur schwer fassen.

Problematische Psychokurse
Wann ist Vorsicht angebracht?

Das Spektrum ist breit. Es gibt viele gute Persönlichkeitsseminare, es gibt viele harmlose schlechte Trainings, und es gibt Kurse, bei denen Vorsicht angebracht ist. Dabei lassen sich fünf problematische Gruppen beschreiben, wobei es natürlich auch Überschneidungen gibt.

Psychokulte

Die Psychokulte haben längst die Unternehmen entdeckt. Unter dem Deckmantel von Persönlichkeitstrainings oder Selbstmanagementseminaren gelingt ihnen häufig der Einstieg ins Unternehmen. Dabei haben sie sich dem Bedürfnis der Zeit angepaßt: Sie locken ihre Anhänger nicht mehr in den Ashram oder fordern von ihnen stundenlange Meditationen. Sie versprechen einen Durchbruch zu Erfolg und Effektivität in drei Tagen oder eine neue Persönlichkeit in fünf Tagen. Der ideologische Hintergrund bleibt meist verborgen, und sie firmieren als kommerzieller Bildungsanbieter. Mit ihren Versprechungen rennen sie in den Unternehmen offene Türen ein. Denn je härter der Wettbewerb, um so eifriger ist die Suche nach dem schnellen Erfolgsrezept.

Viele Psychokulte aus den USA profitieren davon, daß sie bei uns nicht bekannt sind. Während der Landmark-Vorläufer EST (Erhard-Seminar-Training) bis Ende der achtziger Jahre in den USA sehr verbreitet und umstritten war, kennen viele in Deutschland ihn nicht. Und die Landmark-Schwester Lifespring ist in Deutschland gänzlich unbekannt.

Tarnorganisationen

Längst haben manche Psychokulte eigene Managementberatungen gegründet. EST-Gründer Werner Erhard schuf bereits 1984 die Managementberatung Transformational Technologies Inc. (siehe Kapitel 5), um seine »Technologie« in den Unternehmen zu verbreiten. In gewisser Weise kann man auch »Die Sprache« zu den Tarnorganisationen zählen. Denn ihr Ziel ist es, die von dem umstrittenen Psychoguru Karlheinz Wolfgang vermittelte Form der Individualpsychologie in den Unternehmen zu verbreiten.

Oftmals läuft die Anwerbung auch über sogenannte Front Groups, über die ahnungslose Teilnehmer dann der eigentlichen Gruppe zugeführt werden. Die Methoden werden dabei immer raffinierter. So bieten zum Beispiel die Anhänger der Transzendentalen Meditation Ayurveda-Kuren an (siehe Kapitel 2). Besonders perfide wird es, wenn vermeintliche Hilfsorgaisationen dazu genutzt werden, neue Teilnehmer für die Gruppe zu gewinnen. So warnte die Beratungsstelle Sekten-Info Essen bereits 1987 vor dem von Werner Erhard gegründeten Hunger-Projekt. Denn Ziel der Organisation sei es weniger, den Hungernden zu helfen, als das Bewußtsein zu verbreiten, daß Hunger beendet werden könne. Das wiederum gehe natürlich am besten mit der in den damaligen EST-Trainings vermittelten Technologie. Je mehr Menschen durch die Kurse »transformiert« würden, desto schneller werde auch der Hunger verschwinden. Den Hauptteil der Spenden gab das Hunger-Projekt daher, so die Sekten-Info Essen, für sich selbst aus. Das Hunger-Projekt gibt es noch heute. Inwieweit dabei noch eine offizielle Verbindung zur EST-Nachfolgeorganisation Landmark Education besteht, ist nicht bekannt.

Manchmal übernehmen auch einzelne Trainer die Aufgabe einer Front Group. Sie schwärmen von den Seminaren einer bestimmten Gruppe und gewinnen so manche ihrer Teilnehmer dafür.

Die Nachfolgegenerationen

Viele umstrittene Anbieter gehören zur sogenannten zweiten Generation der Psychokulte oder -sekten. Sie haben dort Kurse besucht und sind selbst begeistert von der Wirksamkeit der dort eingesetzten Methoden. Sie haben erlebt, wie schnell sich Gruppen lenken und euphorisieren lassen, und nutzen die Techniken für ihr eigenes Geschäft.

Oftmals picken sie sich auch Elemente verschiedener Gruppen heraus, garnieren das Ganze mit ein bißchen Esoterik und Psychologie und verpacken es dann in ein Intensivtraining zur Entwicklung der Persönlichkeit. Dabei besteht häufig keine direkte Verbindung mehr zu der prägenden Gruppierung. Meist wird der Ursprung auch verschwiegen. Entscheidend ist jedoch, daß diese Trainer das totalitäre System der

Ursprungsgruppe aufrechterhalten. So soll es in den USA mehr als 3000 Kleinsekten und Mikro-Gurus geben, in Deutschland sollen es 600 sein.

Inzwischen gibt es bereits eine dritte und vierte Generation dieser Trainer. Sie besuchten ein Seminar und übernahmen einzelne Techniken in ihre eigenen Angebote. Zudem bieten einige Anbieter auch ihre eigenen Ausbildungen an und sorgen so dafür, daß sich ihre Methoden weiterverbreiten. Oft ist daher den Betroffenen selbst nicht bewußt, woher die Techniken ursprünglich stammen. Wichtig sind dabei nicht so sehr die einzelnen Übungen als vielmehr das gesamte Setting des Seminars, mit dem die Teilnehmer mürbe gemacht werden (siehe Kapitel 2).

Scharlatane ohne fundierte Psychotherapieausbildung

Ein Persönlichkeitstraining ist keine Psychotherapie. Schon der Rahmen – die Zeit und die Größe der Gruppe – macht es unmöglich, detailliert auf den einzelnen und seine Lebensgeschichte einzugehen. Alle aufdeckenden Verfahren, bei denen unbewußte oder traumatische Erlebnisse gezielt hervorgeholt werden, sollten daher bei einem Persönlichkeitsseminar außen vor bleiben. Das gilt auch für körpertherapeutische Verfahren, mit denen man oft sehr schnell an tiefliegende Probleme kommt. Zwar ist nichts gegen den Einsatz einzelner, harmloser Übungen wie etwa solcher aus der Bioenergetik einzuwenden; sobald es jedoch an tiefere Probleme geht, wird es bedenklich.

Viele Trainer sind keine ausgebildeten Psychotherapeuten. Eine fundierte Therapieausbildung dauert in der Regel einige Jahre und beinhaltet auch eine umfangreiche Supervision. Die Bezeichnung Psychotherapeut ist nicht geschützt und daher völlig nichtssagend. Entscheidend ist stets, wo man eine Therapieausbildung gemacht hat. Jede etablierte Richtung hat einen Fachverband und Ausbildungsrichtlinien. Psychologe darf sich übrigens nur nennen, wer ein Psychologiestudium abgeschlossen hat. Das beinhaltet in der Regel aber keine Therapieausbildung. Leider pfuscht inzwischen auch so mancher Psychologe ohne Zusatzausbildung in der Psyche der Manager herum, und es ist immer wieder erstaunlich, wie blauäugig sich Manager in die Hände von Scharlatanen begeben. Während sie nie auf die Idee kämen, ihr Auto einem unbedarften Bastler anzuvertrauen, liefern sie sich im Psychoseminar treuherzig einem gelernten Bankkaufmann aus, der sein psychologisches Wissen in ein paar Wochenendkursen erworben hat.

Motivationsgurus

Der Niederländer Emile Ratelband und der ehemalige Fitneß-studio-Berater Jürgen Höller hatten 1997 Hochkonjunktur. Mit den Methoden der Massenpsychologie zogen sie Hunderte von Menschen in den Bann, um ihnen den Leitspruch einzuhämmern: »Du kannst alles erreichen, wenn du nur willst.«

Unternehmen zahlten zum Teil bis zu 50 000 Mark pro Tag für die Power-Show, bei der ihre Mitarbeiter dann in (präparierte?) Glasscherben sprangen, über glühende Kohlen liefen und pausenlos Kampfesschreie ausstießen. So mancher Unternehmer oder Personalverantwortliche verwechselte dabei die im Seminar gewonnene Euphorie mit der Wirksamkeit solcher Maßnahmen. Doch die Methoden, mit denen Ratelband und Co. arbeiten, sind altbekannt. Massen sind manipulierbar, und der Macht der Gruppe kann sich kaum einer entziehen. Wer als einziger unter 250 kreischenden Teilnehmern nüchtern bleibt, zweifelt irgendwann an sich selbst. Nur wer seinen kritischen Verstand ablegt, kann daher zum Fan werden. Was im Fußballstadion oder im Popkonzert durchaus legitim ist, wird im Unternehmen schnell zum Flop. Benebelt vom schönen Gruppenerlebnis, stolpern die Mitarbeiter zurück in die triste Realität, wo Kostenkontrolle mehr zählt als Power. Doch die geschürte Allmachtsphantasie kann auch schaden. Denn in seinem Größenwahn kommt so mancher mit der Realität nicht mehr zurecht. Daß sich inzwischen auch schon die katholische Kirche von Jürgen Höller beglücken lassen wollte, trägt wahrhaft tragische Züge. So wollte Höller im September 1997 Bischöfen, Priestern und Seelsorgern eine Vision aufzeigen, wie »die katholische Kirche als spirituelles Dienstleistungsunternehmen und der einzelne Gottesdienst aussehen könnten«. Schließlich betrachtet der »gebürtige Katholik« (was das heißen soll, bleibt ein Rätsel!) Jesus Christus als den »größten positiven Denker aller Zeiten«.

Der Mensch als Maschine
Braucht die deutsche Wirtschaft Scientology?

Empowerment heißt das Schlagwort. Kaum ein Unternehmen, das nicht mehr Selbstbestimmmung, größere Verantwortung und verstärkte Teamarbeit propagiert. Der Mitarbeiter soll zum Mitunternehmer werden. Er soll selbständig denken und handeln – natürlich zum Wohl des Unternehmens. Das ist die eine Seite der Medaille. Die andere fordert den harten Kampfmanager. Voll leistungsfähig und einsetzbar. Ihn bringt nichts aus der Fassung. Er funktioniert wie eine Maschine. Er setzt sich durch, treibt seine Mitarbeiter zu Höchstleistungen. Verstärkt wird das Bild durch den zunehmenden Konkurrenzkampf um die Jobs. Auf den Managementtagen herrscht ein Hauen und Stechen, es wird denunziert und gemobbt. Wer den anderen am besten austrickst, hat gewonnen. Die Stimmung schlägt sich auch nieder in Büchern mit Titeln wie *Wie manipuliere ich richtig?* oder *Die*

Kunst der Kriegsführung. In Frankreich wurde sogar eine Schule für wirtschaftliche Kriegsführung eröffnet.

Noch immer setzt so mancher Unternehmer auf Härte und Disziplin. Menschliche Schwächen sind ihm ein Greuel. »Viele Mitarbeiter sehen ihren Arbeitsplatz nur als Schuttabladeplatz für ihre privaten Probleme, und daraus entstehen dann Abhängigkeitsgeflechte, die fürs Unternehmen nicht förderlich sind«, provozierte zum Beispiel der Vorstand eines mittelständischen Unternehmens im Juli 1997 seine Zuhörer auf einem Kongreß. Das Unterbinden dieser Seilschaften sei daher ein Führungsjob. Vielleicht wollte er tatsächlich nur aufrütteln – wie manche Zuhörer danach glaubten. Doch was bleibt, ist ein komischer Nachgeschmack. Denn wichtig ist für den Unternehmer vor allem Disziplin. »Wenn Sie sich als Führungskraft eine Woche hängenlassen, dann haben Sie die Sauerei im Betrieb«, warnte er. Wer so viel Geld verdiene, dürfe eben nicht schlecht drauf sein.

Gesucht wird die perfekte Maschine. Ein Mensch, der sich nicht durch persönliche Erlebnisse oder Gefühle ablenken läßt, der zuverlässig funktioniert. Nichts anderes versprechen die Scientologen. Es geht hier nicht um die Organisation und ihre antidemokratischen Aktivitäten, es geht um das Menschenbild und den Allmachtsanspruch. In einem Film über Scientology sagte Ralf-Dietmar Mucha von der Aktion Psychokultgefahren e. V. in Düsseldorf bereits 1990, in der Psychosekte würden Menschen dazu funktionalisiert, eine bestimmte Form von Leistung zu erbringen. Sie würden abgerichtet, Befehle zu empfangen und auszuführen, ohne mit der Wimper zu zucken. Mucha bezeichnete das System Scientology als »absolut faschistisch«. Andere Gedanken würden unterdrückt, Abweichungen bestraft. Ziel des Auditing, der bei den Scientologen eingesetzten »Therapiemethode«, sei es, alles auszulöschen, was den Menschen belastet. Für den Betroffenen sei das zunächst faszinierend. Schließlich werde ihm damit auch mehr Macht versprochen. Allerdings unter merkwürdigen Voraussetzungen. »Wer seine absolute Freiheit will, muß sich der absoluten Kontrolle unterwerfen«, sagte Mucha. Hier zeigen sich durchaus Parallelen zu Psychotrainings, die nichts mit Scientology zu tun haben.

Es stellt sich daher die Frage, welche Menschen die Unternehmen wirklich wollen. Den einfühlsamen Manager, der wegen seiner Eheprobleme vielleicht einmal nicht voll einsetzbar ist? Oder den eiskalten Macher, den nichts aus der Fassung bringt? Den Chef, der auch mal seine Schwächen eingesteht? Oder den Boß, der sagt, wo es langgeht, und der keine Fehler macht? Manchmal hat man den Eindruck, ein guter Scientologe, gehorsam und funktionierend, entspräche durchaus dem Idealbild so manchen Unternehmers und Managers.

Daß das gar nicht so weit hergeholt ist, belegt ein Artikel im *Handelsblatt* aus dem Jahr 1995. Dort heißt es: »Sie war eine herausragende Mitarbeiterin, leistungsbeseelt, von positiver Ausstrahlung. Ihr Vorgesetzter trennte sich nur widerstrebend von ihr, als sie sich weigerte, jede Werbung für Scientology am Arbeitsplatz zu unterlassen.«

2
DAS RAFFINIERTE SYSTEM

Der große Irrtum
»Mir passiert so etwas nicht«

»Also mit mir könnten Sie so etwas nicht machen. Das würde ich mir nie gefallen lassen.« So reagieren fast alle, wenn sie etwas über die abstrusen und teils menschenverachtenden Methoden vieler Sekten, Psychokulte und Psychotrainings hören. Das wird auch so mancher Leser dieses Buches glauben. Er wird ungläubig den Kopf schütteln und sich denken: Wer so etwas mitmacht, ist doch selbst schuld. Gerade Akademiker legen hier eine bemerkenswerte Arroganz an den Tag. Dabei sind sie oftmals die ersten, die auf die Versprechungen der Psychogurus hereinfallen.

Die meisten Menschen glauben, ihre Meinungen, Werte und Ideen seien unangreifbar und total selbstbestimmt. Obwohl längst bekannt ist, wie schnell sich Menschen zum Beispiel durch Werbung beeinflussen lassen, halten wir doch gern am Mythos unserer Selbstbestimmung fest. Es herrscht eine allgemeine Abneigung, sich einzugestehen, wie beeinflußbar man selbst ist. Besonders Manager neigen gern zu dieser Annahme. Schließlich sind sie selbstbewußt genug, um sich ihre eigene Meinung zu bilden. Für die meisten Menschen ist es daher völlig klar: Wer in solche Trainings oder Kurse geht, mit dem stimmt etwas nicht. Das Opfer ist schuld.

Schließlich fallen doch nur schwache, unsichere und dumme Menschen auf solche Psychotechniken herein.

Das ist ein großer Irrtum. Denn unter den Mitgliedern aller Sekten und Psychokulte gibt es viele hochintelligente und selbstbewußte Menschen. Psychokonzerne wie Landmark Education sprechen sogar gezielt höhere Bildungsschichten an. Und Manager fallen reihenweise auf dubiose Psychotrainings rein und lassen sich dort wie kleine Kinder behandeln.

Denn alle diese Gruppen oder Trainings manipulieren ihre Teilnehmer durch systematisch aufeinander abgestimmte Programme. Die mentale Umprogrammierung oder Gehirnwäsche funktioniert schleichend und subtil, und die Betroffenen merken nicht, wie sie Schritt für Schritt gefügig gemacht werden. Sie realisieren nicht, wie ihre Einstellungen und damit natürlich auch ihr Verhalten durch die geschickte Manipulation sozialer und psychologischer Faktoren verändert werden. Sie reagieren begeistert, weil sie durch einen raffinierten Prozeß dazu konditioniert wurden, begeistert zu reagieren. Wie das genau funktioniert, wird im nächsten Kapitel beschrieben.

Leider herrscht in vielen Köpfen noch immer die Vorstellung, Gehirnwäsche oder mentale Umprogrammierung funktioniere nur, wenn man gefesselt und geknebelt auf einem Stuhl sitzt mit dem Revolver am Kopf und der »Folterer« einem eintrichtert, was man zu glauben oder zu tun hat. Es ist ein Mythos, daß physische Gewalt Voraussetzung für eine Gehirnwäsche ist. Selbst im China der fünfziger Jahre war die mentale Umprogrammierung erfolgreicher, wenn nur wenig oder gar keine Gewalt angewendet wurde. Die modernen Gruppen profitieren von mehr als drei Jahrzehnten psychologischer Forschung und der Entwicklung neuer Techniken, was ihre Manipulationsprogramme noch viel effektiver und gefährlicher macht.

Jeder ist daher gefährdet. Weder Ausbildung noch Alter oder Beruf schützen ihn davor. Der sechzehnjährige Schüler wird genauso schnell zum Opfer wie der fünfzigjährige Manager. Und die Gefahr, in die Fänge dubioser Psychotrainer oder Psychokulte zu geraten, lauert überall. Die einen besuchen ein entsprechendes Persönlichkeitstraining, die anderen geraten über die Einladung eines Freundes und einen Informationsabend völlig ahnungslos in einen Psychokult. Die Methoden der Manipulateure werden dabei immer raffinierter.

Ein Beispiel dafür, wie umstrittenen Gruppierungen zunehmend der Einzug ins Management gelingt, ist die von der Transzendentalen Meditation (TM) promotete Ayurveda. Fast alle deutschen Ayurveda-Zentren befinden sich in der Hand der Anhänger des indischen Gurus Maharishi Mahesh Yogi und firmieren unter dem Namen Maharishi Ayur-Ved-Gesundheitszentren. Dabei hat Ayurveda im Grunde genommen nichts mit TM zu tun. Sie wurde allerdings im Westen vor allem von Maharishi wiederbelebt. Die mehr als 4000 Jahre alte Heilkunst stammt aus Indien und betrachtet den Menschen als Einheit von Körper, Seele und Geist. Schwerpunkt des ganzheitlichen Gesundheitskonzeptes ist die Erhaltung der Leistungsfähigkeit und die Vorbeugung vor Krankheiten. Die teuren Ayurveda-Kuren (z. B. zehn Tage Panchakarma-Kur für 5510 Mark) stehen derzeit gerade bei Managern hoch im Kurs. So ist der ehemalige Vorstandsvorsitzende der Deutschen Bahn AG, Heinz Dürr, laut einer Broschüre aus dem Jahre 1997 regelmäßig im Ayur-Ved-Zentrum im Parkschlößchen Bad Wildstein in Traben-Trarbach zu Gast und referierte dort am 2. April 1997 über die Bahnreform. Möglicherweise ist Dürr der Zusammenhang von Maharishi-Ayur-Ved und TM unbekannt. Doch wer eine Ayurveda-Behandlung in einem Maharishi-Zentrum macht, der wird in der Regel auch mit TM konfrontiert, sei es bei Informationsabenden oder bei Gesprächen mit den Mitarbeitern, die häufig TM-Anhänger sind. Da erfährt man dann bei einer Massage so ganz nebenbei von der Behandlerin, daß ihre Migräneanfälle plötzlich weg waren, seitdem sie täglich TM praktiziert. Zwar ist gegen die simple Mantra-Meditation an sich nichts einzuwenden, stutzig macht es allerdings, daß sie als wahres Wundermittel angepriesen wird. Denn wer TM praktiziert, soll nicht nur gesünder, leistungsfähiger und belastbarer sein, er soll auch über unbegrenzte Energie, Intelligenz und Kreativität verfügen. Kritiker sehen hier für psychisch labile Menschen eine Gefahr, abhängig zu werden von den grotesken Versprechungen der Psychogruppe.

Doch inzwischen kooperiert selbst das Schweizer Zentrum für Unternehmungsführung (ZfU) mit dem Maharishi-Ayur-Ved-Zentrum in Traben-Trarbach. So war der medizinische Direktor des Zentrums, Ulrich Bauhofer, Ende September 1997 als Referent beim Seminar Gesundheitsmanagement in Traben-Trarbach angekündigt. Dort sollten die Führungskräfte dann Methoden zur Förderung der körperlichen und geistigen Gesundheit und die »Therapien und Behandlungsformen des Maharishi-Ayur-Veda« kennenlernen. Vermutlich wurden ihnen dabei auch die Vorzüge des TM angepriesen. Schließlich promovierte Dr. med. Bauhöfer sogar über die kreislaufphysiologischen Wirkungen der TM.

Mit »ayurvedischer Gesundheitsvorsorge« hat TM längst den Weg in die Unternehmen geschafft. Die vom Maharishi-Ayur-Ved-Zentrum in Bad Ems angebotenen Firmenseminare sollen zu einer Verbesserung des Betriebsklimas, einer größeren Belastbarkeit der Mitarbeiter und einer erhöhten Kreativität führen und so den Unternehmenserfolg nachhaltig verbessern. Das »Maharishi Corporate Development Program« soll eine umfassende Entwicklung der Humanressourcen auf allen Ebenen der innerbetrieblichen Organisation bewirken. Der Nutzen sei durch umfangreiche wissenschaftliche Untersuchungen bestätigt worden.

Doch gerade mit den wissenschaftlichen Untersuchungen scheint nicht immer alles in Ordnung zu sein. So wurde der amerikanische Journalist Andrew Skolnick 1992 vom Committee for the Scientific Investigation of the Paranormal für seinen kritischen Report im *Journal of the American Medical Association (JAMA)* über die ayurvedischen Produkte von Maharishi mit dem Preis für verantwortungsvollen Journalismus ausgezeichnet. Das National Council on Health Fraud (Betrug im Gesundheitswesen) sprach von einem »Klassiker in der Literatur über die Gesundheitsaufklärung der Konsumenten«. Skolnick hatte herausgefunden, daß die Wissenschaftler, die einen positiven Artikel über die ayurvedischen Produkte Maharishis geschrieben hatten, keine unabhängigen Forscher waren – wie sie behauptet hatten –, sondern selbst mit der Vermarktung der Produkte zu tun hatten. Zudem hätten sie Maharishi Ayur-Veda fälschlicherweise mit dem altindischen Heilsystem Ayurveda gleichgesetzt, obwohl es sich dabei lediglich um eine Marke von alternativen Gesundheitsprodukten handelt, die seit 1985 von Maharishi vertrieben wird. Skolnick und die JAMA wurden daraufhin von zwei Gruppen, die mit TM zusammenhängen, auf 194 Millionen Dollar Schadenersatz verklagt. Der Fall wurde im März 1993 eingestellt.

Maharishi Ayur-Ved läßt sich daher durchaus als sogenannte Front Group bezeichnen, deren Aufgabe es ist, die Teilnehmer der eigentlichen Gruppe – in diesem Fall TM – zuzuführen. Natürlich muß nicht jeder Besucher einer Ayurveda-Kur zum TM-Anhänger werden. Doch die Gefahr, daß sich mancher von den Versprechungen ködern läßt, ist vorhanden.

Auch Landmark hat längst entdeckt, daß sich neue Teilnehmer besonders gut über Umwege gewinnen lassen. So gehört es zum Beispiel bei Landmark zum Programm, daß Teilnehmer in den Fortgeschrittenen-Kursen eigene Projekte initiieren. Dabei geht es dann oftmals um das Engagement für sozial benachteiligte Gruppen oder für Umweltprobleme. Landmark-Anhänger gründen Arbeitsgruppen und Initiativen und gewinnen dafür engagierte Menschen. Diese erfahren dann natürlich irgendwann etwas von den tollen Landmark-Kursen. Schließlich ist der Initiator der Gruppe ja überzeugt davon. Sie sind neugierig, gehen zum Informationsabend, und einige geraten so in die Fänge des Psychokonzerns. Besonders verfänglich ist dies natürlich bei Personalverantwortlichen und Unternehmern, die dann auch noch ihre Mitarbeiter zu den Kursen schicken oder ihnen einen Besuch nahelegen.

Viele glauben, daß der Besuch eines Kurses nicht so schlimm sein kann. Schließlich kann man sich das Ganze ja mal anschauen. Doch oftmals ist bereits der erste Schritt zuviel. Das System funktioniert und ist nur schwer zu durchbrechen. Denn Menschen, die unwissentlich manipuliert wurden, fühlen sich natürlich niemals manipuliert. Sie sind davon überzeugt, alles freiwillig mitgemacht zu haben und aus völlig freien Stücken zu ihren neuen Erkenntnissen und Überzeugungen gelangt zu sein. Dazu kommt, daß Zweifel an den Methoden eines Psychotrainings natürlich stets einen Angriff auf die Person bedeuten. Wer sich wie ein kleines Kind behandeln läßt, hat eben einen enormen Druck, sich zu rechtfertigen. So werden autoritärer Drill und Demütigungen nicht selten als einziger Weg zu mehr Selbstbewußtsein verherrlicht und damit pervertiert. In der Psychologie gibt es ein einfaches Erklärungsmodell für dieses Verhalten: die Theorie der kognitiven Dissonanz. Wenn die Einstellung eines Menschen nicht mit seinem Verhalten übereinstimmt, bekommt er Probleme und paßt eines dem anderen an. Da totalitäre Anbieter jedoch das Verhalten stets sehr genau kontrollieren, muß der Mensch seine Einstellung ändern. So werden Drill und Erniedrigung plötzlich zum wirksamen Mittel im Dienst der Selbstverwirklichung.

Wie gut diese Mechanismen funktionieren, erlebte ich bei einem Vortrag über die Methoden und Tricks der Psychotrainer vor Diplom-Psychologen. Kaum hatte ich begonnen, über die wissenschaftlichen Grundlagen der Gehirnwäsche zu sprechen, wurde ich permanent von zwei der Anwesenden unterbrochen. Das sei doch alles viel zu unpräzise. Man könne doch nicht alle Anbieter in einen Topf werfen. Statt sich meine Ausführungen erst einmal anzuhören, inszenierten sie ein regelrechtes Störfeuer. Die beiden entpuppten sich ziemlich schnell als Fans von zwei umstrittenen Anbietern. Immer wieder erhoben sie den Vorwurf, ich würde alle Persönlichkeitsseminare verurteilen, obwohl ich das nachweislich nie getan hatte. »Haben Sie denn nicht zugehört? Es geht doch um allgemeine Merkmale«, warfen andere Zuhörer ihnen immer wieder vor. Er habe so ein Seminar besucht, und es habe ihm damals viel gebracht, sagte der eine, und schließlich sei der persönliche Eindruck doch immer noch das beste. Er könne nur jedem raten, erst nach einem Besuch eines Seminars darüber zu urteilen.

Das ist auch das Lieblingsargument der Anbieter. Kritiker haben doch häufig das Training überhaupt nicht mitgemacht und wissen daher gar nicht, was dort passiert. Das Aufzeigen der Strukturen und Methoden zählt nicht. Denn alle umstrittenen Gruppen setzen auf das Erleben. Das läßt sich manipulieren. Die Analyse auf der Metaebene jedoch nicht. Da sich die meisten Skeptiker jedoch nicht mit den Mechanismen befaßt haben, erliegen sie den geschickten Manipulationsprozessen. Deshalb legen die Psychoanbieter auch so viel Wert darauf, daß Skeptiker selbst an ihren Seminaren teilnehmen. Schließlich ist das der beste Schutz gegen unliebsame Kritik.

Ist jemand erst einmal begeistert von einem derartigen Seminar, dann landet er auch schnell beim nächsten. Wer zum Beispiel Block-Trainings gut findet, dem könnte auch Landmark zusagen. Landmark-Fans haben wiederum manchmal bereits Erfahrungen mit Scientology gemacht. Natürlich haben Block, Landmark und Scientology nichts miteinander zu tun und unterscheiden sich erheblich. Aber es sind die Strukturen, die die Menschen anziehen. Dasselbe gilt natürlich auch umgekehrt. Wer einmal geschockt aus einem derartigen Kurs ging, der reagiert meist äußerst sensibel auf diese Strukturen.

Viele sind jedoch begeistert von Psychotrainings. Nur wenige reflektieren, was dort wirklich passiert ist. Manager sind hier im doppelten Sinn gefährdet. Denn sie können weder sich selbst noch ihrem Umfeld eingestehen, daß sie auf die Psychotricks reingefallen sind. Es paßt nun mal nicht zur Rolle eines erfolgreichen und kompetenten Managers, sich zur willenlosen Marionette degradieren zu lassen. Manager, die sich das tatsächlich zugestehen, geraten daher unweigerlich in eine Identitätskrise. Manager, die das öffentlich zugeben, machen sich lächerlich. Denn schließlich ist stets das Opfer schuld, und einem selbst würde das natürlich nie passieren. Dazu kommt, daß die Anbieter oftmals nicht gerade zimperlich mit Kritikern umgehen, und schließlich haben sie meist auch etwas gegen sie in der Hand. Die Trainer wissen häufig intimste Dinge über ihre Teilnehmer, und oftmals schreiben sie sogar noch alles mit. Der Seminarleiter hat vielleicht erlebt, wie ein Manager schluchzend von seinen Versagensängsten erzählte, und schon allein die Vorstellung, der Chef könnte etwas davon erfahren, läßt viele schweigen.

Nur die wenigsten stehen daher öffentlich zu ihren Erfahrungen und geben zu, daß sie den Tricks der Psychoanbieter auf den Leim gegangen sind. Manche können im nachhinein selbst nicht mehr verstehen, warum sie das alles mitgemacht haben. Sie fühlen sich manipuliert und getäuscht. Das Ganze wird zum Alptraum. »Das schlimmste war für mich diese unheimliche Autorität der Trainer und daß ich mich dagegen einfach nicht wehren konnte«, erzählt ein Manager nach dem Besuch eines Block-Trainings. »Du hast einfach keine Chance. Entweder du machst mit, oder du gehst«, beschreibt ein anderer seine Erfahrungen. Die Erkenntnis, dem Trainer hilflos ausgeliefert gewesen zu sein, ist für viele schmerzlich. Die meisten verdrängen diese Erfahrung daher. Der Angriff auf das sorgfältig gepflegte Selbstbild des kompetenten Managers ist zu groß.

Die Reaktion der Umwelt tut ein übriges dazu, daß die totalitären Systeme nicht aufgedeckt werden. Denn die Opfer stoßen auf Unverständnis, werden belächelt und nicht ernst genommen. Wie kann man nur so dumm sein. Solange sich das nicht ändert, haben totalitäre Psychoanbieter ein leichtes Spiel. Doch es ist nicht der einzelne, der versagt. Schuld ist die raffinierte Manipulation, mit der er – ohne es zu merken – mental umprogrammiert wird.

Der einzige Ausweg ist daher Aufklärung. Wer weiß, wie Psychoanbieter manipulieren, fällt nicht mehr so schnell darauf herein. Das gilt allerdings nur vor dem Training. Wer sich erst einmal auf den Prozeß eingelassen hat, hat so gut wie keine Chance mehr. Denn wer kritisiert, stört und wird daher entweder persönlich niedergemacht oder gleich rausgeschmissen.

Die meisten dubiosen Psychoanbieter lassen sich aber bereits im Vorfeld entlarven. Denn ihr größter Trick ist stets die Verheimlichung. Die Teilnehmer dürfen nicht wissen, was im Training geschieht. Doch wer nicht sagt, was er macht, hat etwas zu verbergen. Was würde passieren, wenn ein Anbieter einem Personalchef erklärt, wie die Teilnehmer in seinem Seminar mit Schlaf- und Essensentzug mürbe gemacht und einem autoritären Drill unterzogen werden, wie sie gefährliche psychologische Übungen absolvieren und ihre intimsten Ängste auspacken müssen? Würde er so neue Kunden gewinnen? Wohl kaum. Dubiose Psychoanbieter leben daher von der Täuschung.

Der Mensch ist konditionierbar wie eine Graugans, auch wenn die Intellektuellen dies nicht gerne hören. Die Forschung hat es längst belegt. Eines der schockierendsten Experimente führte der amerikanische Sozialpsychologe Stanley Milgram bereits in den sechziger Jahren durch. Er bewies, wie schnell selbst ganz normale Menschen schnell zu Folterknechten werden. In seinem Experiment erteilte Milgram seinen Versuchspersonen den Auftrag, einer Testperson Elektroschocks zu verpassen, wenn diese Fehler bei einem Lernexperiment mache. Zum Schein wurde ausgelost, wer die Rolle des »Lehrers« und wer die des »Lernenden« – also der Testperson – übernimmt. Die Testperson (ein Helfer von Milgram) mußte in einem Nebenraum auf einer Art elektrischem Stuhl Platz nehmen und wurde dort festgebunden, angeblich, damit sie keine zu heftigen Bewegungen macht. An ihrem Arm wurde eine Elektrode befestigt, die an einen Elektroschock-Apparat im Zimmer des »Lehrers« angeschlossen war. Der »Lehrer« konnte die Testperson sehen. Vor ihm war ein Apparat, mit dem er ihr Elektroschocks von 15 bis 450 Volt erteilen konnte. Die verschiedenen Stufen waren gekennzeichnet mit »leichter Schock« bis »Gefahr: schwerer Schock«. Auf den letzten beiden Stufen stand nur noch: »XXX«. Der Auftrag lautete nun, der Testperson bestimmte Aufgaben zu stellen und bei jedem Fehler die Stromstärke um 15 Volt zu erhöhen. Die Testperson machte viele Fehler. Bei 75 Volt hörte der »Lehrer« bereits erste Geräusche, bei 120 Volt klagte die Testperson über Schmerzen, bei 150 Volt schrie sie: »Laßt mich hier raus!« Nun begann der »Lehrer« meist zu fragen, ob er denn weitermachen solle. Der Versuchsleiter, ein Wissenschaftler im weißen Kittel, sagte dann zum Beispiel: »Sie können jetzt nicht aufhören. Das Experiment hängt davon ab, daß Sie weitermachen«, oder: »Sie haben keine andere Wahl.« Bei 300 Volt schlug die Testperson gegen die Wände, bei 330 Volt verstummte sie und reagierte nicht mehr. Der Versuchsleiter wertete das als Fehler und forderte den »Lehrer« auf, die Stromstärke weiter zu erhöhen. Erst als 450 Volt erreicht wurden, war das Experiment zu Ende.

Die Ergebnisse waren schockierend und deprimierend. Obwohl sie die Schreie und Schmerzen der Testperson hörten und sahen und obwohl diese bereits bei 330 Volt vor Schmerzen verstummte, gingen 60 Prozent bis zu 450 Volt. Die »Lehrer« standen zwar unter einer erheblichen emotionalen Belastung, aber sie brachen den Versuch nicht ab. Sie wagten es nicht, den Gehorsam zu verweigern.

Noch schockierender sind die Ergebnisse, wenn die »Lehrer« keine Rückmeldung über die Folgen ihrer Bestrafung hatten, also die Testperson nicht sahen. Dann gingen fast alle bis zur höchsten Stufe von 450 Volt, ohne Rücksicht auf das Leben der Testperson.

Das Experiment wurde vielfach und in verschiedenen Ländern wiederholt. Immer kam man zu dem gleichen Ergebnis. Ganz normale Menschen reagieren im Namen wissenschaftlicher Autorität aggressiv und verantwortungslos. Das Milgram-Experiment wird daher häufig auch als Erklärung für die Verbrechen der Nazis benutzt. Es ist ein erschütterndes Beispiel, wie schnell sich Menschen Autoritäten unterordnen. Und wer jetzt sagt, ihm würde das nicht passieren, der lügt sich selbst in die Tasche.

Schleichend und subtil
Gehirnwäsche als Prozeß sozialer Anpassung

Warum gehen Millionen von Menschen den Tricks der Sekten, Psychokulte oder Psychotrainings auf den Leim? Wie kann sich ein halbwegs vernünftiger Mensch auf diesen Unsinn einlassen? Was den meisten Menschen noch immer völlig unerklärlich ist, ist wissenschaftlich längst erforscht. Es geht um den Prozeß einer massiven Beeinflussung, bei dem Menschen mit Hilfe verschiedener Techniken quasi mental umprogrammiert werden. Entscheidend dabei ist, daß die Person nicht weiß, daß sie manipuliert und kontrolliert wird. Sie darf nicht merken, wie sie sich langsam, Schritt für Schritt den Forderungen des Trainers anpaßt, wie sie ihre eigenen Interessen aufgibt und zur willenlosen Marionette wird. Ob Sekten, Psychokulte oder dubiose Psychotrainings, sie alle bedienen sich dabei derselben Methoden. Durch die geschickte Manipulation psychologischer und sozialer Faktoren verändern sie die Einstellungen und damit auch das Verhalten ihrer Teilnehmer grundlegend. Der sicherste Schutz ist daher die Aufklärung. Nur wer informiert ist, der erkennt, wie er manipuliert werden soll, und kann sich rechtzeitig dagegen wehren und sich dem Prozeß der Beeinflussung entziehen.

Der Prozeß dieser mentalen Umprogrammierung wird mit verschiedenen Ausdrücken umschrieben. Viele der Begriffe kommen aus den USA und lassen sich nur schwer übersetzen. Die gebräuchlichsten sind Gehirnwäsche, mentale Programmierung, Gedankenreform, Bewußtseinskontrolle und Coercive Persuasion (Zwangsüberzeugung).

Am bekanntesten dürfte der Begriff Gehirnwäsche sein. Er wurde 1951 von Edward Hunter geprägt. Der Journalist umschrieb damit den Prozeß, bei dem amerikanische Gefangene im Koreakrieg plötzlich ihr gesamtes Wertesystem umkrempelten und fiktive Kriegsverbrechen gestanden. Unter Mao wurden in China Millionen Menschen durch Umerziehungsprogramme dazu gebracht, neue Wertvorstellungen und ein neues Verhalten anzunehmen – ohne Einsatz physischer Gewalt. Ging es damals primär um die Veränderung politischer Überzeugungen, so steht heute die Veränderung des Selbstkonzepts im Vordergrund. Auch von der Anwendung körperlicher Gewalt wurde längst Abstand genommen. »Alle Forschungen, die ich und andere auf dem Gebiet durchgeführt haben, zeigen in aller Deutlichkeit, daß Gefangenschaft und Gewaltanwendung keine notwendigen Bedingungen, sondern im Gegenteil kontraproduktiv sind, wenn es darum geht, die Einstellungen und das Verhalten von Menschen zu verändern. Wenn man andere wirklich umdrehen will, dann sind die weichen Methoden billiger, weniger auffällig und hocheffektiv«, schreibt Margaret Singer, eine der besten Kennerinnen der Psychokulte. »Die alte Devise, daß Honig mehr Fliegen anzieht als Essig, gilt auch heute noch.«

Coercive Persuasion könne viel wirksamer sein als Schmerzen, Folter, Drogen oder der Einsatz von körperlicher Gewalt und Drohungen, heißt es in einem Dokument, das der amerikanische Supreme Court zu diesem Thema herausgab. Der

Einsatz von Gewalt sei das alte Modell der Gehirnwäsche. Doch die gewaltfreie Gehirnwäsche sei wesentlich wirksamer. Denn unter Gewalt habe sich oftmals nur das Verhalten, nicht jedoch die Einstellung der Betroffenen geändert. Mit Coercive Persuasion ließen sich dagegen die Einstellungen der Menschen verändern, und zwar ohne ihr Wissen und ohne ihre Zustimmung. Die Menschen handelten dann so, wie es der Manipulator will.

Anlaß für das Dokument des Obersten Gerichts war der Fall Wollersheim gegen Scientology. Der ehemalige Scientologe hatte die Psychosekte 1989 verklagt. Wollersheim war von Scientologen auditiert und unter Druck gesetzt worden und hatte sich nach seinem Ausstieg einer psychiatrischen Behandlung unterziehen müssen. Bei dem Fall ging das Gericht zwar davon aus, daß Scientology eine Religion sei, untersuchte aber ausschließlich das Verhalten und die Methoden der Organisation. Es kam zu dem Schluß, daß beim Auditing Methoden der »Gehirnwäsche« eingesetzt werden und daß diese eine maßgebliche Ursache für die seelische Krankheit von Wollersheim waren. Scientology wurde letztinstanzlich zu einer halben Million Dollar Schadenersatz und einer Strafe von zwei Millionen Dollar verurteilt.

In dem Dokument geht der Supreme Court allgemein auf die Merkmale von Programmen ein, die mit der Zwangsüberzeugung arbeiten. Coercive Persuasion sei eine Technologie der Verhaltensänderung. Der Unterschied zu anderen Lernprogrammen oder der normalen Überzeugung liege in den Bedingungen und den Techniken der Manipulation von Umwelt und Kommunikation. Zwangsüberzeugung werde meist in Gruppen eingesetzt, stets zum Profit der Organisatoren, sei es aus politischen oder finanziellen Gründen. Im weiteren werden sieben Taktiken beschrieben, wobei betont wird, daß Coercive Persuasion auch dann funktioniert, wenn nicht alle eingesetzt werden.

Taktik 1: Zunächst steigern hypnotische Techniken oder Übungen die Beeinflußbarkeit der Teilnehmer. Dazu gehört eine ausgedehnte und drillmäßige Fixierung auf auditive, visuelle, verbale und taktile Reize (zum Beispiel stundenlange »unlogische« Monologe). Außerdem zählen dazu die exzessive Wiederholung bestimmter Handlungen, exzessive Wiederholung von Routineaktivitäten, Schlafentzug und Nahrungsreduzierung.

Taktik 2: Mit einem Belohnungs- und Bestrafungssystem wird eine Kontrolle über das soziale Umfeld, die Zeit und die soziale Unterstützung aufgebaut.

Taktik 3: Kritische Informationen werden zurückgehalten, Widerspruch ist nicht gestattet. Die Kommunikation wird strikt kontrolliert. Oft wird dabei auch vorgeschrieben, was die Teilnehmer Außenstehenden erzählen dürfen. Zudem gibt es häufig auch eine gruppeneigene Sprache.

Taktik 4: Die Teilnehmer werden dazu gebracht, zentrale Aspekte ihrer Erfahrung und ihres früheren Verhaltens als negativ zu bewerten. Ihre Grundeinstellungen, ihre Realitätswahrnehmung, ihre Gefühlskontrolle und ihre Verteidigungsmechanismen werden destabilisiert und dann durch neue Einstellungen ersetzt. Die Teilnehmer interpretieren ihre Vergangenheit neu.

Taktik 5: Massive Angriffe auf das Selbstvertrauen und die eigene Urteilskraft schaffen ein Gefühl von Machtlosigkeit.

Taktik 6: Durch psychische Bestrafungen wie Erniedrigung, soziale Isolation, das Einreden intensiver Schuldgefühle und Angst werden aversive Gefühle provoziert.

Taktik 7: Psychologische Drohungen werden ausgesprochen: Wer die neue Einstellung nicht annimmt, der wird eben versagen. Er wird beruflich erfolglos bleiben, krank und unglücklich werden.

50

Alle Programme zielen darauf, das Selbstkonzept einer Person, ihre Realitätswahrnehmung und ihre zwischenmenschlichen Beziehungen grundlegend zu verändern. Damit wird ihre Fähigkeit reduziert, unabhängig zu entscheiden. Zudem wird die Person ohne ihr Wissen und ohne ihre Zustimmung zu einem Handlanger der Organisation und handelt künftig in deren Sinn.

Diese Programme funktionieren, weil die Teilnehmer gezielt einem sehr starken emotionalen Streß ausgesetzt werden, den sie nur dadurch reduzieren können, daß sie das System akzeptieren und das geforderte Verhalten zeigen. Diese Prozesse führen daher nicht zu einer freiwilligen und selbstgewählten Veränderung der Einstellungen, sondern zu einer erzwungenen Fügsamkeit.

Dieser Prozeß habe daher nichts mit religiösen Praktiken zu tun, schreibt der Supreme Court weiter, es handele sich vielmehr eindeutig um eine Kontrolltechnik. Zu betrachten sei daher der Prozeß, völlig losgelöst vom Inhalt oder von der Ideologie. Dieser Prozeß sei unethisch und unfair. Er sei subtil und greife wesentlich fundamentalere Freiheiten an als die Religionsfreiheit. Denn er gefährde die Selbstbestimmung und den freien Willen eines Menschen.

Diese bemerkenswerten Ausführungen des obersten amerikanischen Gerichts sollten sich alle zu Herzen nehmen, für die die Aktivitäten von Sekten und Psychokulten noch immer unter die Religionsfreiheit fallen. Denn es geht nicht um Religion und Ideologie, es geht um die Methoden der mentalen Umprogrammierung.

Wie dieser Prozeß funktioniert, haben die Amerikaner schon seit langem erforscht. Bereits 1956 prägte der Psychiater Robert Lifton den Begriff der Thought Reform und nannte Kriterien totalitärer Systeme. Lifton hatte sich intensiv mit den Gehirnwäsche-Programmen in China beschäftigt. Eduard Schein beschrieb 1961 in seinem Buch *Coercive Persuasion* ein Dreistufenmodell, wie Menschen Schritt für Schritt gefügig gemacht werden können.

Stufe 1: Aufbrechen (Unfreezing)

Um die Teilnehmer auf eine Veränderung vorzubereiten, muß zunächst ihre Realität erschüttert werden. Dazu gibt es verschiedene Methoden. Eine Möglichkeit ist die physiologische Desorientierung. Dazu gehören zum Beispiel der Schlafentzug und die Veränderung der Ernährung und der Eßgewohnheiten. Strenge Regeln fordern den totalen Gehorsam. Dazu kommt der Einsatz hypnotischer und suggestiver Methoden. Aber auch Meditationen, emotional belastende Übungen, persönliche Beichten oder Körperübungen können das Aufbrechen unterstützen. Ziel ist die Destabilisierung. Das Selbstvertrauen wird ausgehöhlt, es kommt zu einer Identitätskrise. Die Teilnehmer suchen nach neuen Lösungen.

Stufe 2: Verändern (Changing)

Im nächsten Schritt werden die Teilnehmer mit dem neuen Glaubenssystem beglückt. Die Botschaft ist stets simpel: Wir haben das Rezept, mit dem du glücklich und erfolgreich wirst. Zentrale Thesen werden ständig wiederholt, und den Teilnehmern wird eingebleut, daß alte Vorstellungen nur ihrem Glück im Weg stehen und ihr rationales Denken nur verhindert, sich auf etwas Neues einzulassen. Oftmals wird das Ganze noch durch Übungen unterstützt. Die so künstlich provozierten Gefühlsausbrüche werden dann entsprechend interpretiert, und die Teilnehmer sind beeindruckt. Äußerst wichtig ist dabei der Gruppendruck: Was man vor anderen gelobt, tut man auch. Wenn man es tut, dann beginnt man auch, entsprechend zu denken. Wenn man so denkt, dann glaubt man, man wäre selbst auf den Gedanken gekommen.

Stufe 3: Fixieren (Refreezing)

Nun gilt es, die Teilnehmer wiederaufzubauen. Dabei wird die Vergangenheit in der Regel grundsätzlich als negativ abgetan. Es werden neue, unbegrenzte Möglichkeiten aufgezeigt, Visionen entwickelt und Allmachtsphantasien geschürt. Die psychisch und körperlich geschwächten Teilnehmer reagieren euphorisch und glauben, endlich zu sich selbst gefunden zu haben. Viele Gruppen zielen darauf ab, lächelnde, fügsame, hart arbeitende Personen zu produzieren, die die Autorität des Trainers nicht in Frage stellen. Je mehr die Teilnehmer diese erwünschten Einstellungen und Verhaltensweisen zeigen, um so mehr werden sie von dem »Führer« gelobt, daß sie jetzt auf dem richtigen Weg seien.

Margaret Singer, die wohl beste Kennerin und Expertin im Bereich Psychokulte, prägte 1982 den Begriff der »systematischen Manipulation durch psychische und soziale Beeinflussung«. Gehirnwäsche, schreibt die amerikanische Psychologieprofessorin, sei eine nicht sichtbare soziale Anpassung. Die Betroffenen wissen nicht, was vor sich geht, sie kennen die Absicht nicht, und sie bemerken die Veränderungen, die bei ihnen vorgehen, nicht.

Gehirnwäsche ist kein einmaliger Vorgang, sondern ein schleichender Prozeß der Destabilisierung und Veränderung durch die Manipulation sozialer und psychologischer Einflußfaktoren. Die Mittel, die den Wandel herbeiführen, sind sorgfältig aufeinander abgestimmt. »Die mentale Programmierung zielt darauf ab, das Selbstkonzept einer Person zu destabilisieren, sie dazu zu bringen, ihre Lebensgeschichte völlig neu zu interpretieren, ihre Weltsicht radikal zu verändern und eine neue Version der Wirklichkeit und der ursächlichen Zusammenhänge zu akzeptieren«, schreibt Singer. Ziel ist es, die Person abhängig von der Organisation zu machen und sie so zum einsatzbereiten Werkzeug für deren Zwecke zu machen. Damit der Prozeß funktioniert, müssen laut Singer sechs Bedingungen vorhanden sein:

1. Laß die Person in Unkenntnis darüber, was vor sich geht und wie er oder sie sich Schritt für Schritt ändert.
2. Kontrolliere Umgebung und Umwelt der Person, vor allem kontrolliere seine oder ihre Zeit.

3. Erzeuge in der Person gezielt ein Gefühl der Ohnmacht.
4. Stelle ein System von Belohnung und Strafe auf und steuere die Erfahrungen so, daß das Verhalten der Person, das ihre frühere Identität widerspiegelt, unterdrückt wird.
5. Stelle ein System von Belohnung und Strafe auf und steuere die Erfahrungen so, daß das neue Mitglied die Ideologie, das Glaubenssystem und die Verhaltensnormen der Gruppe verinnerlicht.
6. Entwickle ein in sich geschlossenes logisches System und eine autoritäre Machtstruktur, die kein Feedback zulassen und ohne Zustimmung oder Anordnung der Führung nicht geändert werden können.

Auch der amerikanische Sektenexperte und Berater Steven Hassan hat ein Modell für den Prozeß der Bewußtseinskontrolle entwickelt. Für ihn besteht sie aus vier Komponenten:

1. Verhaltenskontrolle:
Totalitäre Trainer zwingen ihre Anhänger zur Einhaltung rigider Regeln. Dazu gehört der Schlaf- und Essenentzug ebenso wie das Kommunikationsverbot. Bei manchen Persönlichkeitsseminaren müssen die Teilnehmer zudem alle Medikamente abgeben. Denn je mehr ein Trainer die Umgebung kontrolliert, um so größere Chancen hat er, jemanden auf anderen Ebenen zu beeinflussen. Zuwenig Schlaf und Essen reduzieren automatisch die Kritikfähigkeit.

2. Informationskontrolle:
Totalitäre Trainer blocken alle Negativinformationen über ihre Seminare ab. Kritische Äußerungen werden daher gezielt unterbunden. Dabei greifen viele zu einem raffinierten Trick: Sie erteilen ihren Teilnehmern ein Kommunikationsverbot. Negative Äußerungen werden unterbunden. Ein Meinungsaustausch findet nicht statt. Der einzelne bleibt mit seinen Zweifeln allein und schweigt. Eine andere beliebte Methode

ist es, jede kritische Äußerung als Unfähigkeit des Kritisierenden zu deuten, sich auf den Prozeß einzulassen.

3. Gedankenkontrolle:

Die beginnt oftmals schon mit einer verfremdeten Sprache. Die Teilnehmer werden mit neuen oder umgedeuteten Begriffen konfrontiert und verwirrt. Doch wer die Worte ändert, verändert das Denken. Zudem wird stets eine bestimmte Art von Denken trainiert. So wird den Teilnehmern zum Beispiel beigebracht, Gedankenstopp-Techniken anzuwenden, um persönlich zu wachsen und effektiver zu werden. Sobald sie einen »schlechten Gedanken« bemerken, soll die negative Einstellung unterdrückt werden. Diese in der Therapie sehr nützliche Technik wird jedoch gefährlich, wenn damit jegliche kritische Distanz ausgeschaltet wird.

4. Emotionale Kontrolle:

Um die Gefühlswelt der Teilnehmer zu kontrollieren, werden häufig gruppendynamische Übungen eingesetzt. Dabei aktiviert vor allem das Ausgeschlossenwerden von der Gruppe eine der größten Urängste. Auch Übungen aus der Körpertherapie werden dabei manchmal mißbraucht. So gibt es gerade in der Bioenergetik sehr wirkungsvolle Übungen, die bei den meisten zu starken emotionalen Reaktionen führen. Die Gefühlsausbrüche werden dann geschickt genutzt, um den Teilnehmern die Wirksamkeit des Trainings vor Augen zu führen. Zur Gefühlskontrolle gehört auch das Erzeugen eines Hochgefühls in der Gruppe. Man fühlt sich überlegen und als Elite. Das hilft, spätere Kritik von außen abzuschmettern (die Armen haben ja nur noch nicht verstanden, daß man jetzt das Geheimrezept für Erfolg und Glück kennt).

Für Steven Hassan bilden diese vier Komponenten ein totalitäres Netz, das selbst den willensstärksten Menschen manipulieren kann.

Wichtig ist, daß nicht alle Methoden per se schlecht sind. Viele werden auch in Persönlichkeitstrainings oder in Motivationsprogrammen eingesetzt, die mit Sicherheit nicht in die totalitäre Ecke gehören. »Einfluß ist Einfluß«, sagt Hassan. Man könne diese Methoden verwenden, um jemandem mehr Möglichkeiten zu geben oder um ihn zum konformen Jasager zu machen. »Der Trainer muß die Teilnehmer in ihrer Individualität akzeptieren, und es muß Platz für andere Meinungen dasein«, faßt Steven Hassan die wesentlichen Kriterien zusammen. Ein entscheidender Knackpunkt ist dabei auch der Umgang mit Kritik. Der Trainer muß Kritik zulassen und adäquat damit umgehen können. Damit haben jedoch alle totalitären Trainer und Gruppen massive Probleme. Denn Kritik gefährdet ihr beinahe perfektes System: Neue Teilnehmer kommen stets auf Empfehlung und sind daher positiv eingestellt. Im Seminar werden sie – ohne es zu merken – durch Methoden der Bewußtseinskontrolle beeinflußt und so zu neuen Werbern.

So verschieden die Modelle der Experten sind, sie alle beschreiben die gleichen Methoden und Tricks, mit denen Menschen manipuliert werden können. Viele dieser Methoden findet man auch in umstrittenen Psychotrainings wieder. Das größte Problem bei der Gehirnwäsche ist, daß sie nur funktioniert, wenn die Person nicht merkt, wie sie manipuliert wird. Daher wird auch nie jemand zugeben, einer Gehirnwäsche unterzogen worden zu sein. Sonst wäre es ja keine Gehirnwäsche mehr. Menschen, die durch den Prozeß der Gehirnwäsche gegangen sind, verteidigen daher stets ihren Manipulator und behaupten, er habe ihnen den Weg zur Selbsterkenntnis gezeigt. In fast allen Gruppen läßt sich daher das sogenannte »Stockholm-Syndrom« beobachten. Die Teilnehmer werden eingeschüchtert, kontrolliert und leiden, aber trotzdem lieben und bewundern sie ihre Peiniger. Der Name »Stockholm-Syndrom« entstand nach einer Geiselnahme in den siebziger Jahren in Stockholm, bei der sich eine Solidarität zwischen Opfern und Tätern entwickelte und sich die Gefangenen schließlich sogar mit den Zielen der Täter identifizierten. Besonders bekannt ist der Fall der Zeitungserbin Patricia Hearst, die Ende der sechziger Jahre von der revolutionären Gruppe Symbionese Liberation Army (SKA) gekidnappt wurde und schließlich sogar mit der Gruppe einen Bankraub ausführte. Psychologen sehen in dem Verhalten eine Schutzmaßnahme des Selbsterhaltungstriebs. Denn die Identifikation mit dem Aggressor ist für das Opfer oft die einzige Möglichkeit, die enorme emotionale Belastung und Angst zu reduzieren.

Nur so läßt sich auch das außergewöhnliche Engagement mancher Manager für umstrittene Seminare erklären. Einen besonders krassen Fall erlebte ich, nachdem ich das Persönlichkeitsseminar eines Schweizer Instituts in der *Süddeutschen Zeitung* (*SZ*) kritisch besprochen hatte. Man sagte mir, ein Herr Kuntz (Name geändert) habe in der Redaktion angerufen und wolle mich wegen der Seminarkritik sprechen. Ich hatte keine Ahnung, wer Herr Kuntz war, und rief an. Zunächst lobte er mich für den »sprachlich gelungenen Artikel«. Dann erklärte er mir, daß ich das Seminar überhaupt nicht verstanden hätte. Argumente gegen meine Kritik hatte er keine, und als er merkte, daß ich bei meiner Meinung blieb und die auch begründen konnte, verschärfte sich der Tonfall. Er sei schließlich Multimillionär und Geschäftsführer eines großen Technikmarktes, und zudem habe er ein paar Semester Psychologie studiert, erklärte er mir allen Ernstes. Als ich mich noch immer nicht beeindruckt zeigte, schnaubte er, er hoffe wenigstens, daß ich in Zukunft keine Artikel mehr für die *SZ* schreiben dürfe. Als ich ihm erklärte, daß er das wohl kaum verhindern könne, konterte er: »Ich bin Multimillionär.« Später erfuhr ich, daß er seine gesamte Führungsmannschaft zu dem Besuch des kritisierten Seminars verdonnert hatte.

Die Reaktion ist typisch. Weil ihnen die Argumente fehlen, bleibt nur die Einschüchterung oder Diffamierung des Kritikers. Ein weiteres Beispiel lieferte ein Fan des Block-Trainings. Um die Ehre des umstrittenen Psychotrainings zu retten, urteilte er in einem Leserbrief über einen kritischen Artikel: »ohne Kenntnis schlampig recherchiert und somit verantwortungslos«. Dabei erkannte er dann auch messerscharf den Grund für den üblen Artikel: die Abhängigkeit vom Honorar. So schreibt er: »Ich wünsche Frau Schwertfeger sehr, sehr viele Veröffentlichungshonorare, jedoch aufgrund ihrer Arbeitsweise besser nur zu anderen Themenkreisen (z. B. Fürsten- und Königshäuser); sie sollte zuständigkeitshalber schnellstens zur Regenbogenpresse wechseln.« Argumente hatte natürlich auch dieser Herr nicht.

Eigentlich kann man diese Menschen nur bedauern, denn sie sind – ohne es zu merken – Opfer der Psychomanipulateure geworden. Natürlich ist gegen eine faire und kritische Auseinandersetzung nichts einzuwenden. Die setzt jedoch voraus, daß man sich auch mit der Meinung der Gegenseite beschäftigt. Doch das ist für die meisten viel zu bedrohlich. Denn schließlich könnte es ja passieren, daß der andere nicht so ganz unrecht hat, und wer gesteht schon gern ein, daß er den Psychotricks eines Anbieters auf den Leim gegangen ist, besonders als Multimillionär?

Inwieweit in einem Training tatsächlich Methoden der Gehirnwäsche eingesetzt werden, muß von Fall zu Fall entschieden werden. Auch sind nicht alle Übungen gefährlich oder schlecht. Vorsicht ist jedoch stets dann angesagt, wenn Trainingsteilnehmer auffallend euphorisch sind und gleichzeitig nicht erklären können, was im Training genau passiert ist. Aussagen wie »Dieses Seminar hat mein Leben vollkommen verändert«, »Das war das intensivste Erlebnis meines Lebens« oder »Das kann man nicht beschreiben, das muß man einfach erleben« sind daher stets ein Alarmzeichen.

Der Griff in die Trickkiste
Wie es gelingt, Menschen mürbe zu machen

Dubiose Psychoanbieter arbeiten meist mit denselben Tricks. Denn ihr Ziel ist stets dasselbe: Sie wollen das Selbstkonzept einer Person destabilisieren, um sie dann dazu zu bringen, ihre Lebensgeschichte neu zu interpretieren und eine neue Sicht der Wirklichkeit zu akzeptieren. Es geht daher nicht um eine freiwillig gewählte, sondern um eine erzwungene Veränderung.

Dabei muß nochmals betont werden: Nicht alle Methoden und Übungen sind per se schlecht. Ein Training in einem abgelegenen Seminarhaus kann durchaus sinnvoll sein. Die Teilnehmer bekommen Abstand vom Alltag und können sich voll auf das Training konzentrieren. Dasselbe gilt für Schweigegebote, reduzierte Nahrung, Meditation oder Körperübungen. Die Kontrolle muß jedoch stets beim einzelnen bleiben. Er sollte stets selbst entscheiden können, wieweit er mitmacht und wann er aussteigt. Trainer, die ihre Teilnehmer zu unmündigen Marionetten machen und ihnen konformes Verhalten aufzwingen, fördern Abhängigkeit statt Selbstverantwortung.

Zu einem guten Seminar gehört es auch, daß der Trainer die Teilnehmer darüber informiert, welche Methoden er einsetzt, warum er bestimmte Übungen macht und was die Wirkungen sein können. Ein verantwortungsvoller Seminarleiter nimmt den Teilnehmern ihre Angst, statt sie noch zu verstärken. Das Hervorholen tiefliegender Ängste oder Erinnerungen aus der Kindheit im Rahmen von kurzen Seminaren ist grundsätzlich problematisch, da ein Aufarbeiten der belastenden Erlebnisse schon allein aufgrund der Gruppengröße nicht möglich ist.

Dubiose Anbieter leben stets vom Überraschungseffekt: Die Teilnehmer wissen nicht, was kommt. Gutgläubig machen sie mit und werden dabei Schritt für Schritt manipuliert, bis sie im Sinne des Trainers funktionieren.

So mancher Seminarleiter setzt vermutlich auch Manipulationstechniken in seinen Seminaren ein, ohne es zu wissen. Denn schließlich funktioniert es, und für einen Trainer ist es stets befriedigend, wenn er seine Teilnehmer im Griff hat, wenn sie engagiert mitmachen und am Ende begeistert sind. So mancher Trainer reagierte daher auch schon geschockt, als ihm klar wurde, wie sehr er seine Teilnehmer manipuliert.

Leider gibt es häufig auch das Gegenteil. »Manager brauchen manchmal einfach ein sauberes Hirn. Sie müssen ihren emotionalen Ballast abwerfen, damit sie voll leistungsfähig sind«, erklärte mir ein Trainer. Dazu brauche man eben wirksame Methoden. Daß man dabei die Kursteilnehmer manipuliert, sei in Ordnung. Schließlich brauchen die Unternehmen doch schnelle Veränderungen.

Hier nun die wichtigsten Tricks.

Verschleiern

Der Prozeß der mentalen Umprogrammierung funktioniert nur, wenn der Betroffene nicht mitbekommt, wie er Schritt für Schritt manipuliert wird. Deshalb informieren die Anbieter ihre Teilnehmer nicht über den genauen Ablauf des Seminars. Ihre Ausrede lautet dabei stets: Nur wer sich ohne Vorwissen auf den Prozeß einläßt, kann vom Seminar optimal profitieren. Entscheidend ist dabei nicht die einzelne Übung, sondern der gesamte Rahmen des Trainings.

Allmachtsphantasien

Der Grundgedanke der meisten Psychokulte und daher auch vieler dubioser Trainings ist, daß der Mensch selbst schuld an seinem Schicksal ist. Alles, was ihm im bisherigen Leben passiert ist, hat er so gewollt. Das reicht bis hin zu Unfällen, Krankheiten oder Vergewaltigungen. Manche Gruppen gehen sogar so weit, daß sie behaupten, man habe sich die eigenen Eltern ausgesucht. Damit werden zum Teil massive Schuldgefühle erzeugt. Der Teilnehmer fühlt sich unwohl und sucht nach einer Lösung.

Hier wird der durchaus sinnvolle Gedanke pervertiert, daß der einzelne oftmals mehr Möglichkeiten und Freiheiten bei seiner Lebensgestaltung hat, als er denkt. Die Folge ist häufig ein Gefühl von Allmacht und Größenwahn.

Strenge Regeln

Es werden strenge Regeln vorgesetzt, die oftmals sogar dem Glaubenssystem der Teilnehmer widersprechen. Sie sind angeblich notwendig, um den Seminarerfolg zu sichern. Der Trick besteht darin, daß die Regeln vorgegeben werden. Eine Diskussion darüber ist nicht möglich. Der Trainer erklärt seine Regeln und fragt nach, ob sie auch jeder verstanden hat. Er fragt nicht, ob die Teilnehmer auch mit den Regeln einverstanden sind. Das setzt er mit seiner Frage implizit voraus. Damit ist der erste Schritt in die Unterordnung und Abhängigkeit getan. Sind die Regeln dann erst einmal etabliert, gerät jeder Abweichler sofort unter Gruppendruck.

Nachträgliche Interpretation

Die Teilnehmer wissen oft nicht, was der Sinn einer Übung ist. Das macht es leicht, danach überraschende Interpretationen zu liefern. So wurden etwa die Teilnehmer in einem Seminar lediglich aufgefordert, eine bestimmte Strecke zu joggen. Einige rannten schneller, andere langsamer. Danach hieß es dann: Je langsamer du warst, um so größer sind deine Widerstände gegen Veränderungen.

Commitment

Manche Trainings betonen, wie wichtig es ist, seine Versprechen zu halten. Prinzipiell ist das natürlich eine gute Sache. Doch in diesem Fall nutzen die Trainer dies für einen selbstsüchtigen Zweck: die Kontrolle. Wer seine Versprechen einhält, ist berechenbar.

Machtlosigkeit

Trainings finden an einem unbekannten Ort statt. Die Teilnehmer werden mit dem Bus dorthin gefahren und müssen ihre persönlichen Dinge und ihre Uhren abgeben. Sie sind dem Trainer ausgeliefert. Die Fluchtmöglichkeiten sind erschwert. Ziel ist es – auch wenn dies kein Trainer zugeben wird –, ein Gefühl der Machtlosigkeit auszulösen.

Zermürbung

Stundenlange Sitzungen, lange Arbeitstage und wenig Schlaf zermürben. Die Kritikfähigkeit wird reduziert. Die Teilnehmer haben keine Möglichkeit, die oftmals heftigen Gefühle zu verarbeiten und zu reflektieren. Manche Anbieter setzen zudem auf anstrengende körperliche Übungen.

Zu essen gibt es oftmals wenig. Die Nahrungsmittel sind häufig beschränkt. So gibt es zum Beispiel nur vegetarische Kost. Das bewirkt eine Veränderung der inneren Chemie, stört das körperliche Gleichgewicht und führt häufig zu einer leichten Dysfunktion des Nervensystems. Auch das Verbot von

Alkohol und Zigaretten hat seinen Sinn. Die gewohnten Methoden des Streßabbaus fehlen. Alle diese Dinge erhöhen die Beeinflußbarkeit der Teilnehmer.

Kommunikationsverbot

Das Sprechen mit anderen Teilnehmern ist verboten. Damit werden nicht nur die Informationen kontrolliert und negative Äußerungen unterbunden, der einzelne wird auch sozial isoliert. Er bleibt allein mit seinen Zweifeln. Das Schweigegebot verhindert auch, daß sich mehrere Teilnehmer mit ihrer Kritik zusammentun und so den Prozeß stören. Denselben Zweck verfolgen Großgruppen mit der Aufforderung, sich nach jeder Pause neben einen anderen Teilnehmer zu setzen.

Intime Beichten

In dem Moment, in dem ein Teilnehmer von seinen innersten Ängsten und Gefühlen erzählt, liefert er sich dem Wohlwollen des Trainers und der Gruppe aus. Manche Trainer forcieren dieses Gefühl des Ausgeliefertseins noch, indem sie den einzelnen vor der Gruppe demütigen. Die oftmals erschütternden Beichten sind auch für die Zuhörer meist emotional belastend. Viele können diesen Streß nur aushalten, indem sie mental abschalten und in eine Art Selbsthypnose fallen. Das macht sie jedoch wiederum empfänglicher für Suggestionen.

Hyperventilation

Darunter versteht man eine relativ simple Atemtechnik, bei der man zwischen den Atemzügen möglichst keine Pause macht. Die – häufig auch unter dem Begriff Rebirthing oder interaktive Atemarbeit bekannte – Technik führt zu massiven Veränderungen im Organismus. Durch die hohe Atemfrequenz und den vermehrten Kohlendioxidausstoß kommt es zu einer Störung des Säure-Basen-Haushalts. Die Gehirndurchblutung nimmt ab, was im leichten Fall zu Bewußtseinsstörungen und Schwindelgefühlen führt, in schweren Fällen kann es zu einem Taubheitsgefühl in Fingern und Zehen, Schweißausbrüchen, Angst, Muskelkrämpfen bis hin zur Ohnmacht kommen. Es wird auch von psychotischen Schüben und Todesfällen berichtet. Bei Ärzten und Psychologen ist die Atemtechnik daher äußerst umstritten. Anhänger der Methode behaupten, die exzessiven Hechelübungen rufen verschüttete traumatische Erinnerungen wach. Die Betroffenen fühlen sich oft »high« und losgelöst. Sie können nicht mehr klar denken. Die Trainer deuten die Empfindungen geschickt. Dann heißt es zum Beispiel: Jetzt spürst du deine Gefühle, die du bisher nicht zugelassen hast. Ähnliche Wirkungen haben Schreiübungen, bei denen sich die Teilnehmer möglichst laut anschreien sollen.

Gruppendruck

Die meisten unterschätzen den Einfluß der Umgebung und glauben, daß sie freiwillig mitmachen. Doch wenn in einer Gruppe ein bestimmtes Glaubenssystem forciert wird, gibt es eine automatische und unbewußte Tendenz, sich diesem anzupassen. Jeder Abweichler stört den Prozeß und damit den Erfolg der Gruppe. Die Gruppe reguliert sich daher selbst. Kritiker werden von der Gruppe niedergemacht oder ausgeschlossen, der Trainer braucht sich die Finger nicht mehr schmutzig zu machen. Da das Ausgeschlossensein von einer Gruppe jedoch eine unserer größten Urängste aktiviert, schweigt man.

Neue Sprache

Psychokulte verwenden oft spezielle Wörter und Ausdrücke. Manchmal werden Wörter völlig umgedeutet. Die Verfremdung der Sprache dient dazu, die Teilnehmer einer bestimmten Denkweise zu unterwerfen. Denn wer die Sprache verändert, der verändert auch das Denken. Die Sondersprache dient dabei vor allem dazu, Außenstehende zu verwirren. Sie glauben, sie müßten sich nur genug bemühen, um die Wahrheit hinter den verwirrenden Botschaften zu verstehen, und merken nicht, wie sie dabei mehr und mehr die Denkschemata der Gruppe übernehmen.

Keine Notizen

Wer sich Notizen macht, reflektiert das Gesagte und merkt daher, welcher Unsinn oft geredet wird. Doch Nachdenken ist nicht erwünscht. Denken stört den Erfolg des Trainings. Die Anbieter setzen auf Gefühle und Action. Deshalb gibt es auch nur kurze Pausen und keinen Freiraum.

Phantasiereisen

Gelenkte Phantasiereisen sind nichts anderes als eine indirekte Tranceinduktion. Die Teilnehmer entspannen sich, und der Trainer erzählt Geschichten und Parabeln. Der Zuhörer wird aufgefordert, einfach nur zuzuhören und in die auftauchenden Bilder und Gefühle hineinzugehen. Die meisten Menschen finden diese Art von Entspannung angenehm, manche schlafen auch sofort ein. Trainings, die mentale Programmierung betreiben, verwenden die gelenkte Imagination oftmals dazu, die Teilnehmer gedanklich und gefühlsmäßig in ihre Kindheit zurückzuversetzen. Ziel ist es, schmerzliche oder traurige Erinnerungen wachzurufen. Die Teilnehmer erinnern sich oftmals an verdrängte Erlebnisse. Sie sind emotional betroffen und daher offen für neue Botschaften und Lösungen. Äußerst problematisch ist es, wenn Phantasiereisen – wie etwa bei Landmark – gezielt dazu eingesetzt werden, Angst zu erzeugen. Das kann im Einzelfall zu anhaltenden Angstzuständen führen. Entscheidend ist auch hier der Gruppenprozeß. Wenn alle schluchzen und weinen, wirkt das bei den meisten ansteckend.

Gedankenstopp

Diese an sich sehr nützliche Technik kommt aus der Psychotherapie. Sobald man einen »schlechten Gedanken« bemerkt, ersetzt man ihn durch einen positiven Gedanken und unterdrückt somit die negative Einstellung. Die Technik wird jedoch gefährlich, wenn damit jegliche kritische Distanz ausgeschaltet wird.

Indirekte Tranceinduktion

Manche Anbieter arbeiten mit hypnotischen Sprachmustern, um die Teilnehmer in eine Trance zu versetzen, ohne daß sie es merken und daher Widerstand zeigen. Eine Möglichkeit dabei ist es, Widersprüche und Paradoxien in die Rede einzustreuen und diese ständig zu wiederholen. Die Botschaft ist unlogisch, der Zuhörer kann ihr nicht mehr folgen. Gleichzeitig wird sie aber so dargeboten, als sei sie logisch. Bei seinem Bemühen, das Gesagte zu verstehen, gerät der Zuhörer oftmals in eine Art Trancezustand und koppelt sich von der Realität ab. Beispiel: »Je mehr du versuchst, dich dem Prozeß zu entziehen, um so stärker bist du drin.«

Repetitive Bewegung

Fast jede über längere Zeit wiederholte Bewegung – sei es Sprechgesang mit Klatschen, ein ständiges Aufstehen und Hinsetzen oder das Drehen um die eigene Achse – führt zu einem veränderten Bewußtseinszustand, der dann wiederum entsprechend interpretiert wird. So wurden die Teilnehmer in einem Persönlichkeitsseminar aufgefordert, sich so lange im Kreis zu drehen, bis sie umfallen. Als alle erschöpft am Boden lagen, hieß es: Wer es am längsten ausgehalten habe, der habe die größte Orgasmusfähigkeit.

Unterbinden von Kritik

Kritik stört den Prozeß. Sie wird daher meist unterbunden. Grundsätzlich gilt: Der Kritiker hat nie recht. Wer Kritik übt, hat etwas nicht verstanden oder ist nicht bereit, sich auf den Prozeß einzulassen. Um den Kritiker bloßzustellen und zu verunsichern, wird häufig ständig die Frage »Warum fragst du das?« wiederholt. Oder der Trainer lenkt die Aufmerksamkeit auf den Widerstand und fragt: »Wie sieht dein Widerstand aus? Beschreibe ihn.« Der Kritiker konzentriert sich auf seine Gefühle und vergißt seine rationalen Argumente.

Claqueure

Häufig befinden sich unter den Teilnehmern auch solche, die das Seminar bereits mitgemacht haben und zu begeisterten Anhängern geworden sind. Sie verhalten sich daher stets so, wie es der Trainer wünscht, oder beeindrucken mit besonders erschütternden Beichten. Sie übernehmen damit so etwas wie eine Vorbildfunktion für die anderen. Eine ähnliche Rolle spielen oftmals auch die »Assistenten«, die in den Trainings Aufpasser- und Hilfsfunktionen übernehmen.

Nicht jedes umstrittene Training muß alle diese Merkmale zeigen. Doch je mehr dieser Punkte zutreffen, um so vorsichtiger sollte man sein.

Das Problem ist, daß sich diese Tricks nur selten auf den ersten Blick erkennen lassen. Umstrittene Psychoanbieter sind häufig wahre Verschleierungskünstler. Sie beeindrucken mit blumigen Seminarbeschreibungen, grandiosen Erfolgsberichten oder wissenschaftlichen Untersuchungen. Doch so manches erweist sich bei genauerer Betrachtung als Bluff.

Image-Manipulation
Wie umstrittene Psychoanbieter an ihrem Ruf feilen

Natürlich ist es legitim und verständlich, daß sich jeder Seminaranbieter nur im besten Licht darstellt, und daß dabei häufig ein bißchen geflunkert wird, ist verzeihlich. Problematisch wird es jedoch, wenn Anbieter bewußt lügen oder versuchen, der Öffentlichkeit wichtige Informationen vorzuenthalten.

Da gibt es dann die imposante Referenzliste, die mehr den Wünschen des Anbieters als der Realität entspricht. Oftmals genügen da schon ein paar Anrufe, um dubiose Anbieter zu entlarven. Nicht selten schreiben Trainingsanbieter auch dreist ein Unternehmen auf ihre Referenzliste, obwohl nur ein Mitarbeiter privat an dem Training teilgenommen hat. Vor allem bei großen Konzernen läßt sich das kaum nachprüfen. Viele Unternehmen kümmern sich daher nicht um die zahlreichen falschen Referenzlisten. Um dubiosen Anbietern das Handwerk zu legen, sollten sie jedoch Flagge zeigen und die schwarzen Schafe sofort abmahnen.

Positive Referenzen stammen nicht selten von langjährigen Anhängern oder gar Mitarbeitern des Seminaranbieters. Zudem sind die Aussagen von Teilnehmern bei Seminaren, die mit manipulativen Techniken arbeiten, stets wenig aussagekräftig. Denn es gehört nun einmal zum System, daß die meisten danach begeistert sind. Begeistert sind natürlich auch Teilnehmer vieler harmloser Seminare. Vorsicht ist jedoch stets bei allzu euphorischen und vagen Referenzen angebracht. Hier hilft nur eines: anrufen und gezielt fragen, was das Training gebracht hat. Haben die Teilnehmer die Anweisung, keine Details erzählen zu dürfen, ist äußerste Vorsicht angebracht.

Sehr beliebt sind auch Untersuchungen durch Wissenschaftler, die dann bestätigen, welchen Erfolg das Training hat. In der Regel werden die Gutachter für viel Geld eingekauft und mit dem entsprechenden Material versorgt. Manchmal dienen wissenschaftliche Studien auch nur als Vorwand, um den Namen des Trainings in einen seriösen Kontext zu stellen. So führten zum Beispiel Wissenschaftler der Universität Witten-Herdecke im Auftrag der Block-Trainings GmbH eine Untersuchung zu Thema »Werte und Entscheidungen im Management« durch. Dabei wußten die Forscher vermutlich nicht, daß sie damit einem umstrittenen Trainingsanbieter, dessen Methoden vermutlich zum Teil auf einen Psychokult zurückgehen, zur erwünschten Seriosität verhalfen.

Ein wahrer Künstler der Image-Manipulation ist der umstrittene Psychoguru Karlheinz Wolfgang. Immer wieder gelang es dem ehemaligen IBM-Verkäufer, Aussagen und Briefe von ahnungslosen Experten, Journalisten und Sektenbeauftragten für seine Zwecke zu mißbrauchen. Häufig mußten sich die Betroffenen dann mit Abmahnungen gegen den Mißbrauch wehren.

Leider befinden sich unter den Befürwortern dubioser Psychokurse auch viele Psychologen. Nur die wenigsten von ihnen dürften sich dabei mit den Methoden der mentalen Programmierung befaßt haben und daher wissen, daß sie damit totalitäre Systeme unterstützen.

Auch Journalisten werden, wenn auch meist unfreiwillig, zu Komplizen. Die meisten tun es wohl ohne böse Absicht. Da wird ein junger Redakteur oder Praktikant zum Psychoseminar geschickt, um darüber zu berichten. Oftmals ist es das erste Mal, daß er oder sie in einem derartigen Seminar landet. Vergleichsmöglichkeiten fehlen. Man kann es ihnen daher nicht verdenken, daß sie, wie die meisten anderen Teilnehmer auch, auf die Tricks der Anbieter reinfallen. Besonders empfänglich dafür sind Lifestyle- und Frauenzeitschriften.

Der besondere Clou ist Block mit einem äußerst positiven Artikel in der *Süddeutschen Zeitung* gelungen. Die 1995 erschienene Seminarkritik wurde zu einem der Hauptwerbemittel des umstrittenen Psychoseminars. Mit Sonderdrucken unter dem *SZ*-Logo warb Block eifrig um neue Kunden, und so mancher hat sich dabei im Vertrauen auf das Renommee der Zeitung blenden lassen.

Darauf angesprochen zuckte der zuständige Ressortleiter nur mit den Schultern (»Da kann man nichts machen.«) und veröffentlichte 1997 die »Block-Lobeshymne« erneut im SZ-Seminarführer. Block nützte das natürlich. »Etwas stolz sind wir schon!«, schrieb Geschäftsführer Döring am 26. August 1997 an potentielle Kunden. Schließlich liege das Block-Training unter den 52 geprüften Seminaren weit vorn.

Oftmals locken die Anbieter allerdings auch mit großzügigen Anzeigen, und vor allem die Fachzeitschriften sind auf ihre Anzeigenkunden angewiesen. Da schreibt man eben gern mal einen netten Artikel, wenn dafür eine entsprechende Anzeige winkt. Manche Blätter haben auch hier die Grenzen längst überschritten. Wer sich wie der *SF Seminarführer* als »kritisch« tituliert und sich gleichzeitig seine Titelgeschichten bezahlen läßt (siehe Kapitel 7), führt seine Leser bewußt in die Irre.

Natürlich gibt es auch unter den Journalisten schwarze Schafe. So brillierte *Focus*-Autor Holger Fuß mit einem abstrusen *Focus*-Artikel im Januar 1997, in dem er Block und UPT als

Opfer einer Scientology-Rufmordkampagne darstellte, obwohl die Kritiker lediglich die Methoden der beiden Seminaranbieter bemängelt hatten. Im April nahm sich Fuß dann offenbar des »Rufmordopfers« Karlheinz Wolfgang an und versuchte, Wolfgang-Geschädigte auszuforschen. Schließlich sucht der umstrittene Psychotrainer eifrig Mitstreiter in seinem Kampf gegen die bösen Kritiker. So kündigte er im März 1997 eine große Aufklärungsaktion an, bei der er alle Presseorgane miteinbeziehen wollte. Ein paar Monate später wollte Wolfgang sogar den *Spiegel* dafür gewinnen, die seiner Meinung nach völlig unberechtigte »Diffamierungskampagne« gegen ihn zu entlarven. Zudem kündigte er ein Buch über seine Erfahrungen mit den »selbsternannten Meinungsüberwachern« an. Bei seiner Aktion wurde Wolfgang nach seinen Angaben von *Focus*-Autor Holger Fuß unterstützt.

Umstrittene Psychotrainer haben oftmals noch ein anderes gemeinsames Kennzeichen. Sie gehen ziemlich massiv gegen kritische Journalisten vor. Da werden Briefe an die Chefredaktionen geschickt, Journalisten eingeschüchtert oder sogar bedroht. Das Diffamieren des Gegners ist oberstes Prinzip. Denn natürlich ist seine Kritik völlig falsch und unberechtigt. Oftmals heißt es dann, der Journalist würde den Anbieter ja nur aus persönlichen Gründen kritisieren. Das klingt besser. Das suggeriert Schwäche und Rache. Denn sachliche Argumente haben die Kritisierten oft nicht.

Und es wird gern geklagt. Längst haben einige Anbieter die Klagefreudigkeit von Scientology übernommen. Das Strickmuster ist stets gleich. Man schickt dem Kritiker eine strafbewehrte Unterlassungserklärung, die dieser nicht unterschreibt. Denn das käme schließlich einem Schuldanerkenntnis gleich. Inhaltlich geht es meist nicht um gravierende Unrichtigkeiten, sondern um unwichtige Dinge (siehe Kapitel 7). Manche Unterlassungserklärungen sind auch rechtlich überhaupt nicht haltbar, sondern dienen lediglich der Einschüchterung. Im nächsten Schritt wird dann bei Gericht eine Einstweilige

Verfügung beantragt. Man betont die Dringlichkeit und setzt darauf, daß die Richter ohne mündliche Verhandlung entscheiden. Oftmals stützt sich ihre Entscheidung dann auch auf geschickt formulierte eidesstattliche Erklärungen des Klägers. Erläßt das Gericht eine einstweilige Verfügung, läßt sich diese ausschlachten. Der Journalist ist unseriös. Das leuchtet jedem juristischen Laien ein. Das Ganze kostet natürlich Geld, und wenn sich der Journalist nicht wehrt, läuft er nicht nur Gefahr, seinen Ruf zu beschädigen, er bleibt auch auf den Kosten sitzen.

Der Scientology-Trick
Umstrittene Anbieter nutzen
die Angst vor der Psychosekte

Scientology ist in aller Munde. Sektenkritiker und Politiker warnen vor der Unterwanderung durch die Psychosekte, und seit dem vergangenen Jahr nimmt sogar der Verfassungsschutz die Organisation unter die Lupe. Auch die Unternehmen sind längst hellhörig geworden. Sicherheitsbeauftragte und Personalverantwortliche kümmern sich verstärkt um das Thema. Doch oftmals sind die Bemühungen leider recht unprofessionell. Da kauft man eine Scientology-Liste, und die ist dann die Grundlage weiterer Entscheidungen. Doch die Listen sind problematisch. Denn scientologische Firmen wechseln ihre Namen wie andere das Hemd, und wenn ein Mitarbeiter Scientologe ist, heißt das noch lange nicht, daß die ganze Firma unterwandert ist. Zudem gerät so mancher völlig unberechtigt auf die Liste. Das erlebte ein Unternehmer, der sich plötzlich auf der Scientology-Liste der Aktion Bildungsinformation (ABI) in Stuttgart wiederfand und die ABI verklagte. Dabei preist ABI-Vorstandsvorsitzender Eberhard Kleinmann seine Liste besonders gern bei Unternehmen an. Von Journalisten verlangt die vom Land Baden-Württemberg geförderte Verbraucherschutzstelle 598 Mark dafür. Kritik an den Geschäftspraktiken der ABI gab es schon öfter. »Viel Geld für wenig Arbeit«, titelte die *Südwestpresse* bereits 1995.

Inzwischen ist der Umgang mit dem Thema Scientology äußerst kompliziert geworden. Da werden Gerüchte gestreut, um Wettbewerber zu schädigen. Da werden vorschnell Verdächtigungen ausgesprochen, und so mancher seriöse Seminaranbieter findet sich plötzlich dem Vorwurf ausgesetzt, etwas mit Scientology zu tun zu haben. Sobald irgend etwas komisch erscheint, wittern viele dahinter gleich die Psychosekte. Doch nicht hinter jedem merkwürdigen Seminar stecken Scientologen. Entscheidend ist nicht, ob ein Anbieter einer bestimmten Gruppierung angehört, sondern welche Methoden er einsetzt, und da gibt es bei einigen Anbietern durchaus Parallelen. Auch die schriftliche Erklärung, kein Scientologe zu sein oder nicht nach den Methoden von L. Ron Hubbard zu arbeiten, bewahrt kein Unternehmen vor dubiosen Seminaren.

Im Gegenteil: So mancher umstrittene Anbieter nutzt die manchmal schon an Hysterie grenzende Scientology-Angst sogar geschickt aus. Er läßt sich von einem Sektenberater bescheinigen, kein Scientologe zu sein, um damit die Bedenken potentieller Kunden zu entkräften und so von seinen umstrittenen Methoden abzulenken. Oder er stellt sich sogar als Opfer einer Rufmordkampagne dar. Oftmals geht diese Rechnung auf. Denn viele wollen nur wissen, ob ein Anbieter Scientologe ist, und wenn die Antwort negativ ist, sind sie beruhigt: Der Scientology-Freibrief wird zum Gütesiegel.

Besonders dreist ging dabei der Persönlichkeitsseminar-Anbieter UPT Hans Schuster & Partner GmbH in Pöttmes bei Augsburg vor. Nachdem die Methoden des Seminaranbieters öffentlich kritisiert wurden, verschickte UPT an seine

Kunden umgehend eine Bestätigung von« der ABI, daß UPT nichts mit Scientology zu tun habe – obwohl das niemals behauptet wurde. So schrieb UPT-Geschäftsführer Hans Schuster an ein Unternehmen: »Da wir Vertrauen und Offenheit als ein wichtiges Kriterium in der Zusammenarbeit mit Partnern und Kunden ansehen, stellen wir uns seit einiger Zeit der Verantwortung, zu zeigen, wie wir arbeiten und daß wir eindeutig ideologieunabhängig sind – vielmehr gerade die Eigenständigkeit und Selbstverantwortlichkeit des einzelnen in den Vordergrund stellen. Dazu gibt es mittlerweile einige Gutachten von offiziell anerkannten Institutionen. Deshalb legen wir exemplarisch ein Gutachten vom Verbraucherschutz bei.« In einem anderen UPT-Schreiben hieß es sogar, das »Gutachten« der ABI belege die Qualität ihrer Arbeit. Die Verbraucherschutzstelle hatte jedoch lediglich überprüft, ob UPT-Mitarbeiter auf ihren umstrittenen »Scientology-Listen« stehen. ABI-Vorstand Eberhard Kleinmann setzte sich allerdings nur zögerlich gegen die von UPT mißbräuchlich als »Gutachten« genutzte ABI-Erklärung zur Wehr. Erst einige Wochen später mahnte die Verbraucherschutzstelle UPT ab und verlangte eine Unterlassungserklärung. UPT solle es unterlassen, weiter unter Hinweis auf ein angebliches Gutachten der ABI zu behaupten, UPT sei eindeutig ideologieunabhängig, stelle die Eigenständigkeit und Selbstverantwortlichkeit des einzelnen in den Vordergrund und die ABI habe die Qualität der Arbeit von UPT überprüft.

UPT unterschrieb nicht. Monate später beschloß die ABI, gegen UPT zu klagen. Doch dann wurde plötzlich ein Vergleich geschlossen, den ABI-Chef Kleinmann partout nicht offenlegen wollte. Kein Wunder, UPT bezahlte nicht nur die Anwaltskosten, sondern engagierte Kleinmann auch gleich als Berater. So bedankt sich Kleinmann am 1. 11. 1996 bei Schuster »sehr herzlich für die Einladung« und bittet um die baldige Überweisung von 1286 Mark für Besprechungen am 1. und 2. November in Pöttmes. Im Klartext heißt das:

Eine mit Steuergeldern subventionierte Verbraucherschutzstelle läßt sich von einem umstrittenen Seminaranbieter bezahlen.

Auch die Block-Trainings, von denen UPT einige Elemente in ihr Training übernommen hat, schwammen geschickt auf der Scientology-Opfer-Welle. Nachdem Sektenkritiker Steven Goldner auf einer Veranstaltung nicht nur über Scientology aufgeklärt, sondern auch die Methoden anderer umstrittener Anbieter wie Block angesprochen hatte, ging Block vor Gericht und wollte eine einstweilige Verfügung erwirken. Das Gericht lehnte eine Entscheidung ohne mündliche Verhandlung ab. Block wollte Goldner verbieten, zu behaupten, Block »sei den problematischen Gruppen, wie auch Scientology, zugehörig, deren Ziele es sind, z. B. Macht mißbräuchlich auszuüben, unterdrücken, in psychische und wirtschaftliche Abhängigkeit bringen, zu Wucherpreisen Kurse verkaufen, bedrohen, mit gruppeninterner Sprache verwirren und abschotten, hörig machen, verfolgen, weil sie Trainings veranstaltet, welche folgende Negativkriterien erfüllen ... autoritär überrumpeln, einschüchtern, Angst aufbauen, gefügig machen durch Schlaf- und Essensentzug, ständig kontrollieren, sozial abkoppeln, süchtig machen durch destruktive Anwendung von Psychotechniken, Bewußtsein durch Foltermethoden ändern, pauken ohne Kritik, schwarz-weiß-malen, ›die Organisation hat immer recht‹, Ehrfurcht aufbauen, erniedrigen, Schuldgefühle durch unerfüllbare Gebote aufbauen und Beichten erzwingen«.

Schon die Formulierung macht stutzig. Denn offenbar ging es nicht nur um die Scientology-Verdächtigung – Block wollte sich gleich von allen umstrittenen Methoden reinwaschen. Doch in seinem Urteil vom 10. Januar 1997 wies das Gericht den Antrag von Block zurück. Entscheidungsgrundlage ist ein Tonbandmitschnitt. Goldner habe das System von Block zwar als »absolut autoritär und totalitär« dargestellt, aber keinen Bezug zu Scientology hergestellt.

Im Januar schlug Block erneut zu. In der Hauszeitung *Die Meile* erschien ein Interview mit Scientology-Kritikerin Renate Hartwig. Auszüge: Block: »Wie kommt es, daß plötzlich seriöse Wirtschaftsunternehmen wie das Block-Training, das seit 15 Jahren wertvolle Arbeit leistet, in die Sektendiskussion geraten und angegriffen werden?« Hartwig: »Ich erlebe seit einiger Zeit, daß eine bestimmte Gruppe selbsternannter Experten versucht, Nebenkriegsschauplätze zu eröffnen. Das führt dazu, daß sich die Diskussion wegbewegt von ihrem eigentlichen Thema, nämlich der Auseinandersetzung mit totalitären Gruppierungen und speziell mit der Scientology-Organisation.«

Was soll der Leser daraus schließen? Kritik an Block ist nicht nur völlig unberechtigt, wer Block kritisiert, der hilft auch noch den Scientologen? Hier wurde Renate Hartwig offenbar wirklich benutzt oder hat sich benutzen lassen. Denn um Scientology ging und geht es nicht.

Bereits am 27. Dezember 1996 hatte Renate Hartwig Block-Geschäftsführer Döring bestätigt: »Die Block-Trainings GmbH gehört mit zu den Unternehmen, die wir im Detail geprüft haben, unser Ergebnis: Ihr Unternehmen steht außerhalb jeglichen Sektenverdachts.« Das Kuriose an der Sache ist, daß Renate Hartwig selbst vehemente Gegnerin des Psychokonzerns Landmark ist, da sie bei den Landmark-Kursen durchaus Ähnlichkeiten mit scientologischen Techniken sieht. Daß Block von der Landmark-Schwester Lifespring inspiriert sein dürfte, wußte sie natürlich nicht (siehe Kapitel 6), und Block-Gründer Walter Kauffmann verschwieg ihr tunlichst, woher sein Vorbild Randy Revell seine Weisheiten hatte.

Dazu kommt der absurde Krieg unter den Kritikern. Da geht es um persönliche Querelen, um unterschiedliche Ansätze und um die Sicherung von Pfründen im Aufklärungsmarkt. Dabei spielen die Unternehmen eine wichtige Rolle, denn sie bieten die lukrativsten Beratungsangebote. Was dabei abläuft, übersteigt bisweilen das Vorstellungsvermögen eines Außenstehenden. Da schickt zum Beispiel Sektenaufklärer Steven Goldner, der sich stets als vehementer Gegner von Rufmordaktionen präsentiert, einen Rundbrief über die geplante Kooperation einer Sektenkritikerin mit der Schülerin eines Psychogurus an die Unternehmen. Schließlich ist das eine gute Möglichkeit, sich damit selbst ins rechte Licht zu rücken.

Auch Karlheinz Wolfgang versuchte, sich mit Hilfe von Sektenberatern reinzuwaschen. So organisierte Wolfgangs Institut für berufsfördernde Individualpsychologie (IIP) im April 1995 eine Veranstaltung zum Thema »Psychologische Weiterbildung, Esoterik und Sekten«. »Um hier für das IIP einen wirksamen Auseinandersetzungs- und Abgrenzungsprozeß einzuleiten, hat Michael Arns (IIP-Studienleiter) einen kompetenten Gesprächspartner zu Vortrag und Diskussion mit IIP-Teilnehmern eingeladen«, heißt es in einem Infoblatt. Referent war Werner Höbsch, Diplom-Theologe und Sektenbeauftragter der katholischen Kirche im Erzbistum Köln. Natürlich konnte sich das IIP dabei von Scientology abgrenzen. Doch auch bei der Kritik an Wolfgang geht es nicht um die Zugehörigkeit zu einer Sekte, sondern um die Methoden.

Später verbreitete Wolfgang dann ein internes Schreiben von Höbsch an seine Kollegen. Höbsch untersagte ihm dies ausdrücklich und schrieb: »Dieses interne Schreiben enthält keinerlei Bewertung Ihres Instituts oder Ihrer psychologischen Arbeit und kann als solches auch nicht genutzt werden.«

Die Situation ist also verzwickt. Seriöse Anbieter müssen sich gegen falsche Vorwürfe wehren. Umstrittene Anbieter benutzen Sektenexperten, organisieren sogar Veranstaltungen gegen die Psychosekte, um sich selbst als Scientology-Gegner darzustellen. Sektenberater stellen Scientology-Freibriefe aus und tun damit im Grunde genommen auch nichts Falsches. Das Problem ist, daß der Freibrief anders genutzt und bewertet wird. Er wird zum Gütesiegel. Doch solange Personalverantwortliche das nicht erkennen, haben die umstrittenen Anbieter leichtes Spiel. Denn um sie zu entlarven, hilft nur eines: der sorgfältige Methoden- und Ausbildungs-Check. Welche Methoden setzen die Trainer wann und warum ein? Und wo haben sie ihre Ausbildung gemacht? (Siehe Kapitel 4.)

So erweist sich auch die sicher gutgemeinte Initiative von Professor Walter Simon als Bumerang. In einer gemeinsamen Erklärung hatten Wirtschaftstrainer und Personalentwickler Mitte 1997 unterschrieben, daß sie sich gegen den Einfluß von Scientology auf die Erwachsenenbildung aussprechen. Die Erklärung erschien Ende 1997 auch als Anzeige in den Fachblättern »Manager Seminare« und »Seminar-Forum«, dem ehemaligen »Seminartip«. Zu den Unterzeichnern gehören auch einige umstrittene Trainer und Berater wie Walter Kauffmann (Block Training), Hermann Bayer (»Die Sprache«), Hans Schuster (UPT), Loni Lüke (Coaching for Corporate Culture) und Reinhild Drögsler (Kontext GmbH).

3
DIE VERBORGENEN URSPRÜNGE

Wie alles begann
Die ersten Psychotrainings in den USA

In den siebziger Jahren herrschte in den USA Aufbruchsstimmung. Man wollte die Fesseln der eigenen Beschränkungen abwerfen. Das Ziel hieß Selbstverwirklichung. Die Human-Potential-Bewegung erlebte ihre Blütezeit. Ihr Zentrum war Kalifornien und hier vor allem das Esalen Institute in Big Sur. Die Psychotherapie beschritt neue Wege. Fritz Perls praktizierte seine Gestalttherapie, Carl Rogers setzte auf die Gesprächstherapie. In Mode kamen auch die Sensitivity-Trainings und Encounter-Gruppen. Hier ging es darum, Menschen durch Konfrontation in der kleinen Gruppe aus ihren gewohnten Denk- und Verhaltensmustern zu reißen und sie so schneller zu verändern.

Zu dieser Zeit entstanden auch die Großgruppentrainings, in den USA Large Group Awareness Trainings (LGAT), genannt. Sie verbreiteten New-Age-Denken, arbeiteten mit wirkungsvollen therapeutischen Methoden und nutzen die Methoden des Massenmarketings, um neue Teilnehmer zu gewinnen. Die Gruppen wurden meist von Personen geleitet, die keine therapeutische oder psychologische Ausbildung hatten. Sie nutzten die Methoden der Encounter-Gruppe und hypnotische Techniken, um die Weltsicht der Menschen zu destabilisieren. Mit Hilfe von starkem Gruppendruck erzeugten sie Konformität in der Gruppe und brachten Teilnehmer dazu, die von der Gruppe propagierte »neue Sicht« anzunehmen.

Eines der erfolgreichsten Large Group Awareness Trainings war das EST-Training des ehemaligen Autoverkäufers Werner Erhard, das heute in modifizierter Form von der Organisation Landmark Education unter dem Namen Forum angeboten wird (siehe Kapitel 5). Weitere bekannte Gruppen waren Lifespring, Silva Mind Control und die Insight Seminars. Alle drei gibt es noch heute.

Die Vorbilder
Wie Großgruppentrainings funktionieren

Die wohl beste Kennerin und Expertin im Bereich Psychokulte ist die Amerikanerin Margaret Singer. Als Gerichtsgutachterin hat die Professorin für klinische Psychologie selbst an einigen Großgruppentrainings teilgenommen, darunter auch am Forum (heute von Landmark angeboten) und am Lifespring Training. Zudem hat sie Personen interviewt, die andere Trainings besucht hatten, wie etwa Silva Mind Control oder Insight Seminars.

Bei den Gerichtsfällen ging es stets um folgendes: Stehen der Ablauf und der Inhalt des Trainings in direktem Zusammenhang mit dem behaupteten Schaden? Der Schaden reichte vom Tod durch Ertrinken und Selbstmord bis hin zur Einweisung in die Psychiatrie.

Aus ihren Erfahrungen hat Margaret Singer die wesentlichen Elemente dieser Trainings zusammengefaßt. Wer sie aufmerksam liest, der wird Ähnlichkeiten mit verschiedenen in diesem Buch genannten Anbietern entdecken.

Die meisten Trainings dauern vier bis fünf Tage. Sie werden

stets als harmlos klingende Seminare dargestellt. Das konfrontative Vorgehen und die hohe psychische Belastung werden meist verschwiegen. Oft müssen die Teilnehmer sich auch einverstanden erklären, niemandem etwas über den Ablauf zu erzählen. Denn das, so das Argument der Anbieter, würde das Training für künftige Teilnehmer entwerten. Ein Interessent erfährt daher nicht, was wirklich passiert. Er hört nur begeisterte Berichte mit so vagen Äußerungen wie »Das Training hat mein Leben völlig verändert«. Der Konsument kauft daher ein Seminar, ohne zu wissen, welcher emotionale und psychische Streß dabei auf ihn zukommt. Den Ablauf beschreibt Margaret Singer in ihrem Buch *Cults in our midst*, das 1997 in Deutsch unter dem Titel *Sekten* erschienen ist, folgendermaßen:

Tag 1

Der erste Tag dient vor allem dazu, die absolute Autorität des Trainers zu demonstrieren. Der Trainer hat die Situation vom ersten Augenblick an fest in der Hand. Er macht klar, daß er das Sagen hat und Widerspruch nicht geduldet wird. Mit Aussagen wie »Dieses Programm funktioniert nur, wenn Sie sich an die Regeln halten« werden die Teilnehmer eingeschüchtert. Wer den Trainer herausfordert, wird gedemütigt oder verbal niedergemacht. Die meisten Teilnehmer wissen nicht, daß im Seminar meist Claqueure sitzen, also Teilnehmer, die das Training bereits mitgemacht haben. Sie klatschen an den richtigen Stellen. Sie verhalten sich positiv im Sinne des Trainers. Sie benutzen die »richtigen Formulierungen«. Sie geben persönliche, oftmals erschütternde Beichten ab und sollen so den neuen Teilnehmern als Vorbild dienen. Bei vielen Gruppen gibt es nach jeder persönlichen Äußerung – auch wenn sie noch so banal ist – Applaus. Der einzelne wird bestärkt und fühlt sich gut. Kaum ein Mensch kann sich dem erhebenden

Gefühl entziehen, wenn plötzlich 200 Menschen nur seinetwegen klatschen. Wer das nicht glaubt, sollte mal einen Gästeabend bei Landmark besuchen.

Tag 2

Der zweite Tag dient dazu, den Teilnehmern die neue Philosophie einzuflößen. Die bekannten Gruppen behaupten dabei, daß jeder selbst schuld an allem ist, was ihm bisher widerfahren ist. Ob man von den Eltern verprügelt wurde, sich das Bein gebrochen hat oder unter seinem ungerechten Chef leidet, die Ursache liegt stets bei einem selbst. Das schafft Schuldgefühle und Angst. Doch es gibt auch eine Lösung: Man muß nur richtig denken, und schon klappt alles. Das Denken schafft die Wirklichkeit, egal ob es sich um einen Parkplatz, einen neuen Job oder einen idealen Partner handelt.

Tag 3

Am dritten Tag gibt es Übungen. Oftmals werden gelenkte Phantasiereisen gemacht, in denen sich die Teilnehmer alle Enttäuschungen seit ihrer frühen Kindheit noch einmal ins Gedächtnis rufen sollen. Es gibt Übungen, in denen es um die Eltern oder um gebrochene Versprechen geht. Kurz: alle schlechten Erinnerungen werden hochgeholt. Die Teilnehmer sind nun psychisch offen.

Tag 4

Am vierten Tag steht die Aussprache in der Gruppe im Vordergrund. Einzelne Teilnehmer erzählen über sich selbst. Ihre

Berichte sind oftmals erschütternd und emotional aufwühlend. Der Trainer verwandelt sich langsam vom strengen und dominanten Meister zur charmanten, liebevollen Vater- oder Mutterfigur, deren größtes Anliegen natürlich der Verkauf des nächsten Kurses ist. Manchmal werden die Trainer sogar danach beurteilt oder bezahlt, wie viele Teilnehmer sie für den nächsten Kurs gewinnen.

Tag 5

Am fünften Tag wird es fröhlich. Es wird gefeiert und getanzt. Die Teilnehmer werden aufgefordert, zu einem weiteren Treffen zu kommen. Dort werden sie dann erneut bearbeitet, doch weitere Kurse zu besuchen. Oftmals erscheinen bei diesen Treffen auch »überraschend« Kollegen, Freunde oder Familienmitglieder, die dem »Absolventen« gratulieren. Die Teilnehmer sind begeistert und euphorisch.

Bei manchen Menschen führen diese Trainings zu ernsthaften Problemen. Denn in den vier bis fünf Tagen werden sie mit mehr Gefühlen und Konflikten konfrontiert, als sie bearbeiten und ertragen können. Bisher haben sie ihr Leben auf ihre Art und Weise mehr oder weniger gut bewältigt, und nun müssen sie plötzlich ihre gesamte Vergangenheit im Hauruckverfahren Revue passieren lassen und sie letztlich uminterpretieren. Die Folgen können fatal sein und reichen von Verwirrung über handfeste Identitätskrisen bis hin zu Nervenzusammenbrüchen. Warum diese Trainings so wirken und warum man sich dieser Wirkung nur schwer entziehen kann, wurde in Kapitel 2 beschrieben.

Teuflische Mischung
Mind Dynamics

Anfang 1996 zeigte die ARD im Spätprogramm den Spielfilm *Gehirnwäsche* aus dem Jahr 1981. Manager einer Kosmetikfirma wurden mit ihren Ehefrauen zu einem Seminar in einer abgelegenen Villa geschickt. Dort wurden sie nach allen Regeln der Kunst fertiggemacht. Ein übergewichtiger Mann mußte sich vor der Gruppe ausziehen und sich von der Trainerin beschimpfen lassen. Er wurde in einen »Schweinestall« gesperrt, gewaltsam wurde ihm Abfall in den Mund gestopft. Ein anderer wurde in einen Sarg gelegt und begraben. Auf Befehl der Trainerin schaufelten die Teilnehmer eifrig Erde auf den Sarg, bis die Schreie ihres Kollegen erstickten. Dann wurde er schnell wieder ausgegraben. Dankbar fiel er den anderen um den Hals. Nun sei er gerettet und ein neuer Mensch. Ein dritter wurde an ein Kreuz im Seminarraum gebunden und hing dort stundenlang.

Der Film zeigt sehr eindrucksvoll, wie einfach sich Menschen zu willenlosen Marionetten machen lassen. Er zeigt, wie gestandene Manager gehorsam tun, was ihnen die Trainerin befiehlt, selbst wenn sie dabei das Leben ihres Kollegen aufs Spiel setzen. Er zeigt, wie kritische Teilnehmer fertiggemacht werden und ihnen keine Chance mehr bleibt – außer der Flucht.

Der Film ist schockierend. Doch noch viel schockierender ist es, daß er – so heißt es im Vorspann – auf wahren Begebenheiten beruht. Tatsächlich sind die Ähnlichkeiten mit den Kursen, die das Leadership Dynamics Institute Anfang der siebziger Jahre in Kalifornien durchführte, frappierend. Auch dort wurden die Teilnehmer in Särge gelegt, stundenlang an hölzerne Kreuze gebunden und mußten sich ausziehen und beschimpfen lassen. Die *Washington Post* bezeichnete den Kurs als brutales Verkaufsmotivationsprogramm. Zahlreiche Teilnehmer klagten damals gegen das Institut, weil sie sich körperlich und emotional mißbraucht fühlten.

»Erfinder« des viertägigen bizarren »Sensitivity-Kurses« war William Penn Patrick. Der Vertreter verfügte über ein weltweites Netzwerk von Firmen, die nach dem Schneeballsystem arbeiteten. Eine davon war die Kosmetikfirma Holiday Magic, die allerdings aufgrund ihrer Geschäftspraktiken schnell unter Beschuß geriet. Der Kurs sollte die Mitarbeiter von Holiday Magic zu besseren Leistungen und mehr Loyalität »motivieren«.

Bei Holiday Magic arbeitete auch John Hanley, der spätere Gründer von Lifespring. Hanley, der 1969 wegen Betrugs zu fünf Jahren auf Bewährung verurteilt wurde, nahm auch an dem Kurs des Leadership Dynamics Institute teil. Bereits damals fiel er auf, so die *Washington Post*: Als er 14 Stunden in einen Sarg eingeschlossen wurde, um seine Belastbarkeit zu testen, schlief er einfach ein. Im Leadership Dynamics Institute soll man darüber so begeistert gewesen sein, daß man ihn gleich als Mitarbeiter einstellte. Später arbeitete Hanley dann als Trainer bei Mind Dynamics, einem anderen Unternehmen von Patrick, das mentale Entspannungskurse anbot.

Mind Dynamics geht auf Alexander Everett zurück. Der ehemalige Englischlehrer hatte sich mit allerlei mentalen Techniken beschäftigt und war dabei auch auf José Silva und seine Mind Control gestoßen. Silva versprach seinen Schülern außergewöhnliche Erlebnisse durch die Kontrolle der Alphawellen im Hirn. In den späten 60er Jahren schuf Everett ein ähnliches Programm und nannte es Mind Dynamics. Dabei nutzte er zudem Elemente des Zen, der Transzendentalen Meditation und geführte Phantasiereisen. Seine 32stündigen Kurse kosteten damals 200 Dollar. Dafür versprach er den Teilnehmern fast alles: von der Verbesserung des IQ über die Beseitigung von Schlafstörungen bis zur Heilung von Krebs. 1970 zog Everett von Texas nach Kalifornien, da er dort bessere Chancen für sein Programm sah. Um mehr Leute zu erreichen, brauchte Everett jedoch vor allem einen besseren Marketingplan. Da kam ihm das Treffen mit dem Verkäufer Patrick gerade recht. Patrick wiederum war angetan von Everetts Fähigkeit, Menschen zu motivieren, und erkannte, daß Mind Dynamics gut zu seinen Geschäften paßt. So schufen die beiden die Verbindung zwischen harten Verkaufstechniken und der Human-Potential-Bewegung. Diese Verbindung erwies sich als genial und ist auch heute noch die Grundlage zahlreicher Psychokulte.

Zu Beginn soll Mind Dynamics ein sanftes Entspannungsprogramm gewesen sein. Das änderte sich laut *Washington Post* jedoch, als zu Beginn der siebziger Jahre Trainer vom Leadership Dynamics Institute kamen und einige ihrer harten Taktiken einführten.

Für eine Verschärfung der Mind-Dynamics-Kurse soll sich dabei vor allem John Hanley eingesetzt haben. Seiner Vorstellung nach sollte Mind Dynamics die Psyche der Teilnehmer freilegen, ihre Persönlichkeit niederreißen und dann eine neue Persönlichkeit aufbauen. Die Kurse wurden brutal; in einem Kurs für Mind-Dynamics-Trainer soll ein Teilnehmer von vier Personen am Boden gehalten worden sein. Nase und Mund wurden mit einem nassen Waschlappen bedeckt, bis er fast erstickte. Danach soll Hanley zu ihm gesagt haben, die Übung sei gut für ihn gewesen, und wenn er seinen Erfolg genauso wolle wie seinen nächsten Atemzug, dann bekomme er ihn auch.

Auch Werner Erhard stieß 1970 zu Mind Dynamics, nachdem er zuvor einige Kurse bei Scientology besuchte hatte. 1971 leitete er dann Kurse bei Mind Dynamics und stieg dort schnell zum erfolgreichen Trainer auf. Erhard hatte von den harten Techniken der Kurse bei Leadership Dynamics gehört und wollte wissen, was dort passierte. Da die Kurse jedoch offenbar nur den Mitarbeitern von Holiday Magic vorbehalten waren, engagierte er einen Mitarbeiter von Patrick, um einen speziellen Kurs für ihn und seine Mitarbeiter zu organisieren. Noch im gleichen Jahr stieg Erhard dann bei Mind

Der »Stammbaum«: Wer hat wen beeinflußt?

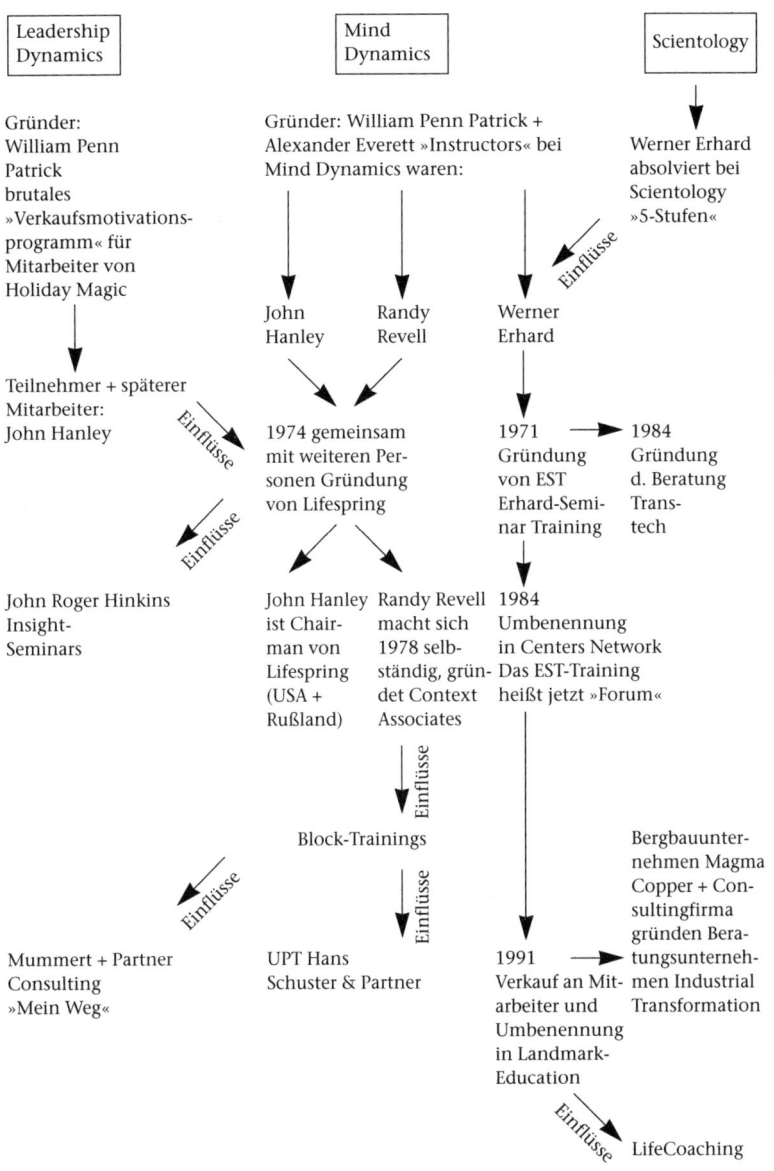

Leadership Dynamics

Gründer:
William Penn
Patrick
brutales
»Verkaufsmotivations-
programm« für
Mitarbeiter von
Holiday Magic

Teilnehmer + späterer
Mitarbeiter:
John Hanley

Einflüsse

Einflüsse

John Roger Hinkins
Insight-
Seminars

Einflüsse

Mummert + Partner
Consulting
»Mein Weg«

Mind Dynamics

Gründer: William Penn Patrick +
Alexander Everett »Instructors« bei
Mind Dynamics waren:

John   Randy   Werner
Hanley   Revell   Erhard

1974 gemeinsam
mit weiteren Per-
sonen Gründung
von Lifespring

John Hanley   Randy Revell
ist Chair-   macht sich
man von   1978 selb-
Lifespring   ständig, grün-
(USA +   det Context
Rußland)   Associates

Einflüsse

Block-Trainings

Einflüsse

UPT Hans
Schuster & Partner

Scientology

Werner Erhard
absolviert bei
Scientology
»5-Stufen«

Einflüsse

1971   1984
Gründung   Gründung
von EST   d. Beratung
Erhard-Semi- Trans-
nar Training tech

1984
Umbenennung
in Centers Network
Das EST-Training
heißt jetzt »Forum«

Bergbauunter-
nehmen Magma
Copper + Con-
sultingfirma
gründen Bera-
tungsunterneh-
men Industrial
Transformation

1991
Verkauf an Mit-
arbeiter und
Umbenennung
in Landmark-
Education

Einflüsse LifeCoaching

Dynamics aus und gründete sein eigenes EST-Training, den Vorläufer des heutigen Landmark-Forums.

1973 kam Patrick bei einem Flugzeugabsturz ums Leben. Zwei Monate nach seinem Tod wurden Leadership Dynamics und Mind Dynamics, gegen die jeweils zahlreiche Klagen vorlagen, geschlossen. 1974 gründeten dann fünf von Patricks Angestellten Lifespring. Ebenso wie EST betrieb Lifespring ein aggressives Marketing und kopierte viele der grundlegenden Übungen von Mind Dynamics. Zu den Lifespring-Gründern gehörte auch Randy Revell, der ebenfalls bereits Trainer bei Mind Dynamics war. Revell machte sich 1978 selbständig, kreierte sein Training »The Wall« und inspirierte Walter Kauffmann zu seinen Block-Trainings, an denen inzwischen mehr als 7000 deutsche Manager teilgenommen haben sollen.

Auch Charles Ingrasci, langjähriger persönlicher Berater von Werner Erhard, dann Sprecher von Lifespring und heute Leiter des Hofmann-Instituts in Kalifornien (siehe Kapitel 10), war bereits bei Mind Dynamics.

EST und Lifespring schufen beide eine hochwirksame Mischung aus Selbsthilfetechniken, Methoden der Verhaltensmodifikation und Bewußtseinskontrolle und hatten dazu die wirkungsvollsten Techniken aus den verschiedensten Gruppen kombiniert: Scientology, Transzendentale Meditation, Hypnose, positives Denken, Silva Mind Contol, Gestalttherapie und viele mehr. Die Wurzeln zahlreicher Psychotrainings liegen daher bei den äußerst umstrittenen Trainings von Mind Dynamics und Leadership Dynamics.

Auch das damals so umstrittene Leadership Dynamics Institute (L. D. I.) gibt es offenbar wieder. Im Juni 1997 hieß es im Internet: Das L. D. I. sei vor 27 Jahren von einem der weltweit erfolgreichsten Unternehmer, dem Inhaber des berühmten Unternehmens Holiday Magic, William Penn Patrick, gegründet worden. Die Philosophie des L. D. I. sei durch Motivationsexperten wie Zig Ziglar und Jose Silva, die beide am Institut lehrten, beeinflußt worden. Weiter wird das L. D. I. als eines der führenden Trainingsunternehmen beschrieben, das weltweit für seinen einzigartigen Ansatz, Geschäftserfolge aufzubauen, bekannt sei und zu dessen Kunden MCI, Herbalife, Amway International, Quorum International und National Safety Associates gehörten.

Hundert Prozent Verantwortung
Lifespring

»The World's Favorite Coaching Group« nennt sich Lifespring im Juni 1997 auf seiner Homepage im Internet. »Erleben Sie einen Durchbruch in Ihrer Fähigkeit, hinter die Annahmen zu blicken, nach denen Sie leben«, heißt es. Angeboten werden ein Basis- und ein Fortgeschrittenenkurs, ein Leadership-Programm sowie Workshops zu den Themen Familie, Rhetorik, Vermögen und Sexualität. Den Workshop »Life by Design« leitet Lifespring-Gründer John Hanley persönlich. Der Basiskurs dauert drei Tage; Freitag und Samstag von 10 Uhr bis 22 Uhr und Sonntag von 10 Uhr bis 19.30 Uhr. Er kostet 495 Dollar. Seit 1974 sollen 500 000 Menschen an den Kursen teilgenommen haben, 16 000 sollen jährlich die Workshops besuchen.

Weiter heißt es, daß John Hanley Mitglied der American Society of Training and Development (ASTD) sei, des mit mehr als 64 000 Mitgliedern in über 100 Ländern größten Verbandes im Bereich Human Resource Management. Dort war er sogar im »Resource Board« für die »Young President's Organisation« zuständig. Als Unternehmen, die ihren Mitarbeitern Lifespring-Kurse bezahlt haben, werden genannt: American Express, AT&T, Coca-Cola, IBM, Merrill Lynch, Microsoft und die Raumfahrtbehörde NASA. Gerade im Berufsleben sollen die Trainings erhebliche Vorteile bringen: Die Teilnehmer produzieren ihre Ergebnisse mit weniger Anstrengung und größerer Effizienz, sie verbessern ihre Kommunikationsfähigkeiten, werden risikobereiter, können effektiver mit Streß umgehen und haben eine größere Arbeitszufriedenheit.

Die Trainings seien von hervorragenden Wissenschaftlern überprüft worden, und es gebe keine Anzeichen dafür, daß Lifespring-Trainings zu Schäden geführt hätten, die psychiatrische Behandlung erforderten.

Trainings finden in zahlreichen amerikanischen Städten statt. Zudem ist Lifespring bereits in mehreren russischen Städten tätig. In Deutschland ist Lifespring noch nicht aktiv. Allerdings inspirierte Lifespring bzw. Lifespring-Mitgründer Randy Revell Walter Kauffmann zu seinen Block-Trainings, und auch bei Hannes Scholl finden sich auffällige Ähnlichkeiten mit dem Psychokult.

Im Oktober 1987 brachte das *Washington Post Magazine* einen fünfzehnseitigen kritischen Bericht über Lifespring. Mehr als eine Viertelmillion Amerikaner soll bereits damals an Lifespring-Trainings teilgenommen haben. Die Mehrheit hatte eine extrem gute Ausbildung und gehörte zu den sogenannten Yuppies, jenen jüngeren ambitionierten Aufsteigern, die sich durch die Trainings mehr Glück und Erfolg erhofften. Denn Lifespring versprach: Wir zeigen dir, wie du aus deinem dumpfen, frustrierenden Leben ausbrechen und Erfolg haben kannst und alles erreichst, was du willst. Die »Theorie« ist einfach: Wir alle leben in unserer Schachtel mit den vier Wänden Haltungen, Glauben, Interpretationen und Annahmen. Doch um unser Potential als Mensch zu nützen, müssen wir diese Mauern niederreißen. Eine dieser Mauern ist der Glaube, daß wir alle Opfer sind. Wer daher glaubt, er sei ein Opfer, schränkt sich selbst ein. Der oberste Lifespring-Grundsatz lautet: Wir sind zu 100 Prozent verantwortlich für unser Leben. Bei den in Deutschland angebotenen Block-Trainings, deren Ursprünge letztlich auch auf Lifespring-Philosophie zurückgehen dürften (siehe Kapitel 6), heißt das: »Du hast die alleinige Verantwortung für dein Leben und damit auch die wundervolle Chance, Erfolg und Erfüllung in alle deine Lebensbereiche zu bringen.«

Welche fatalen Folgen das haben kann, zeigt der Fall eines Lifespring-Absolventen. Er ertrank, weil er nicht schwimmen konnte. Sein Lifespring-Trainer soll ihn aufgefordert haben, in den Fluß zu springen. Schließlich wäre er sonst doch nur Opfer seines beschränkenden Glaubens, daß er nicht schwimmen könne.

Der Schlüssel bei Lifespring ist die Kapitulation, schrieb die *Washington Post*. »Die Dinge sind, wie sie sind, und die einzige Möglichkeit, sie zu überwinden, ist, sich zu ergeben.« Bei den Block-Trainings heißt es: »Die Teilnehmer sollen lernen, Unabänderliches zu akzeptieren, um damit leben zu können.« Daß es sich dabei um zufällige Ähnlichkeiten handelt, dürfte relativ unwahrscheinlich sein.

Schon damals versuchte Lifespring die Unternehmen davon zu überzeugen, ihren Mitarbeitern Lifespring-Trainings zu bezahlen, um so ihre Produktivität und Moral zu erhöhen. Zahlreiche große Unternehmen taten das, und viele Führungskräfte empfahlen ihren Mitarbeitern das Training. Lifespringer – wie die Anhänger genannt wurden – schlugen sogar vor, daß Harvard und andere Business Schools Lifespring-Trainings in ihre Lehrpläne aufnehmen sollten. Als die *Washington Post* damals eine Referenzliste überprüfte, bestritten allerdings vier von fünf Unternehmen, ihren Mitarbeitern Kurse bezahlt zu haben. 1980 hatte Lifespring Hunderte von Mitarbeitern der Air Force Base in Kalifornien trainiert, bis ein »Captain« in den Trainings ein Sicherheitsrisiko sah. Denn die Mitarbeiter seien hin und her gerissen zwischen ihrer Loyalität zu den Werten des Militärs und denen von Lifespring, und ein Psychiater behauptete, im Ernstfall würden sie zu Lifespring stehen. Schließlich wurden die Trainings gestoppt.

Während viele Studien von Lifespring bezahlt wurden und dementsprechend positiv ausfielen, kam eine unabhängige Studie der Psychologen Janice Haaken und Richard Adams, die 1981 an einem Training teilnahmen, zu einem anderen Schluß. Das Training untergrabe systematisch die Funktion des Ichs, seine Wirkung sei daher pathologisch. Es reduziere die Fähigkeit der Teilnehmer, kritisch zu denken, und mache sie zunehmend abhängig von der Meinung des Trainers. Die Folge sei daher eine psychologische Verschmelzung mit dem Trainer.

Ähnliche Mechanismen sind aus den psychologischen Untersuchungen über Gefangene in den KZs bekannt. Unfähig, mit ihren Wärtern zu argumentieren, und ohne Kontrolle über ihr eigenes Leben, identifizierten sich die Gefangenen mit ihrem Wärter, begannen ihn unbewußt nachzuahmen und sein Wertesystem zu übernehmen. Denn nur so konnten sie ihre eigene Machtlosigkeit kompensieren.

Die *Washington Post* enthüllte auch die dunklen Seiten von Lifespring: sechs Todesfälle, 35 Klagen, fünf Anwälte, die sich auf die Vertretung von Lifespring-Opfern spezialisiert hatten. Die meisten Fälle kamen allerdings nicht vor Gericht, sondern wurden außergerichtlich geregelt. Später sollten die Teilnehmer angeblich sogar unterschreiben, im Schadensfall Lifespring nicht zu verklagen, sondern einen privaten Vergleich zu schließen.

Die Klagen und Berichte über Todesfälle führten dazu, daß Hanley das Training etwas entschärfte. So wurde das Verbot gelockert, während des Trainings Medikamente zu nehmen, nachdem 1980 eine Frau an einem Asthmaanfall gestorben war. Zudem erklärte Hanley, man sei jetzt von einem psychologischen Modell zu einem philosophischen Modell gewechselt. Doch die Übungen und die Struktur blieben weitgehend gleich. »Es wurden vielleicht fünf Prozent verändert«, sagte ein Ausstiegsberater der *Washington Post*. Lifespring sei kein Bildungsprogramm, sondern ein Umerziehungslager.

Auch in der vierteiligen Serie, die der Sender *KARE-TV* 1990 über Lifespring brachte, wurde über drei Todesfälle berichtet.

Darin wurde Lifespring als anstrengender 40-Stunden-Kurs und als »emotionale Achterbahn« beschrieben.

Ebenfalls 1990 erschien in der Zeitschrift *Boston Business* ein fünfzehnseitiger kritischer Artikel über Lifespring. Hier ist von 30 Klagen gegen Lifespring seit seiner Gründung 1974 die Rede. Bei sechs Klagen ging es um Todesfälle im Zusammenhang mit den Kursen, bei den anderen um schwere Psychosen. Dabei soll Lifespring durchschnittlich eine halbe Million Dollar Schadenersatz bezahlt haben. Doch gemessen an den Einnahmen sind die Kosten lächerlich. So soll Lifespring allein 1989 24 Millionen Dollar eingenommen haben.

Auch Margaret Singer beschreibt in ihrem 1995 erschienenen Buch *Cults in our midst* den Fall einer Frau, die Ende der achtziger Jahre nach dem Besuch von Lifespring-Kursen für drei Jahre in der Psychiatrie landete und noch lange Zeit danach einer medikamentösen Behandlung bedurfte, obwohl sie vor den Kursen keinerlei Anzeichen einer psychiatrischen Störung hatte. Auch sie verklagte Lifespring, und der Fall wurde gegen Zahlung einer großen Summe außergerichtlich geregelt.

Laut *Washington Post* soll es zudem zahlreiche »leichtere« psychotische Episoden gegeben haben: Eine Frau glaubte nach dem Training, die Ampeln kontrollieren zu können. Ein Mann war davon überzeugt, Gott habe ihm befohlen, seinen Sohn zu opfern. Aber natürlich liegt die Schuld für derartige »Zwischenfälle« nicht bei Lifespring, sondern beim Teilnehmer. Schließlich ist er ja hundertprozentig für sein Leben verantwortlich.

»Man kann Menschen zu einem Bündel von Reflexen machen. Unter bestimmten Umständen und kontrollierten Bedingungen machen sie beinahe alles«, resümiert Autor Paul Keegan in *Boston Business* seine eigene Erfahrung bei Lifespring. Zu den Methoden, mit denen Lifespring seine Teilnehmer mürbe machte, gehörten strenge Regeln (keine Notizen, keine Seitengespräche, nur in den Pausen aufs Klo gehen, essen, trinken und Kaugummi kauen sind verboten, und über das Training darf nichts erzählt werden). Der Verstand wurde gezielt ausgeschaltet (»Wer eine Situation versteht, ändert nichts an ihr«). Fragen wurden nur mit »darum« beantwortet.

Die Trainings liefen nach einem perfekt durchgeplanten Schema ab. Zu Beginn der Sitzungen wurde stets »Also sprach Zarathustra« von Richard Strauss gespielt, die Titelmelodie aus dem Film »2001-Odyssee im Weltraum«. Wenn sie aufhörte, mußte jeder auf seinem Stuhl sitzen. (Ähnlichkeiten mit dem »Im-Stuhl-Sein« bei Hannes Scholl dürften kaum Zufall sein.)

Entschuldigungen wurden als fehlendes Commitment abgetan. »Reichen vier platte Reifen als Entschuldigung, um zu spät zu kommen?«, fragte der Trainer, und nachdem die Teilnehmer die Frage bejahten, fragte er weiter: »Was machst du, wenn du eine Million Dollar dafür kriegst, wenn du pünktlich bist?« Nun brachten die Teilnehmer verschiedene Möglichkeiten vor. Fazit des Trainers: Du achtest Geld mehr als dein Wort. (Auch hier zeigen sich Parallelen mit Hannes Scholl.) In der Realität führte das häufig zu gefährlichen Aktionen. So rasten Lifespring-Teilnehmer über rote Ampeln, nur um pünktlich zum Training zu kommen.

Kritiker betonen immer wieder die großen Parallelen von Lifespring und EST (dem Vorläufer des heutigen Landmark-Forums). »EST und Lifespring haben mehr Ähnlichkeiten als Unterschiede«, schreibt Paul Keegan in *Boston Business*: Gut angezogene Trainer mit totaler Autorität, strenge Regeln, Applaus nach jeder Äußerung, Betonung auf Fühlen und Aktion (nicht Denken) und massive Anwerbung durch Absolventen. Auf die Frage, ob Lifespring wie EST ist, antwortet Lifespring 1997 im Internet: »Ja, EST und Lifespring haben dieselben Wurzeln, aber das ist lange her, und viele Dinge haben sich verändert, da Lifespring das Programm immer wieder ändert. Also ja, es gab und gibt wahrscheinlich noch immer Ähnlichkeiten.« Die gibt es auch mit den Kursen des ehemaligen Lifespring-Trainers John Roger, die unter dem Namen Insight-Seminars laufen, und in Hongkong sollen ähnliche Kurse von Life Dynamics angeboten werden.

Wie andere Psychokulte auch zerstört Lifespring die komplexe psychologische Struktur des einzelnen, um die dann entstandene Lücke mit einfachen Verhaltensmodellen zu füllen. So erlebte auch Paul Keegan, wie das System funktioniert: »In dieser bizarren Welt wird weiß zu schwarz und schwarz zu weiß. Kontrolle wird zur Spontaneität. Wir haben die Kontrolle für unser Leben aufgegeben, und wir fühlen uns befreit. Wir sagen, daß wir uns großartig fühlen, weil wir konditioniert wurden, uns so zu fühlen.«

4
DIE BETROFFENEN UNTERNEHMEN

Salz in der Suppe
Wie verbreitet sind umstrittene Psychotrainings?

Millionenbeträge fließen jedes Jahr in die Taschen umstrittener Seminaranbieter. Die American Society for Training and Development (ASTD) schätzte vor ein paar Jahren, daß in den USA jährlich etwa 150 Millionen Dollar für dubiose Trainingsprogramme ausgegeben werden. Doch nur sehr selten kommen problematische Fälle an die Öffentlichkeit. Meist wird die Sache intern geregelt. Entweder trennt man sich schnell wieder von den Psychotrainern, oder die Kritiker verlassen mehr oder weniger freiwillig das Unternehmen. Häufig bekommen sie entsprechende Abfindungen und verpflichten sich dafür zum Schweigen.

Einer der bekanntesten Fälle, in denen ein dubioses Trainingsprogramm für öffentliches Aufsehen sorgte, betraf die Telefongesellschaft Pacific Bell nach ihrer Absplitterung von AT&T in den achtziger Jahren. Das Training wurde von dem Berater Charles Krone durchgeführt und basierte auf der Philosophie von G. I. Gurdjieff. Ziel war es, eine neue Unternehmenskultur zu schaffen. Das Training sollte dabei auch die Denkmuster der Mitarbeiter ändern, indem es die Worte umdefinierte. So durfte zum Beispiel statt »Ziel« nur noch »Vision des Endzustands« gesagt werden. Zahlreiche Beschwerden der Mitarbeiter und Berichte in der Presse führten schließlich dazu, daß eine neutrale Prüfungskommission eine Untersuchung durchführte. Unter Zusicherung der Anonymität beschwerten sich zahlreiche Mitarbeiter massiv über die Trainings. Sie klagten über die obskure Sprache und die Drohungen gegen diejenigen, die das neue Denken nicht annehmen wollten. Sie haßten die »Helfer«, die wie eine Gedankenpolizei in den Meetings saßen und sich notierten, wenn einer nicht richtig reagierte.

Die Folgen des Trainings waren verheerend: Angst, Einschüchterung, Mißtrauen, geringe Produktivität, verlorene Zeit sowie ein Bruch in der Unternehmenskultur. Pacific Bell hatte in zwei Jahren 50,6 Millionen US-Dollar für das Programm ausgegeben und wollte weitere 135,6 Millionen Dollar ausgeben, um alle 67 000 Mitarbeiter durch die Trainings zu schleusen. Nach der Veröffentlichung der Untersuchungsergebnisse wurde das Programm abgebrochen, der verantwortliche Manager mußte gehen.

Ein weiterer brisanter Fall wurde 1995 bekannt. Dabei ging es um Trainings bei der Federal Aviation Administration (FAA), der amerikanischen Flugaufsichtsbehörde. »Gregory May scheint ein Klon von Werner Erhard zu sein. Er ahmt ihn nach, er zieht sich an wie er, und er sieht aus wie er, auch wenn er offenbar nichts mit ihm direkt zu tun hat«, so kündigte der amerikanische Fernsehkanal *ABC* am 21. Februar 1995 eine Sendung über die bizarren Trainings Mays bei der FAA an. Dort trieben Gregory May & Associates von 1984 bis 1993 ihr Unwesen. Rund 4000 FAA-Mitarbeiter, darunter 200 Senior Manager, nahmen an den Seminaren teil, und May soll dafür insgesamt 1,67 Millionen Dollar kassiert haben.

Obwohl sich immer wieder Mitarbeiter beschwerten und es bei einigen zu massiven psychischen Problemen kam, passierte jahrelang nichts. Die zuständigen Manager ließen die Beschwerden in ihren Schubladen verschwinden. May konnte die Mitarbeiter unbeirrt weiter drangsalieren. Erst als der neue

Secretary Frederico Pena sein Amt antrat, wurde das Training gestoppt und 1995 gab es dann eine umfangreiche Anhörung vor dem amerikanischen Kongreß in Washington. Schließlich wurde May mit Steuergeldern bezahlt.

Bei der Anhörung kamen dann unglaubliche Dinge über die Trainings ans Licht. So mußten die Mitarbeiter stundenlang in brennende Kerzen starren, sich bis auf die Unterwäsche vor ihren Kollegen ausziehen und intimste Dinge offenlegen. Sie mußten mehr als eine Stunde nicht anderes tun, als aufzustehen und sich wieder hinzusetzen. May beschimpfte die Mitarbeiter und setzte sie auf den »heißen Stuhl«, um ihnen ihre persönlichen Schwächen vorzuwerfen. Wer nicht spurte, wurde vor der Gruppe niedergemacht. Frauen, die schon einmal geschlagen oder sexuell mißbraucht worden waren, wurde eingeimpft, daß sie das selbst so gewollt hätten. Andere mußten eine Art Spießrutenlauf absolvieren und sich dabei beschimpften und begrapschen lassen. Die Trainings waren für einige emotional äußerst belastend, und manche Teilnehmer heulten daher stundenlang, ohne vom Trainer beachtet zu werden. Die Kurse dauerten zum Teil bis spät in die Nacht. Die Teilnehmer mußten ein Gelübde ablegen, nichts über den Inhalt des Trainings zu erzählen. Viele Teilnehmer verließen die Seminare wütend, verwirrt und mißtrauisch.

»Das haben die FAA-Manager also als Training für diejenigen ausgewählt, die unsere Flughäfen und den Himmel sicher machen«, sagte der Vorsitzende des Untersuchungsausschusses Frank R. Wolf in seinem Eröffnungsstatement. May verletzte eindeutig die Privatsphäre der Mitarbeiter und untergrub ihr Wertesystem. Im Laufe der Anhörung vor dem Kongreß wurden dabei immer wieder Vergleiche mit dem EST-Training von Werner Erhard (siehe Kapitel 5) aufgestellt.

Ein Mitarbeiter berichtete über den großen Einfluß, den May in der FAA hatte. Jahrelang wurde er von den verantwortlichen Personalmanagern gedeckt. Obwohl ihnen bekannt war, daß ein Mann während einer körperlich anstrengenden Sitzung einen Herzanfall erlitten hatte, andere über starken emotionalen Streß klagten oder sogar psychiatrische Hilfe in Anspruch nehmen mußten, wurden die Probleme totgeschwiegen.

Eine Evaluation des Trainings fand nie statt. Der Trainingsauftrag wurde auch niemals öffentlich ausgeschrieben, sondern immer direkt an May vergeben. Schließlich stellte sich heraus, daß May private Therapie- und Beratungssitzungen mit FAA-Managern gemacht hatte. Die Manager unternahmen daher nichts, weil sie selbst eine private Beratungsbeziehung mit dem umstrittenen Trainer hatten.

May war Schüler der Ramtha School of Enlightenment. Der New-Age-Kult beruft sich auf die Botschaften eines Kriegers, der vor 35 000 Jahren lebte. Es gab allerdings keine Anzeichen, daß May für den Kult tätig war. Offenbar übernahm er lediglich einige seiner abstrusen Philosophien und Methoden.

Der Kultexperte Kevin Garvey entdeckte in Mays Trainings Plagiate von bekannten und umstrittenen Gruppen wie Scientology, Werner Erhard oder Landmark und aus dem Bereich des Okkultismus. May habe sich wirksamer manipulativer Methoden bedient, um Macht über einzelne und die Gruppe zu gewinnen. Dazu gehörten die totale Kontrolle des Umfelds und der Zeit sowie ein rigoroses Schweigegebot. Eine besondere Rolle spielte dabei der Gebrauch der Sprache. So verbot May den Teilnehmern zum Beispiel, das Wort »aber« zu benutzen. »Und« und »aber« seien jedoch logische Verbindungen. Wer das Wort »aber« verwende, zwinge seinen Geist, auf Unterschiede zu achten und irgendeine Beurteilung dazu abzugeben. Streiche man jedoch das Wort »aber« und ersetzte es durch »und«, dann verbinde man zwangsläufig alles miteinander. Damit werde die Fähigkeit ausgeschaltet, Unterscheidungen zu treffen, und so auch die Kritikfähigkeit. Das sei, so der Experte, nur ein kleiner Trick, wie man Macht über andere gewinnt. Wie wirksam die Manipulationen sind, belegten die

Aussagen eines ehemaligen FAA-Direktors. Er erklärte, daß er sich noch heute, fünf Jahre nach dem Training, stets überlege, ob er das Wort »aber« auch tatsächlich benutzen soll.

Nach Ansicht des Kultexperten war es das Ziel des Trainings, die Teilnehmer zu verwirren und so eine totale Neuorientierung herbeizuführen. Was May mache, sei eine Form von psychologischem Roulette: Manche überstehen es unbeschadet, andere nicht.

Auch im beruflichen Alltag führte das Training zu teils verheerenden Folgen. Viele Mitarbeiter glaubten, sie müßten an dem Training teilnehmen, um in ihrem Job weiterzukommen. Eine Mitarbeiterin berichtete, daß in ihrem Seminar auch zwei Manager saßen, die großen Einfluß auf ihre weitere Karriere hatten. Einige, die sich weigerten, an den Trainings teilzunehmen, verloren ihren Job oder ihre Aufstiegsmöglichkeiten.

Eine ehemalige Mitarbeiterin aus der Abteilung Managementplanung berichtete über das Training und die Auswirkungen auf ihr Umfeld. Ziel des dreitägiges Training sei es gewesen, die Kritikfähigkeit und das unabhängige Denken der Teilnehmer zu zerstören. May habe die Mitarbeiter gedemütigt. Er habe ihnen vor der Gruppe ihre Würde genommen und ihr Selbstbewußtsein zerstört. Er habe sich abfällig über die Arbeit des einzelnen, seinen religösen Hintergrund, seine Ehe, seine Familienbeziehungen geäußert.

Mays Methoden, die nach Meinung der Mitarbeiterin auf Kontrolle, Quälerei, Degradierung und Provokation aufbauten, spiegelten sich auch im Managementstil der Abteilung wider. Man durfte keine andere Meinung als der Chef haben. Die Manager waren vom Wunsch nach totaler Kontrolle beseelt und drangsalierten ihre Mitarbeiter. So verkündete zum Beispiel ein Manager seinen Mitarbeitern stets erst am Ende der offiziellen Arbeitszeit, ob sie jetzt gehen konnten oder noch länger arbeiten mußten. Für Mitarbeiter mit familiären Verpflichtungen war das ein unerträglicher Zustand. Als im strengen Winter 1993/94 einige Mitarbeiter aufgrund der chaotischen Verkehrsverhältnisse öfter zu spät kamen, hieß es, sie müßten eben wissen, wie das Wetter ist, und entsprechend handeln. Wer zu spät komme, der zeige nur, daß er zu wenig Commitment für seinen Job habe.

Hunger nach Macht, Kontrollwahn und Einschüchterung, das waren die wesentlichen Elemente von Mays Lehren, die sich auch im Managementstil niederschlugen. Selbst hochrangige FAA-Manager handelten dabei so, wie es ihnen May vormachte. Was zählte, waren vor allem Gehorsam und Kontrolle.

Margaret Singer berichtet in ihrem Buch *Sekten* über weitere Fälle, in denen sich amerikanische Unternehmen dubiose Trainer ins Haus holten. So behaupteten acht Angestellte des DeKalb Farmes Market, sie seien entlassen oder zur Kündigung gezwungen worden, weil sie sich weigerten, an Psychokursen teilzunehmen. Die Kurse wurden von einer Beratungsfirma in Miami durchgeführt und sollen dem Forum von EST (dem Vorläufer von Landmark Education) entsprochen haben. Ein Angestellter berichtete, wie die Teilnehmer unter Tränen intimste Episoden aus ihrem Leben mitteilten. »Die Leute waren völlig eingeschüchtert. Es wird die totale Unterwerfung verlangt. Es ist wie Gehirnwäsche«, sagte er. Die Mitarbeiter klagten gegen das Unternehmen. Der Fall erregte Aufsehen, weil es darum ging, inwieweit ein Unternehmen seinen Mitarbeitern die Teilnahme an einem Training vorschreiben kann. Der Prozeß endete mit einem außergerichtlichen Vergleich.

Längst haben die Psychokulte die Unternehmen entdeckt und versuchen, Einfluß zu gewinnen, teils über Tarnorganisationen oder eigene Beratungsunternehmen. Eines der bekanntesten Beispiele ist die von Werner Erhard 1984 gegründete Managementberatung Transformational Technologies Inc. (siehe Kapitel 5).

Nun gehen die Amerikaner mit Sekten und Psychokulten vollkommen anders um als die Deutschen. In den USA findet man die Scientology-Bibel *Dianetics* in den großen Buchhandlungen in der Abteilung »Psychologie«, und selbst international bekannte Unternehmen wie der Sportschuhhersteller Reebok stehen öffentlich dazu, mit Landmark Education zu kooperieren (siehe Kapitel 5), obwohl die Organisation sogar in den USA als destruktiver Psychokult bezeichnet wurde.

Hier sind deutsche Unternehmen sicher vorsichtiger. Allenfalls kleinere Unternehmen, wo der Chef allein das Sagen hat, bekennen sich offen zu dubiosen Gruppen. Größere Unternehmen sind dagegen sehr darauf bedacht, mögliche Imageschäden zu vermeiden.

Der größte bisher öffentlich bekanntgewordene Fall, in dem ein Psychotraining im Unternehmen zu erheblicher Unruhe, zahlreichen Kündigungen und zumindest in einem Fall zu einer Einweisung in die Psychiatrie geführt hat, fand beim Autozulieferer Webasto statt. Mehr als sechs Jahre führte dort Karlheinz Wolfgang seine individualpsychologischen Kurse durch, und der umstrittene Psychoguru hatte dabei volle Unterstützung vom Miteigentümer und Vorstand Werner Baier (siehe Kapitel 8). Wie aus einem Artikel des Wirtschaftsmagazins *TopBusiness* hervorgeht, soll Baier dabei auch persönliche Details aus den Psychoseminaren gegen seine Mitarbeiter verwendet haben.

Aus Gesprächen mit Betroffenen sind mir zahlreiche andere Fälle bekannt, in denen Mitarbeiter zu dubiosen Seminaren geschickt wurden. Ein großes Unternehmen soll sogar ein internes Seminar mit Landmark durchgeführt haben, und Mitarbeiter einer großen Unternehmensberatung wurden zum Landmark-Forum geschickt. EST-Schüler Michael Walleczek war für große deutsche Unternehmen tätig (siehe Kapitel 5). Die umstrittenen Block-Trainings rühmen sich, bereits mehr als 7000 Teilnehmer gehabt zu haben. Und ihre Referenzenliste liest sich wie das Who's who der deutschen Wirtschaft. Dem zum Umfeld des Psychogurus Karlheinz Wolfgang gehörenden Anbieter von Coaching-Studiengängen

»Die Sprache« soll es im vergangenen Jahr gelungen sein, einen Millionenauftrag in einem großen Unternehmen ans Land zu ziehen. Dann wurde man angeblich doch noch skeptisch. Offiziell wird natürlich darüber geschwiegen. Die Recherche gestaltet sich daher meist sehr schwierig: Die Verantwortlichen schweigen, und die Betroffenen haben Angst.

Auch wenn Hysterie fehl am Platze ist, sollte die Gefahr nicht unterschätzt werden. Dabei gelingt es oftmals gerade kleineren Anbietern oder einzelnen Trainern relativ einfach, das Vertrauen von Personalverantwortlichen oder Managern zu gewinnen und so ihre umstrittenen Methoden einzusetzen. Oftmals werden die Psychokurse dabei als Geheimtip unter Topmanagern und Vorständen weitergeben. Ein Beispiel dafür sind die Seminare von Peter Warschawski am Schweizer Zentrum für Unternehmungsführung (ZfU). So schwärmte Fritz Haselbeck, Geschäftsführer des ZfU, im August 1997, daß die Veranstaltung von einer starken Mund-zu-Mund-Propaganda profitiere. Die Seminare seien »völlig ausgebucht«, und die Teilnehmer kämen häufig aus der »Vorstandsebene u. a. aus Unternehmen der obersten deutschen Liga«. Der Seminarprospekt strotzt von großen Versprechungen: »Sie lernen, persönliche Hemmnisse und selbstauferlegte Grenzen zu durchbrechen, und erreichen so noch höhere Stufen des Erfolgs und der Befriedigung … Umfassender als bei traditionellen Persönlichkeits-Schulungen werden Sie Ihr Bewußtsein so entwickeln, daß Sie zur Basis Ihrer Änderungsfähigkeit vorstoßen können und selbstauferlegte Grenzen überwinden lernen.« Informationen über die im Seminar eingesetzten Methoden und den theoretischen Hintergrund gab es nicht. Das Seminar sei eben etwas ganz Besonderes, das könne man nicht beschreiben, verkündete eine ZfU-Mitarbeiterin 1993. Auch die Angaben zum Seminarleiter sind nicht sehr ergiebig. Warschawski soll zwar einen Doktortitel in angewandter Psychologie besitzen, eine Privatpraxis für Psychotherapie haben und Präsident des Erfolgsberatungsunternehmens Excellence Associates sein, aber woher er seine Weisheiten hat, bleibt im dunkeln.

Das Seminar selbst bestand aus langatmigen Monologen und Banalitäten. Fragen der Teilnehmer würgte Warschawski ab oder stellte den Fragenden bloß, indem er ihn unablässig fragte, warum er diese Frage stelle. »Wir können alle das Leben haben, das wir wollen, wenn wir uns nicht durch unsere Art des Denkens Grenzen setzen«, verkündete Warschawski. Nicht die Vergangenheit bestimme die Zukunft, sondern unsere Entscheidung. Es gebe keine Ursache-Wirkung-Beziehung, denn sie schränke uns nur ein. Auch wenn sich bisher keine Verbindungen nachweisen lassen, klingt das alles recht ähnlich wie der Ansatz von EST bzw. Landmark.

Nun kann man natürlich unterschiedlicher Meinung über das Seminar sein, stutzig macht jedoch die Reaktion des ZfU-Geschäftsführers Fritz Haselbeck. 1993 hatte ich einen kritischen Artikel über das Seminar in der *Süddeutschen Zeitung* veröffentlicht. Als derselbe Artikel vier Jahre später nochmals in einem SZ-Buch abgedruckt wurde, schrieb er an die Chefredaktion der SZ: »Bei ihrem damaligen Seminarbesuch verließ Frau Schwertfeger das Seminar immer wieder. Wie soll sie auf diese Weise einen fairen und objektiven Bericht schreiben können? Gewisse Inhalte stimmen deshalb nicht mit den Tatsachen überein. Ich empfehle Ihnen sehr, bei der Verpflichtung von Journalisten die gleiche Sorgfalt walten zu lassen, wie wir das mit der Referenten-Auswahl tun.« Das ist nun bemerkenswert: Obwohl Herr Haselbeck selbst nicht an dem Seminar teilgenommen hatte, wußte er vier Jahre später noch genau, wie ich mich in dem Seminar verhalten hatte. (Übrigens hatte ich mich lediglich für etwa eine Stunde aus dem dreitägigen Seminar ausgeklinkt – bei einer unsäglich langweiligen Passage – und eine Übung nicht mitgemacht, in der die Teilnehmer in Zweiergruppen ihre Vision entwickeln sollten.) Führt man also beim ZfU Buch darüber, wie sich einzelne Teilnehmer verhalten? Weiß Herr Haselbeck vielleicht sogar

Bescheid über die in Seminaren geschilderten persönlichen Probleme einzelner Teilnehmer? Auch die angeblich falschen Angaben, über die sich der ZfU-Chef beschwert, erscheinen eher als Vorwand. So behauptet er, das Einführungsreferat habe drei Stunden gedauert und nicht fünf. In meinem Artikel war allerdings nur von einem fünfstündigen Monolog die Rede gewesen, und monologisieren kann man nicht nur in einem Einführungsreferat. Woher Herr Warschawski seine Weisheiten hat und wie er sein Vorgehen begründet, ließ er wieder offen. Als Beweis dafür, wie »spitze« das Seminar sei, führt er jedoch Lobeshymnen von Teilnehmern an. So schreibt Hans Eicher, Leiter Personalentwicklung und Ausbildung bei Porsche Austria: »Die Spitzenseminare von Dr. Warschawski empfehle ich uneingeschränkt jedem Menschen, der seine eigene Entwicklung ernst nimmt.« Und Walter Gunz, geschäftsführender Gesellschafter Media-Saturn-Holding GmbH in München, schwärmt: »Dr. Peter Warschawski – ein Meister der Verbindung von Geist und Realität – gibt den Anstoß zum persönlichen Aufbruch. Jeder findet seinen Weg. Die Begegnung mit Herrn Dr. Warschawski ist immer eine Bereicherung. Er ist einfach ein großartiger Referent.«

Die Kurse des Psychogurus scheinen beim ZfU der Renner zu sein. So gibt es inzwischen noch einen zweitägigen Coaching-Kurs für die Absolventen des ersten Seminars sowie das »Durchbruchs-Seminar« (auch das klingt schwer nach Landmark) mit dem Titel »Erfolg und Selbstvertrauen – eine Synergie«. Zudem präsentierte sich Warschawski, der seine Seminare auch firmenintern anbietet, als Experte für Veränderungen und dürfte damit auf große Resonanz stoßen.

Denn die Zeiten für Erfolgsgurus sind günstig. Viele Unternehmen müssen sich aufgrund des zunehmenden Wettbewerbsdrucks möglichst schnell ändern. Es gibt wohl kaum ein Unternehmen, das sich derzeit nicht mit Change Management beschäftigt, und viele feilen an einer Veränderung der Unternehmenskultur. Wer überleben will, braucht leistungsfähige und motivierte Mitarbeiter. Da kommen Seminaranbieter, die unerwartete Durchbrüche in Effektivität und Produktivität versprechen, gerade recht.

Unternehmen, die dabei auf umstrittene Trainer setzen, haben langfristig jedoch oft das Nachsehen. Ein belastendes Psychotraining ist nicht nur rausgeworfenes Geld, es richtet auch innerhalb des Unternehmens oftmals einen erheblichen Schaden an. Denn es kann nicht nur bei einzelnen Mitarbeiter zu Problemen führen, sondern auch das Betriebsklima belasten und den Umgang miteinander verändern. Besonders fatal ist es, wenn Manager intime Dinge aus den Psychoseminaren nutzen, um Mitarbeiter in Schach zu halten oder unliebsame Mitarbeiter rauszuekeln. Ein Unternehmen, in dem Angst und Mißtrauen herrschen und nur Gehorsam und Kontrolle zählen, wird niemals zu den innovativen Vorreitern gehören, geschweige denn besonders serviceorientiert sein. Denn so wie die Unternehmensführung ihre Mitarbeiter behandelt, so gehen diese auch mit den Kunden um.

Dabei genügt es häufig, wenn einige Manager an den Trainings teilgenommen haben und die in dem Seminar vermittelten Methoden dann bewußt oder unbewußt übernehmen. Der Vorsitzende des Untersuchungsauschusses im Fall der amerikanischen Flugaufsichtsbehörde FAA, Frank R. Wolf, formulierte es so: »Salz ist nur ein winziger Bestandteil eines Gerichts, und dennoch verändert es die Art und den Geschmack des gesamten Essens vollkommen.«

Verhängnisvolle Folgen
Psychoseminare können im Unternehmen erheblichen Schaden anrichten

Die Folgen umstrittener Psychoseminare können durchaus problematisch sein. Im Extremfall kann die Teilnahme von Mitarbeitern an solchen Psychoseminaren sogar das Betriebsklima vergiften. Dann herrschen Angst und Mißtrauen; immer mehr Mitarbeiter kündigen; die Leistungen sinken; die Gewinne schrumpfen; das Image des Unternehmens leidet.

Streß und psychologische Probleme

Mitarbeiter, die an dem Seminar teilgenommen haben, sind verwirrt und verunsichert. Sie haben Mühe, die emotional aufwühlenden Erlebnisse zu verdauen. Denn in den Seminaren werden sie oftmals mit mehr Gefühlen und Konflikten konfrontiert, als sie verarbeiten können. Sie tauchen ein in verdrängte und bisher unbewußte Probleme, und nicht selten bricht dabei ihr bisheriges Selbstbild zusammen. Dabei reagiert jeder – je nach seiner Vorgeschichte und seiner Persönlichkeit – anders. Der eine steckt den emotionalen Streß scheinbar mühelos weg. Der andere kann sich nicht mehr richtig konzentrieren, weil ihm die im Seminar hervorgeholten persönlichen Probleme ständig durch den Kopf gehen. Ein dritter leidet unter Schlafstörungen.

Je massiver der Eingriff in das persönliche Glaubenssystem ist, desto größer ist die Gefahr negativer Folgen. So warnt auch die amerikanische Kultexpertin Margaret Singer: »Wenn Menschen ohne therapeutische Gründe und ohne Analyse der persönlichen Geschichte plötzlich unter intensiven psychologischen Druck gesetzt werden, kann das schlimme Folgen haben.«

Dazu kommt, daß viele Mitarbeiter das Seminar nie besucht hätten, wenn sie gewußt hätten, was auf sie zukommt. Sie fühlen sich daher getäuscht und fragen sich, warum ein Unternehmen seine Mitarbeiter in so ein Seminar schickt.

Unrealistische Überflieger

»Ich kann alles erreichen, was ich will.« Seminare, die sich diese Allmachtsphantasie zum Leitspruch machen, verführen viele zum Größenwahn. Ein aufgesetztes und überzogenes Selbstbewußtsein gehört zu den am häufigsten zu beobachtenden Folgen umstrittener Psychokurse. Man fühlt sich als der Größte. Selbst schwierige Probleme erscheinen als Kinderspiel. Das gesteigerte Selbstbewußtsein mag in manchen Fällen zunächst tatsächlich zu positiven Wirkungen führen. Man packt Dinge an, die man schon lange vor sich hergeschoben hat. Man geht konsequenter an bestimmte Aufgaben heran. Doch oftmals ist der neue Schwung bald wieder verpufft. Denn die Probleme lassen sich eben meist nicht so einfach lösen. Da hilft auch kein aufgesetztes Selbstbewußtsein. Gefragt ist die Fähigkeit, Konflikte partnerschaftlich zu lösen, Mitarbeiter zu motivieren und Vertrauen zu schaffen. Doch das haben die Betroffenen im Seminar nicht gelernt.

Im Gegenteil. Denn ein hohes Selbstbewußtsein kann schnell in Selbstherrlichkeit umschlagen. Das hat vor kurzem eine Untersuchung von Astrid Schütz vom Lehrstuhl Psychologie an der Universität Bamberg gezeigt, die zu folgendem Ergebnis kam: Personen mit viel Selbstwertgefühl waren wenig geneigt, Schwächen oder ungünstige Eigenschaften zuzugeben. Wenn, dann gestanden sie allenfalls zwiespältige Charakterfehler wie etwa Perfektionismus ein. Fehler wurden stets mit diversen Rechtfertigungen zurechtgerückt. Versuchspersonen mit einem geringeren Ego bekannten sich dagegen zu ihren dunklen Seiten und machten keinen Hehl daraus, daß ihr Verhalten nicht richtig war. Bei der Selbstdarstellung der Selbstbewußten standen vor allem ihre Fähigkeiten und Kompetenzen im Vordergrund. Sie wollten bewundert werden und zeigten die Tendenz, andere herunterzumachen. Die weniger Selbstbewußten kehrten dagegen ihre zwischenmenschlichen und uneigennützigen Eigenschaften hervor und wollten gemocht werden. Eine hohe Selbstwertschätzung sei daher durchaus mit Aspekten verbunden, die für die soziale Umgebung unangenehm sein können, folgert die Psychologin. Am besten sei ein mittleres Niveau. Interessant sind in diesem Zusammenhang auch die Untersuchungen des US-Psychologen Roy Baumeister. Danach ist häufig nicht ein angekratztes Selbstwertgefühl der Nährboden für Gewalttaten, sondern ein überzogenes Selbstbewußtsein. Totalitäre Regime wie das nationalsozialistische hätten ihre Verbrechen gegen die Menschlichkeit nicht begangen, weil ihre Herrscher unter ätzenden Selbstzweifeln gelitten hätten, sondern weil sie übertriebene Vorstellungen ihres eigenen Werts pflegten.

Das in den Seminaren häufig künstlich erzeugte Selbstbewußtsein kann daher im Unternehmen schnell in die Sackgasse führen. Manager agieren arrogant, vertuschen ihre Schwächen und verschlechtern damit häufig die zwischenmenschlichen Beziehungen.

Der heimliche Lehrplan

Trainings, die mit Methoden der mentalen Programmierung arbeiten, haben stets einen heimlichen Lehrplan. So betonen alle totalitären Ansätze unermüdlich, daß sie die Selbstverantwortung des einzelnen fördern. In Wahrheit herrschen jedoch strenge Regeln. Die Teilnehmer werden entmündigt. Es wird der totale Gehorsam verlangt. Das klingt paradox, aber es funktioniert.

Eines der wichtigsten Lernprinzipien ist das Lernen am Modell. Unbewußt übernehmen wir das Verhalten von Personen, die wir bewundern oder schätzen. Was passiert nun, wenn ein Teilnehmer sieht, wie ein Trainer es schafft, daß gestandene Manager ohne Aufmucken parieren und daß sie abstruse Dinge tun, ohne Widerstand zu zeigen? Geht er nicht vielleicht auch zurück in sein Unternehmen und verhält sich ähnlich, in der Hoffnung, daß dann alles klappt? So berichtete ein Personalmanager, er habe beobachtet, daß es im Unternehmen wieder autoritärer zugehe, nachdem einige Manager an umstrittenen Trainings teilgenommen hatten. Zufall? Oder die Auswirkungen des heimlichen Lehrplans?

Zudem vermitteln die Trainings noch eine weitere Botschaft: Kritik ist unerwünscht, ja verboten. Das steht jedoch in krassem Widerspruch zu den Empowerment-Bemühungen in vielen Unternehmen. Wer Verantwortung übernehmen soll, braucht ein gewisses Standing. Er muß seine Meinung nicht nur vertreten, sondern sie auch durchsetzen können. Während man im Unternehmen auf Kommunikation und Teamarbeit setzt, wird den Teilnehmern im Psychoseminar der Dialog verboten. Statt sich mit den anderen auseinanderzusetzen, müssen sie schweigen und gehorchen. Ob das letztlich die Leistungsfähigkeit der Mitarbeiter erhöht, ist fraglich. So erkannte der Wissenschaftler Carl Raschke bereits 1987 in einem Artikel im Magazin *Fortune*: »Solche Trainings machen die Leute mürbe und gefügsam, aber sicher nicht produktiver. Sie machen Roboter aus ihnen.«

Angst und Mißtrauen

In den Seminaren geben die Teilnehmer oftmals intimste Dinge preis und machen sich damit verletzbar. Viele haben Angst, daß Informationen aus dem Seminar nach außen kommen. Manche befürchten sogar, daß der Trainer bewußt

Details ans Unternehmen weitergibt, die sich dann negativ auswirken können. Besonders brisant wird es stets dann, wenn die Kurse firmenintern durchgeführt werden. »Wie soll ich denn noch Respekt vor meinem Vorstand haben, wenn ich erlebt habe, wie er vor psychischen Problemen fast zerbricht?« fragte ein Manager. Der oberste Grundsatz lautet daher: Persönlichkeitstraining sollte nur in offenen Seminaren gemacht werden, und es sollte jeweils nur ein Mitarbeiter aus einem Unternehmen dabeisein. Noch verhängnisvoller wird es, wenn der Seminaranbieter auch noch im Unternehmen tätig ist und zum Beispiel Assessment-Center durchführt. Denn es läßt sich niemals ausschließen, daß die Beobachtungen aus dem Psychokurs nicht doch in die Bewertung einfließen.

Die Folgen sind nicht selten Angst und Mißtrauen. »Auf dem Flur redet man bei uns schon scherzhaft vom neuen ›Dritten Reich‹«, erzählte mir eine betroffene Mitarbeiterin. Doch der Vorstand, glühender Anhänger des Anbieters, braucht nichts zu befürchten. Schließlich ist es ihm gelungen, die Kosten zu reduzieren. Zu welchem Preis, fragt keiner. Die Mitarbeiter machen Überstunden und parieren. Aber langfristig schlägt die Angst zurück. Die Mitarbeiter werden häufiger krank, die Leistungen schlechter, und ihre Bereitschaft, sich für den Kunden einzusetzen, sinkt rapide. Denn es ist eine bekannte Tatsache: So wie die Unternehmensführung ihre Mitarbeiter behandelt, so behandeln die ihre Kunden. Gegen Angstmache sprach sich auch Hans Böhm, Geschäftsführer der Deutschen Gesellschaft für Personalführung (DGFP), aus. Einen Menschen bewußt zu ängstigen, um die eigene Machtposition zu stärken, sei nicht nur unternehmerisch schädlich, sondern auch unmoralisch.

Polarisierung im Unternehmen

Oftmals kommt es in den Unternehmen zu einer Aufspaltung in Fans und Kritiker. Die Fans fühlen sich überlegen, verwenden oftmals einen völlig neuen Jargon oder verkünden ihre neue Sichtweise. Die anderen wissen ja nur noch nicht, wie toll dieses Seminar ist. Die bleiben häufig jedoch skeptisch. Manche lassen sich dann überreden und machen auch mit. Einige sind danach überzeugt, andere bleiben kritisch. Manche weigern sich auch strikt, an den Seminaren teilzunehmen. Doch Kritiker werden schnell zu Außenseitern.

Besonders verhängnisvoll ist es, wenn der Chef selbst Anhänger ist. Um sich nicht einem Mobbing auszusetzen oder gar ihren Arbeitsplatz zu verlieren, schweigen viele Mitarbeiter und leiden. Andere kündigen, und meist sind das dann gerade die selbstbewußten und guten Mitarbeiter, die das Unternehmen eigentlich dringend bräuchte. Was bleibt, sind die Angepaßten.

Auch wenn es nicht soweit kommt, entstehen durch die Polarisierung oft unnötige Konflikte. Die Anhänger bilden eine verschworene Gemeinschaft, die sofort gegen jeden Kritiker vorgeht. Da verbietet zum Beispiel ein Manager seinem Mitarbeiter, das entsprechende Psychoseminar zu besuchen, und bekommt daraufhin Druck von seinem Chef. Ist es einem Psychotrainer erst einmal gelungen, mehrere Mitarbeiter eines Unternehmens mit seinen Erfolgsrezepten zu infizieren, dann ist es oftmals schwer, sie von ihrer Begeisterung wieder abzubringen. Manchmal besuchen die Mitarbeiter dann weitere Seminare sogar auf eigene Kosten oder werben unermüdlich ihre Kollegen an. Dubiose Psychotrainings verbreiten sich daher häufig wie ein Virus.

Erschreckend blauäugig
Wie Unternehmen Persönlichkeitstrainings einkaufen

Es hat mich immer wieder erstaunt, wie unbedarft und blauäugig so mancher Personalverantwortliche bei der Auswahl von Psychotrainings vorgeht. Da schwärmt ein Kollege von einem tollen Seminar, oder ein Artikel ist voll des Lobes über einen Anbieter, und oftmals genügt das bereits als Qualitätskriterium. Dabei fehlt vielen Personalverantwortlichen schlichtweg das Know-how, um Persönlichkeitsseminare richtig einschätzen zu können. Woher soll auch ein Betriebswirt oder ein Jurist wissen, worauf es ankommt? Doch selbst Pädagogen und Psychologen haben sich in der Regel nicht mit den Mechanismen der mentalen Umprogrammierung beschäftigt und schätzen die Gefahren daher oftmals falsch ein.

Für so manchen Personalvorstand sind Psychoseminare sowieso ein Buch mit sieben Siegeln, und die Vorstellungen einiger Topmanager über die Veränderbarkeit der Persönlichkeit sind bisweilen sogar haarsträubend. Kein Wunder, daß so mancher Seminaranbieter mit seinen abenteuerlichen Versprechungen bei ihnen offene Türen einrennt. Und ist der Boß erst einmal in die Fänge eines dubiosen Psychoanbieters geraten, dann haben oftmals selbst die Mitarbeiter aus der Personalentwicklung keine Chance, ihn davon abzubringen.

Große Unternehmen schicken häufig zunächst einen Mitarbeiter aus der Personalentwicklung in ein Seminar, um es zu testen. Doch da nur die wenigsten Tester über die manipulativen und bewußtseinsverändernden Techniken Bescheid wissen, fallen sie – wie die meisten anderen Teilnehmer auch – häufig auf die Maschen der Anbieter rein. Was fehlt, ist daher Aufklärung. Da genügt es nicht, nur Scientology-Freibriefe einzuholen. So hat zum Beispiel ein Manager nach seinem Seminarbesuch bei Block eine Aufklärungskampagne im eigenen Unternehmen gestartet. Er hat die Regeln von Block offengelegt. Er hat erzählt, was dort passiert und wie er selbst darunter gelitten hat. Seine Kollegen waren entsetzt und sind in Zukunft sensibilisiert.

Eine breite Aufklärung im Unternehmen wird auch aufgrund der zunehmenden Dezentralisierung immer wichtiger. Denn immer häufiger wird die Verantwortung für die Weiterbildung der Mitarbeiter auf den einzelnen Vorgesetzten übertragen. Er entscheidet, wer wohin geht, und bezahlt die Seminargebühren aus seinem Budget. Damit wächst jedoch die Gefahr, dubiosen Anbietern auf den Leim zu gehen.

Leider fragen auch nur wenige Chefs ihre Mitarbeiter nach ihren Erfahrungen im Seminar, und noch weniger legen dabei Wert auf eine ehrliche Rückmeldung. Doch wer verantwortungsvolle Mitarbeiter möchte, der muß sich auch ihre Meinung anhören. Verantwortungsvolle Mitarbeiter müssen es sich auch nicht gefallen lassen, im Seminar gedemütigt zu werden. Hier zeigt sich, wie ernst ein Unternehmen seine Forderung nach Selbständigkeit und Eigenverantwortung wirklich meint.

Dabei möchte ich nochmals betonen, daß es nicht darum geht, alle Persönlichkeitsseminare in einen Topf zu werfen. Es geht darum, die Mitarbeiter vor Seminaren zu bewahren, die sich aufgrund ihrer Methodik negativ auf ihre psychische Befindlichkeit auswirken können.

Zugegeben, es ist nicht einfach, die schwarzen Schafe zu entlarven. Denn Seminaranbieter sind wie Chamäleons: Sie passen sich den Bedürfnissen der Unternehmen an. Ging es gestern noch um Change Management, so geht es heute um Transformation. Und was ihren Hintergrund angeht, werden die Anbieter immer raffinierter. Verwies vor ein paar Jahren so mancher Trainer noch stolz auf seine Ausbildung bei EST/Landmark-Gründer Werner Erhard, so verschweigt er das heute. Je aufgeklärter die Personalmanager werden, desto mehr vertuschen und lügen die Anbieter.

Einen hundertprozentigen Schutz gibt es nicht. Die beste

Vorsichtsmaßnahme ist noch immer ein sorgfältiger Methoden-Check. Detailliert muß der Trainer darstellen, welche Übungen er wann und warum macht. Er muß seinen theoretischen Hintergrund darlegen können, muß seine Lernziele definieren und beschreiben, wie er sie erreichen will. Auch sollte er sein didaktisches Konzept erklären können. Doch damit tun sich Seminaranbieter wie UPT mit ihrem Derwischtanz, Tierspiel und der erotischen Nacht der Wunscherfüllung schwer.

Ein weiteres Alarmzeichen sind stets strikte und von vornherein festgelegte Regeln. Regeln sollten gemeinsam mit den Teilnehmern besprochen werden und ihnen nicht einfach als unveränderbar vorgesetzt werden. Wer erklärt, wozu er eine Regel für sinnvoll hält, muß sie nicht per Befehl durchsetzen. Ich werde nie begreifen, warum man Menschen, denen man angeblich zu mehr Selbstbewußtsein verhelfen will, wie kleine Kinder behandeln muß. Warum muß man sie mit dem Bus an einen unbekannten Ort fahren? Warum muß man ihnen persönliche Dinge abnehmen? Warum trifft man nicht einfach eine Vereinbarung mit ihnen? Dubiose Anbieter leben stets von der Überraschung. Nur durch Überrumpelung gelingt es ihnen, ihre Teilnehmer fügsam zu machen.

Weitere wichtige Fragen an einen Trainer sind: Inwieweit gehen Sie auf die individuellen Fragen und Probleme der Teilnehmer ein? Wie flexibel sind Sie in Ihrem Seminarablauf? Wann würden Sie ein Training abbrechen? Wie überprüfen Sie den Erfolg Ihres Trainings?

Personalverantwortliche sollten den Anbietern auch in punkto Ausbildung auf den Zahn fühlen. Es ist manchmal unfaßbar, wie leichtfertig Trainer eingekauft werden. Während jeder Lehrling auf Herz und Nieren geprüft wird, genügt bei einem Persönlichkeitstrainer oftmals der nichtssagende Hinweis auf »verschiedene Weiterbildungen in Methoden der humanistischen Psychologie«. Nicht selten verbirgt sich dahinter dann nur ein Wochenendkurs. Doch zum seriösen

Bioenergetik- oder NLP-Trainer wird man nicht in ein paar Tagen. Eine anerkannte Therapieausbildung dauert mehrere Jahre. Oftmals ist dafür sogar ein Psychologiestudium Voraussetzung. Personalverantwortliche sollten daher stets fragen, wo der Seminarleiter seine Ausbildung gemacht hat. Welcher Fachverband erkennt diese Ausbildung an? Umstrittene Trainer bieten oftmals auch ihre eigenen Ausbildungen an. Da bildet dann der gelernte Verkäufer mit psychologischer Schmalspurausbildung andere selbst zum psychologischen Berater aus. Viele umstrittene Anbieter kommen daher schon bei der Frage nach der Ausbildung ins Schleudern. Aber auch bei den Referenzen wird kräftig geschummelt; beeindruckende Referenzlisten erweisen sich nicht selten als falsch.

Letztlich sollte die Entscheidung, mit einem bestimmten Anbieter zu kooperieren, nie von einer Person abhängen. Denn die persönliche Erfahrung allein darf kein Maßstab sein. Die Gefahr der Verblendung ist zu groß.

Persönlichkeitsentwicklung kann man nicht verordnen. Jeder Versuch, Mitarbeiter zum Seminarbesuch zu zwingen, ist daher strikt abzulehnen. Das Problem dabei ist der subtile Druck. Was soll der einzelne Mitarbeiter tun, wenn alle seine Kollegen schon im Seminar waren und begeistert sind? Wie reagiert ein Manager, der von seinem Chef hört: »Also, Herr Müller, ich glaube, Sie müßten einmal etwas für Ihre Persönlichkeit tun. Vielleicht sollten Sie mal das Seminar XY besuchen?«

Darüber hat sich bereits der Managementguru Peter Drucker Gedanken gemacht. Selbst wenn Manager ganz offensichtlich die Wahl hätten, die Teilnahme an einem Psychoseminar abzulehnen, werden sie es kaum tun, da sie befürchten, das werde als Zeichen für mangelnde Loyalität interpretiert. Vehement spricht sich Drucker gegen die Verordnung von Psychoseminaren aus. Den Managern werde befohlen, an Seminaren teilzunehmen, deren Ziel die Veränderung der Persönlichkeit ist, nur weil irgend jemand behauptet, das sei gut für ihn selbst oder für das Unternehmen. »Vom Unternehmen angeordnete psychologische Seminare dieser Art sind ein Eingriff in die Privatsphäre, der bei keinem Unternehmen gerechtfertigt ist«, kritisiert Drucker. »Das ist moralisch unhaltbar.« Personalverantwortliche müssen sich diese Prozesse bewußtmachen. Auch subtiler Zwang ist Zwang.

Unternehmen, die sich ernsthaft gegen dubiose Anbieter schützen wollen, sollten Beschwerdemöglichkeiten einrichten, wo Mitarbeiter über ihre Erfahrungen und Erlebnisse berichten können – ohne irgendwelche Sanktionen befürchten zu müssen. Eventuelle Beschwerden sollten ernst genommen werden. Selbst wenn nur einer von zehn Mitarbeitern nach einem Seminar unter psychischen Problemen leidet, ist das bereits einer zuviel. Hier sollte vor allem auch der Betriebsrat aus seinem Dämmerschlaf aufwachen. Denn allzuoft haben sich Betriebsräte schon – sicher unwissend und unbeabsichtigt – zum Promoter dubioser Psychoseminare gemacht.

Manchmal sind es auch die Mitarbeiter selbst, die dubiose Psychoseminare im Unternehmen promoten. Sie waren privat auf einem entsprechenden Kurs und versuchen nun, auch ihre Kollegen dazu zu überreden. Oftmals entstehen dann richtige Netzwerke quer durch alle Abteilungen, und jede Kritik schweißt die »Erleuchteten« nur noch enger zusammen. Hier helfen nur behutsames Vorgehen und vor allem Aufklärung.

Hohe Dunkelziffer
Wie gefährlich sind Psychoseminare?

Wie ein Psychoseminar auf den einzelnen Menschen wirkt, läßt sich leider nicht vorhersagen. Was der eine gut findet, führt beim anderen zu ernsthaften Problemen. Menschen sind nun einmal unterschiedlich und reagieren völlig verschieden. Persönlichkeitstrainings, die mit den Methoden der mentalen Programmierung arbeiten und dabei gezielt das Selbstkonzept des einzelnen destabilisieren, bergen jedoch ein erhebliches Risiko. Wie viele Teilnehmer danach tatsächlich unter psychischen oder psychosomatischen Problemen leiden, ist nicht bekannt. Leider bleibt die Zahl der Opfer im dunkeln. Nur ab und zu gerät ein Fall an die Öffentlichkeit. Meist wird die Sache verschwiegen oder vertuscht. Es dürften jedoch weitaus mehr Menschen betroffen sein, als man sich vorstellt.

Belegt ist, daß es bei einigen Gruppen, wie etwa beim Landmark-Vorläufer EST und bei Lifespring, Todesfälle gegeben hat. Belegt ist ferner, daß zahlreiche Teilnehmer nach einem Psychokurs in der Psychiatrie landeten. Dokumentierte Fälle gibt es zum Beispiel beim Hoffman-Quadrinity-Prozeß. Dabei ist die Beweisführung jedoch stets äußerst schwierig. Denn begeht ein Teilnehmer nach dem Kurs zum Beispiel einen Selbstmordversuch, dann läßt sich kaum beweisen, ob der Kurs nun wirklich Ursache dafür war oder ob er nicht bereits vor dem Seminar unter psychischer Labilität litt. Darauf verweisen die Anbieter gern. Wenn es Probleme gibt, dann liegt es eben an der betroffenen Person. Kommt es tatsächlich zu einer Anklage, dann wird die Sache meist außergerichtlich erledigt. Die Geschädigten oder ihre Angehörigen bekommen eine entsprechende Summe als Schadenersatz. In der Regel herrscht danach Stillschweigen über die Vorgänge.

Dazu kommt, daß viele umstrittene Anbieter ihre Teilnehmer vorher einen Haftungsausschluß unterschreiben lassen. Voraussetzung für die Teilnahme bei Landmark war das Ausfüllen und Unterschreiben eines vierseitigen Fragebogens. Da steht dann zum Beispiel der schwerverständliche Satz: »Ich weiß von keinen Vorfällen in meiner Vergangenheit, die darauf hindeuten, daß ich eine psychische oder emotionale Störung oder ein wiederkehrendes und ungelöstes psychisches oder emotionales Problem habe. Weiterhin weiß ich von keinen wiederkehrenden physischen und psychischen Symptomen, die darauf hindeuten, daß ich nicht in der Lage sein sollte, die Arten von Aktivitäten zu bewältigen, die mir als Teilnehmer des Landmark-Forums beschrieben worden sind.« Da wohl jeder Mensch irgendein emotionales Problem mit sich herumschleppt, könnte eigentlich niemand guten Gewissens dieses Papier unterschreiben.

Doch es muß nicht gleich eine psychiatrische Entgleisung sein. Manche Teilnehmer haben erhebliche Probleme, das Erlebte einzuordnen. Sie sind verwirrt und verunsichert und können sich daher nicht mehr richtig konzentrieren. Andere leiden unter psychosomatischen Störungen wie Schlaflosigkeit oder Kopfschmerzen. Manche haben Angstzustände oder Atemstörungen durch unqualifiziert angewendete Rebirthing Übungen.

Doch nur die wenigsten äußern sich öffentlich über ihre Probleme. Denn für viele ist die Konfrontation mit den im Training erlebten intensiven Gefühlen neu und ungewohnt. Sie wissen nicht, wie sie damit umgehen sollen, und empfinden ihre Probleme oftmals als eigene Schwäche. Und welcher Manager setzt sich schon dem Verdacht aus, dem Seminar emotional nicht gewachsen zu sein? Dazu kommt häufig das Schweigegebot. Die Teilnehmer dürfen nicht über das Seminar reden. Sie können daher auch ihre Erlebnisse nicht mit »neutralen Personen« besprechen. Für so manchen ist es im nachhinein auch peinlich, wie er sich den Befehlen der Seminarleiter untergeordnet hat oder welche intimen Details er vor wildfremden Menschen preisgegeben hat.

Viele bleiben daher mit ihren Zweifeln allein. Andere versuchen, das Ganze so schnell wie möglich zu vergessen. Auf fachkundige Hilfe bei den Anbietern können sie in der Regel nicht setzen. Denn denen fehlt häufig eine entsprechende Ausbildung. So mancher landet daher nach dem Seminar beim Psychotherapeuten.

In den letzten Jahren stieß ich immer wieder auf Manager, die unter den Psychokursen in ihrem Unternehmen litten. »Nach jedem Seminar brauche ich erst einmal zwei Tage, bis ich mich wieder erholt habe«, erzählte mir ein Vertriebsmanager, in dessen Unternehmen ein dubioser Psychotrainer sein Unwesen trieb. Doch öffentlich darüber reden, das würde er niemals. Die Leidensfähigkeit vieler Manager scheint schier unbegrenzt zu sein. Natürlich ist es besonders schwer, wenn ein umstrittener Seminaranbieter bereits im Unternehmen fest etabliert ist oder gar die Unternehmensspitze auf seine Kurse schwört. Da bleibt dann für den einzelnen auf den ersten Blick tatsächlich nur die Möglichkeit, gute Miene zum bösen Spiel zu machen oder zu kündigen. Andernfalls läuft er Gefahr, Opfer einer Mobbingkampagne zu werden.

Das erlebte die Leiterin der Personalentwicklung in einem bekannten Unternehmen. Dort wurden Manager zu einem Persönlichkeitstraining geschickt, das ihr äußerst suspekt vorkam. Schließlich legte ihr Vorgesetzter ihr unmißständlich nahe, er erwarte, daß sie das Seminar auch besuche. Sie wehrte sich, und letztlich blieb ihr nur noch die Kündigung. Auch das ist kein Einzelfall. Am besten belegt ist dies im Fall des Autozulieferers Webasto, wo die Aktivitäten des Psychogurus Karlheinz Wolfgang einige Manager zur Kündigung veranlaßten (siehe Kapitel 8).

Für Außenstehende ist das oft nicht nachvollziehbar. Warum verbündet man sich nicht? Warum machen die Betroffenen nicht gemeinsam gegen den Psychoguru mobil? Warum durchbrechen sie nicht das vom Veranstalter auferlegte Schweigegebot und entlarven die bisweilen menschenverachtenden Methoden? Die Ursachen liegen oft in der durch die raffinierten Methoden erzeugte Angst. So sagte mir eine Mitarbeiterin einmal, sie könne doch nichts machen, denn alle im Unternehmen hätten Angst und seien mißtrauisch. Sie wage es nicht, jemanden anzusprechen, weil sie nicht wisse, ob er das dann gegen sie verwende. Diesen

Teufelskreis gilt es zu durchbrechen, auch wenn das nicht leicht ist.

Dazu kommen oftmals natürlich auch ganz handfeste materielle Zwänge. Schließlich muß die Familie ernährt und das Haus abbezahlt werden. Wer sich gegen die im Unternehmen hochgelobten Psychoseminare wehrt, riskiert seinen Job. Wer dann noch über 50 ist, der weiß genau, daß er schlechte Karten hat. Aber auch jüngere Manager, die bisher hervorragende Arbeit geleistet haben, mußten schon sehr bittere Erfahrungen machen. Jedesmal, wenn sie sich bewarben und dann beim alten Arbeitgeber nachgefragt wurde, bekamen sie eine Ablehnung. Schon die Tatsache, daß sie sich gegen die von ihrem alten Arbeitgeber verordneten Psychoseminare aufgelehnt hatten, disqualifiziert sie in den Augen vieler Personalchefs. Dabei sind das oft gerade die Mitarbeiter, die die Unternehmen dringend bräuchten. Denn sie haben bewiesen, daß sie Verantwortung übernehmen, und sie haben Zivilcourage gezeigt – eine Eigenschaft, die leider immer seltener zu finden ist.

So mancher Psychokurs-Geschädigte landete daher nach seiner Kündigung im sozialen Aus. Doch die Schicksale der Betroffenen interessieren niemanden. Das Unternehmen ist froh, daß es den Störenfried los ist, und der Psychotrainer kann seine skrupellosen Geschäfte unbehelligt weitertreiben.

Viele Teilnehmer fühlen sich allerdings keineswegs als Opfer. Sie schweben auf Wolke sieben und verlieren den Bezug zur Realität. Sie werden zu Opfern ihres eigenen Größenwahns. Sie kündigen von heute auf morgen ihren gutbezahlten Job, um sich selbständig zu machen. Sie trennen sich plötzlich von ihrem Ehepartner, weil sie nun erkannt haben, daß die Beziehung nicht ihren Vorstellungen entspricht. In den meisten Fällen dürfte das Seminar zwar nur Auslöser und nicht Ursache der Entscheidung sein, problematisch ist jedoch, daß viele in ihrer euphorischen Stimmung völlig unüberlegt handeln. Denn der Schritt in die Selbständigkeit sollte gut überlegt sein, und zu einer Trennung sollte auch eine intensive Auseinandersetzung mit dem Partner gehören.

Die wahren Opfer sind daher häufig die Partner oder Familien. Ehefrauen berichten, daß sich ihre Männer völlig verändert hätten. Nicht selten trennen sich die Erleuchteten von der Familie, um endlich frei zu sein und so zu leben, wie sie es wollen. Häufig finden sie ihren neuen Partner auch in der Gruppe oder in der Organisation. Denn das gemeinsame Seminarerlebnis verbindet: Schließlich ist man auf derselben Wellenlänge.

Auch Beziehungen zu Freunden werden oftmals abgebrochen, weil die sich kritisch äußern oder nicht bereit sind, das tolle Seminar selbst zu besuchen. Auch das ist einfach zu erklären. Wer total euphorisch ist, möchte sich schließlich seine Begeisterung nicht zerstören lassen.

Die Betroffenen telefonieren sich oftmals die Finger wund, um an Informationen über die Seminaranbieter zu kommen. Wenn sie Glück haben, bekommen sie von den Sektenberatungen ein paar Informationen. Doch häufig hilft ihnen niemand.

Leider wird das Thema auch in den Medien zu selten seriös behandelt. In ihrer Sensationsgier suchen vor allem die privaten TV-Sender nach Opfern. So rief mich im Juni 1997 eine Mitarbeiterin von *Focus TV* an. Ich sei ihr als Expertin für Psychoseminare empfohlen worden, erklärte sie. Aber sie habe noch gezögert, mich anzurufen, da ich ja Journalistin sei und sie daher nicht wisse, ob »wir da zusammenkommen«. Sie suche für einen Fernsehbeitrag Betroffene aus Psychoseminaren, sowohl von harmlosen Volkshochschulkursen als auch von härteren Trainings. Ich versuchte ihr zu erklären, daß man das Thema sehr vorsichtig angehen müsse. Schließlich fragte sie: »Was kostet denn bei Ihnen die Telefonnummer eines Opfers?« Ich war schockiert. Sie fragte nicht nach Opfern und bot an, diese dann auch eventuell finanziell zu entschädigen. Nein, sie wollte für die Vermittlung zahlen.

Deshalb auch die Bedenken, weil ich Journalistin bin. Ich erklärte ihr, daß ich keine Opfervermittlung bin. »Na ja, es hätte ja sein können, daß ich ein Opfer nicht mehr brauche«, sagte sie.

Äußerst unsensibel ging auch Emile Ratelband in einer Live-Radiosendung mit Opfern von Psychoseminaren um. Der niederländische Motivationsguru, der den Teilnehmern in seiner Power-Show einpeitscht, daß sie alles erreichen können, wenn sie nur wollen, avancierte 1997 zum Medienstar. Eine Hörerin schilderte dem Power-Trainer in der Sendung, wie sehr sie darunter litt, daß sich ihr Mann nach mehreren Persönlichkeitstrainings massiv verändert habe. Er sei zu einem Roboter geworden und habe sich von seiner Familie abgekapselt. Ratelband speiste die Frau mit den Worten ab: »Also, was können Sie machen, um Ihren Mann zu motivieren? Vielleicht mal eine kleine Unterhose kaufen oder ihm abends, wenn er nach Hause kommt, mal schön und sauber die Stiefel (Pantoffeln?) fertigmachen oder herrliches Essen kochen.« Die Anruferin erklärte, ihr Mann wolle sich scheiden lassen, und fragte, wie gefährlich Seminare sind, die Ehemännern einredeten, um der Karriere willen die Familie wie Ballast über Bord zu werfen. Ratelband antwortete: »Ihr Mann hat sich vielleicht verändert, und er möchte gerne eine richtige Frau haben und nicht eine emanzipierte Frau ... Ich habe immer geglaubt, die deutsche Frau kann gut Kuchen backen.« Selbst nach einem Ordnungsruf des Moderators fuhr Ratelband ungerührt fort: »Ihr Mann hat andere Ziele, und dann ist es vorbei.« Offensichtlich zeigte der Power-Trainer hier sein wahres Gesicht: Der einzelne Mensch interessiert ihn nicht. Was zählt, ist nur die Show.

Teil II

Ausgewählte
Beispiele

5
LANDMARK UND SEINE ABLEGER

Des Kaisers neue Kleider
Wie aus dem umstrittenen EST-Training Landmark Education wurde

Dienstag abend im Kongreßsaal eines großen Münchner Hotels. Etwa 300 Zuhörer lauschen den Ausführungen des Referenten von Landmark Education. Der schwärmt in höchsten Tönen vom »Forum«, ohne jedoch irgend etwas Konkretes zu sagen. Rund die Hälfte der Zuhörer hat gerade an der dreitägigen Veranstaltung teilgenommen und hängt verklärt an seinen Lippen. Immer wieder steht jemand auf und erzählt, wie phantastisch alles seit dem Ende des »Forums« vor zwei Tagen laufe. Probleme mit Freunden oder Eltern hätten sich aufgelöst, angeknackste Beziehungen seien auf einmal wieder glücklich, und die Arbeit mache wieder Spaß. Die andere Hälfte der Zuhörer ist mehr oder weniger verwirrt. Sie sind als Gäste auf Empfehlung eines Freundes oder Bekannten gekommen. Denn Landmark Education macht keine Werbung. Wer am »Forum« teilgenommen hat, wird meist automatisch zum begeisterten Werber. »Das hat mir einfach wahnsinnig viel gebracht«, schwärmt eine junge Frau. »Das ›Forum‹ kann man nicht beschreiben, das muß man einfach erleben.«

Auch die Broschüre hilft da nicht viel weiter. »Das Landmark-›Forum‹ bietet eine völlig andere Vorstellung dessen, was in unserem Leben möglich ist. Dieser Wandel, diese Transformation, ist das wesentliche Merkmal des Kurses«, heißt es dort. »Das Landmark-Forum führt Sie direkt an die Quelle des Erfolgs, der Freude und des Selbstausdrucks. Von nun an steuern Sie Ihre Effektivität, Ihre Kreativität, Ihre Vitalität und die Zufriedenheit mit Ihrem Leben selbst.« Und ein Landmark-Mitarbeiter erklärt: »Das Forum ist eine Untersuchung, was es heißt, Mensch zu sein.« Es gehe nicht um Psychologie, sondern um Philosophie. Denn Hintergrund sei die Ontologie, die philosophische Wissenschaft des Seienden.

Landmark Education bezeichnet sich als internationales Bildungsunternehmen. Kernstück seines vierteiligen »Curriculums des Lebens« ist das »Forum«, eine dreitägige Mammutsitzung mit bis zu 200 Teilnehmern, von Landmark selbst als »Achterbahn der Gefühle« beschrieben. Laut Internet (August 1997) hat Landmark weltweit 37 Büros. 1995 hatte man Einnahmen in Höhe von 38 Millionen Dollar. Weiter heißt es, seit seiner Einführung 1985 habe fast eine halbe Million Menschen am »Forum« teilgenommen. Das Curriculum werde in mehr als 100 Städten weltweit angeboten. Landmark biete zudem noch andere Programme, Workshops und Seminare an, an denen jährlich über 100 000 Menschen teilnehmen.

Was der Psychokonzern gern verschweigt, ist sein Ursprung. Denn Grundlage ist ein umstrittener Psychokult, der auf den Amerikaner Jack Rosenberg zurückgeht. Unter dem Namen Werner Erhard (Vorbilder für den neuen Namen sollen der Physiker Werner Heisenberg und der Politiker Ludwig Erhard gewesen sein) arbeitete sich der ehemalige Autoverkäufer zum erfolgreichen Verkäufer für Seelenheil empor. Er beschäftigte sich intensiv mit verschiedenen Psychotechniken und gründete 1971 das Erhard-Seminar-Training (EST). Bevor er sich selbständig machte, arbeitete er als Kursleiter bei Mind Dynamics (siehe Kapitel 3). Erhards Training ist ein Mix aus verschiedenen Richtungen der Philosophie, Psychologie und Esoterik. Dazu gehören die Motivationspsychologie, Hypnose, Zen, Gestalttherapie, Dale Carnegie, Silva Mind, Gesprächstherapie (Carl Rogers), Buddhismus und Scientology.

Die Bewunderung Erhards für Scientology wird dabei auch heute noch offen zugegeben. Das ist zumindest einem Newsletter der Forum Graduate Association Inc. (FGA), einer Vereinigung von Forum-Absolventen, im April/Mai 1996 zu entnehmen. Dort heißt es, daß Erhard 1969, also zwei Jahre bevor er EST gründete, Scientology kennenlernte. Er nahm an einem Kommunikationskurs teil und kam zu dem Schluß: »Der Kurs ist brillant.« Draufhin las er mehrere Bücher von L. Ron Hubbard und besuchte Kurse über fünf Scientology-Stufen. Bevor Erhard 1971 EST gründete, soll er sich überlegt haben, ob er ein profitorientiertes Unternehmen schafft oder eine Kirche (was natürlich erhebliche Steuervorteile gebracht hätte). Erhard entschied sich für ein Bildungsunternehmen, sonst gäbe es heute möglicherweise sogar eine EST-Kirche.

Die Einflüsse von Scientology auf das EST-Training müssen zumindest anfangs so stark gewesen sein, daß sie den Scientology-Gründer L. Ron Hubbard erzürnten. So berichtete die *Los Angeles Times* am 29. Dezember 1991, daß die Scientologen sogar einen Privatdetektiv gegen den unliebsamen Konkurrenten Werner Erhard eingesetzt hatten. 1976 soll Hubbard eine vierseitige Analyse über EST verfaßt haben und dabei zu der Überzeugung gekommen sein, daß EST im wesentlichen »Scientology bis 1954« entspricht. »Der Grund, warum sie nicht sagen können, warum es funktioniert, liegt darin, daß sie es nicht wagen, Scientology zu erwähnen«, wird Hubbard zitiert. Werner Erhard habe seinen Mitarbeitern womöglich erzählt, daß er diese Prozesse erfunden habe. Aber viele seiner Mitarbeiter hätten wissen müssen, daß es Scientology ist. Erhard stritt die Vorwürfe Hubbards natürlich ab.

Wie groß Erhards Faszination für die wirren Theorien des Science-fiction-Schreibers L. Ron Hubbard war, berichtet auch Steven Pressman in seinem Buch *Outrageous Betrayal*. Danach sollen Erhards Mitarbeiter Stunden damit verbracht haben, Scientology-Materialien zu durchforsten und in den EST-Jargon zu übersetzen. Denn obwohl Erhard angetan war von Hubbards Theorien und seine Mitarbeiter denselben tyrannischen Methoden wie Hubbard aussetzte, hatte er kein Interesse daran, zuzugeben, woher er seine Ideen hatte, schreibt Steven Pressman.

Erhard hatte offenbar ebenso wie Hubbard ein Faible für Science-fiction-Romane. So soll er sich bei dem Namen für sein Training von dem Science-fiction-Autor L. Clark Stevens und dessen Roman *est: The Steersman Handbook* inspiriert haben lassen. *Est* stand dabei für Electronic Social Transformation, und das Buch handelte von der Ankunft der *est*-Menschen, die danach strebten, die Gesellschaft zu transformieren.

Gemeinsam mit Hubbard hatte Erhard auch die Integration östlicher Ansätze in seine »Lehre«. So soll Hubbard Scientology einmal als »die erste funktionierende Organisation der östlichen Philosophie in der westlichen Welt« beschrieben haben. 1988 schrieb die *Los Angeles Times*, Erhard sei vermutlich der erste amerikanische Guru, der es verstanden habe, Alltagsphilosophien, östliche Religionen und die puritanische Arbeitsethik zu einer effektiven Motivationsmethode zu kombinieren. Ähnliches findet man auch im Newsletter der Forum Graduate Association im Februar/März 1997: »Werner Erhard verband den Osten und den Westen, indem er den Buddhismus mit dem westlichen Pragmatismus verband. Sein Ziel war nicht die Erleuchtung, sondern etwas Westlicheres, wie Vitalität und menschliches Potential.«

Ähnlichkeiten zwischen EST und Scientoloy waren also durchaus vorhanden. So wurde EST Anfang der achtziger Jahre in einem Buch mit Erhard-Vorwort so beschrieben: »Es ist Scientology ohne den Hokuspokus.«

Wie viele andere Gruppierungen schürte Erhard bei seinen Anhängern Allmachtsphantasien. Seine Grundthese war: »Du bist Gott in deinem Universum. Du hast es hervorgebracht.«

Damit wird das Opfer zum Täter, jegliche Verantwortung für andere wird abgelehnt. »Wer sich gefesselt auf den Schienen findet, wenn der Fünf-Uhr-zwanzig-Zug vorbeikommt, ist das Arschloch, das sich selbst da hingepackt hat«, erklärte damals ein EST-Trainer. Um zu diesem »Erleuchtungserlebnis« zu gelangen, wurden die rund 300 Teilnehmer bis zu 18 Stunden ohne ausreichende Pausen in einen Raum eingesperrt und einem ausgeklügelten psychischem Terrorsystem ausgesetzt, heißt es in einer Informationsschrift. Eine amerikanische Reporterin faßte ihre Erfahrungen so zusammen: »EST bringt uns bei, in einem totalitären System zu leben und zu funktionieren.«

Laut *Los Angeles Times* sollen bis 1988 rund 600000 Menschen weltweit am EST oder am »Forum«, wie das modifizierte Training ab 1985 hieß, teilgenommen haben. 300000 sollen weitere Erhard-Kurse besucht haben, wie sie vom Hunger-Projekt, dem Holiday-Projekt, der Breakthrough Foundation, der Werner Erhard Foundation und dem Education Network angeboten wurden.

Doch es kam auch Kritik an den rigiden Trainings auf. Einer der Hauptkritiker war das Cult Awareness Network (CAN). »Wir bezeichnen EST, das Forum und das Hunger-Projekt als destruktiven Kult«, sagte damals CAN-Direktorin Cynthia Kisser. Das Schädlichste an EST und am »Forum« sei, daß es ihnen gelinge, sich den Unternehmen und den einzelnen Kunden als Selbsterfahrungsprogramm zu verkaufen, doch in Wirklichkeit würden sie – ohne das Wissen und die Zustimmung der Teilnehmer – Methoden der Bewußtseinskontrolle anwenden. Dabei gab es offenbar auch immer wieder Fälle, bei denen Teilnehmer nach dem Training unter gesundheitlichen oder psychischen Schäden litten. Bereits 1983 ist es laut Steven Pressman zu einem Todesfall während des EST-Trainings gekommen. In einem von David Norris geleiteten Training starb ein Teilnehmer bei einer emotional belastenden Übung an Herzversagen. Nachdem Sanitäter den Toten aus dem

Raum getragen hatten, fuhr Norris mit dem Training fort. Einer der Teilnehmer soll sich daran erinnert haben, daß Norris jeden aufgefordert hat, über die Möglichkeit nachzudenken, daß der junge Mann seinen eigenen Tod auch selbst gewollt haben könnte. EST-Trainer David Norris war übrigens später auch bei Landmark Education aktiv und verfaßte 1994 eine fünfunddreißigseitige Selbstdarstellung von Landmark.

Nicht zuletzt aufgrund wachsender Kritik verschwand EST 1984 vom Markt und feierte als »Forum« in abgewandelter Form Auferstehung. Nicht nur das Training, auch die Organisation wechselte ihren Namen. Auf EST folgte Centers Network. Am Ziel änderte sich offenbar wenig. So schrieb ein Forum-Teilnehmer 1988 in der Zeitschrift *Psychologie Heute*: »Das Forum ist ein Versuch, mit psychologischen Techniken am Menschen zu verwirklichen, was in der Natur so kläglich scheitert: Die totale Kontrolle.« Autor Kai Werner schilderte, wie die Teilnehmer im »Forum« durch die strengen Regeln, den autoritären Ton und die langen Arbeitszeiten in einen ungewöhnlichen Erregungszustand versetzt wurden, der ihre Wahrnehmung erheblich beeinflußte. Er beschrieb auch, daß Erhard viele seiner seltsamen Wortschöpfungen von dem Philosophen Martin Heidegger übernommen hatte. Heidegger, so Kai Werner, sei bei der Machtergreifung Hitlers überzeugter Nationalsozialist und wohl trotz vordergründiger Reue bis zu seinem Lebensende dieser Gesinnung treu geblieben. Auszüge aus Heideggers Schriften weisen in der Tat Ähnlichkeiten mit Erhards verbalen Ergüssen auf. So schrieb er zum Beispiel: »Der Mensch ist ein Sein, dem es um sein eigenes Sein geht, denn die letzte unbedingte und sinnerfüllende Instanz ist sein eigenes Sein, seine Existenz ... Da das Sein noch nicht endgültig festgelegt ist, versteht sich der Mensch immer aus Möglichkeiten.«

Der Wortschatz des »Forums« bestehe aus wenigen Begriffen, die ein geschlossenes Netzwerk bildeten, schrieb Kai Werner. »Ein Jargon, wie ihn Werner Erhard von Heidegger übernommen hat, läßt bedeutungsschwanger Größe ahnen, besteht jedoch aus für beliebige Zwecke einsetzbaren Worthülsen, deren Bedeutung nur erspürt werden kann und die sich so jedem kritischen Zugriff entziehen.« Bei seiner Beurteilung des »Forums« kam der Autor zu dem Schluß: »Außer dem Gefühl, einer transformierten Elite anzugehören, ermöglicht das Forum den Zugang zu einer frühkindlichen Welt narzißtischer Omnipotenz-Phantasien, in der Wunder wieder möglich werden. Sie werden machbar – für den, der an Wunder glaubt!«

1991 geriet Erhard erneut in die Schußlinie. Enge Mitarbeiter klagten gegen seine autoritären Methoden, und seine Töchter warfen ihm sexuellen Mißbrauch vor. Dazu kamen Probleme mit den amerikanischen Steuerbehörden. Am 31. Januar 1991 verkaufte Erhard seine Anteile für drei Millionen Dollar an seine Mitarbeiter, die die Organisation in Landmark Education umbenannten. Landmark verpflichtete sich zudem, in den nächsten 18 Jahren bis zu 15 Millionen Dollar Lizenzgebühren an Erhard zu zahlen. Die Position des neuen Landmark-Chefs wurde kurz vor dem Verkauf mit Erhards Bruder und langjährigem EST-Begleiter Harry Rosenberg besetzt.

An den Kursen änderte sich offenbar nichts. Das ist zumindest einem Brief vom 16.7.1991 zu entnehmen, den die Schweizer Forum-Leiterin Anni Zollinger schrieb. Darin heißt es, daß Centers Network ab 8. Juli 1991 den neuen Namen Landmark Education erhält. »Das Programm, zu dem Sie sich angemeldet haben, hat sich in keiner Weise geändert«, schrieb Anni Zollinger.

In der Landmark-Selbstdarstellung von David Norris von 1994 heißt es dann: »Landmark ist keine Folgeorganisation von EST und Centers Network.« Werner Erhard sei weder am Eigentum noch am Management von Landmark Education beteiligt, aber Landmark habe von ihm die Rechte an dieser Technologie erworben und es sei diese Technologie, auf der Landmarks Arbeit basiere.

Auch die Rahmenbedingungen des Landmark-Forums ähneln noch immer stark dem EST-Training. Das »Forum« beginnt um 9 Uhr und endet teils erst nach Mitternacht. Eine längere »Essenspause« gibt es erst um 17.30 Uhr.

Weitgehend übernommen wurde auch der merkwürdige EST-Jargon. Schlüsselwörter sind dabei Transformation, Geworfensein, Durchbruch, Möglichkeit und Ontologie. Beliebt sind zudem die Adjektive außergewöhnlich, kraftvoll und exzellent.

Sektenbeauftragten sind die Landmark-Kurse schon lange ein Dorn im Auge. »Es geht nicht, nur damit zu experimentieren«, behauptet Ralf-Dietmar Mucha von der Aktion Psychokultgefahren e. V. in Düsseldorf. »Die Macht der Gruppe wird unterschätzt.« Und die Senatsverwaltung für Jugend und Familie in Berlin warnte: »Da die Kursinhalte ein geschlossenes System bilden, ist Kritik strukturell unmöglich und wird auf eine falsche Sichtweise reduziert.«

Wer am »Forum« teilnehmen will, muß zuvor ein vierseitiges Anmeldeformular ausfüllen. Damit befreit er den Veranstalter – ganz im Sinne Erhards – von jeglicher Veranwortung und verspricht, den Kurs nicht als Ersatz für eine Psychotherapie zu machen. Doch genau das ist die Falle. Denn häufig nützen gerade Menschen, die eigentlich eine Therapie bräuchten, das »Forum« als Therapieersatz. Was im »Forum« abläuft, beschreibt ein Teilnehmer so: »Beim Forum werden mit einfachen psychologischen Tricks erstaunliche Resultate im Verdrängen der eigenen Probleme erzielt. Die Teilnehmer sind erst einmal euphorisch, und wenn dann die alten Probleme wiederauftauchen, gehen sie eben wieder zu einem Landmark-Seminar.«

Anfang 1995 verfaßte Harry Rosenberg, »Chief Operating Officer« und Bruder Erhards, ein siebenseitiges Papier über die weltweiten Erfolge von Landmark. Danach haben 1994 weltweit mehr als 46 000 Menschen am »Forum« teilgenommen. Von Bombay bis Berlin, von Brasilien bis Boston haben Menschen 1994 Landmark-Veranstaltungen besucht. Dank großzügiger Spenden von Forum-Absolventen war es auch möglich, das »Forum« in Uganda, Kenia und Simbabwe anzubieten.

In den USA wird die Landmark-Philosophie bereits an zahlreichen Institutionen und Schulen verbreitet. 1994 hat es drei Forum-Veranstaltungen für die Polizeiakademie in Mexico City, ein »Forum« für eine politische Partei Mexikos und eines für UNICEF in Bangladesch gegeben, so das Schreiben von Rosenberg. Auch Maori, die neuseeländischen Ureinwohner, amerikanische Indianer in South Dakota und orthodoxe Juden in New York haben das »Forum« absolviert.

In Deutschland gibt es Büros in München und Frankfurt, ein weiteres in Berlin war geplant. Das »Forum« kostet 850 Mark. Die Einnahmen (immerhin – bei 200 Teilnehmern – 170000 Mark pro »Forum«) fließen nach Aussagen von Landmark-Mitarbeitern in die Verwaltung und werden für die Durchführung von Programmen in Entwicklungsländern verwendet. Recht verbreitet ist das »Forum« in Studentenkreisen. So sorgte 1995 das Landmark-Engagement einer Professorin an der Technischen Universität in Weihenstephan bei München für Wirbel. Inzwischen sind weitere Fälle bekannt, in denen Professoren für Landmark werben, darunter die Professorin einer Hochschule in Stuttgart.

Daß Landmark bisher im verborgenen wirken konnte, liegt daran, daß sich nur wenige Forum-Teilnehmer als Opfer fühlen. Meist ist es die Umwelt, die radikale Persönlichkeitsveränderungen beklagt. So wenden sich meist Partner, Freunde, Kollegen oder Familienangehörige von Landmark-Teilnehmern an die Beratungsstellen. Häufig ist dabei die Rede von einem aufgesetztem Selbstwertgefühl und von der Unmöglichkeit, zu kommunizieren und an den anderen heranzukommen. »Die durch Landmark zur angeblichen Freiheit geführten Kursteilnehmer werden von ihrer Umgebung eher als egoistisch, maskenhaft und unansprechbar bezeichnet«, schrieb die Schweizer Sektenberatungsstelle Infosekta 1994.

Über das »Forum« selbst heißt es in der Infosekta-Informationsbroschüre: Landmark betone zwar, seine Kurse seien keine Psychologie, sondern Ontologie. Im »Forum« werde jedoch zuweilen »ein populistisches Konzept zwischenmenschlicher Beziehungen vertreten«. So kämen therapeutische Versatzstücke aus der humanistischen Psychologie und dem Konstruktivismus auf eine zum Teil problematische Weise zur Anwendung. In den Marathonsitzungen werde versucht, die Teilnehmer in bezug auf ihre Person und Identität grundlegend zu verunsichern. In diese Lücke der (produzierten oder künstlich verstärkten) Verunsicherung springe nun Landmark mit seinem Erklärungsmodell für zwischenmenschliche Konflikte. Einen nicht unwesentlichen Teil zu dieser Verunsicherung trage das Umdefinieren bekannter Begriffe bei. Wer mit der Interpretation, welche die Forumsleitung für das dargelegte Problem vorbringt, nicht einverstanden sei oder sie nicht gleich verstehe, der sehe sich häufig plötzlich vor der Alternative, entweder als dumm oder trotzig dazustehen oder aber sich anzupassen. Dabei scheint Landmark in der Schweiz recht aktiv zu sein. So betrafen die meisten Anfragen bei der Sektenberatung Infosekta 1995 und 1996 den Psychokonzern Landmark Education.

In Deutschland wurde 1995 eine Frau nach dem Besuch eines Landmark-Forums in die Psychiatrie eingeliefert. Zur Diagnose heißt es: »Es handelt sich um eine akute psychotische Störung, die sich innerhalb von drei Tagen rasch entwickelte. Im Vordergrund stand ein affektives Zustandsbild mit intensiven Glücksgefühlen und Ekstase bis Angstzuständen und Reizbarkeit. Anlaß dafür war eine emotionale Belastung mit ausgeprägten Schlafstörungen.«

Für 1997 hatte Landmark Education Großes vor. So heißt es auf einem Informationsblatt zu den Zielen: »Das Revolutionieren und Neudefinieren von Bildung und Training durch

Durchbruchsdenken. Den Weg bahnen für eine Welt der Möglichkeit, Transformation und Außergewöhnlichkeit. Ein höchst wirksames Angebot für Bildung und Entfaltung.« Es folgen die üblichen verqueren Aussagen: »Wir laden Sie ein, an dieser Welt von Möglichkeit teilzunehmen und an ihr mitzuwirken – eine Möglichkeit jenseits dessen, was vorhersagbar ist, jenseits dessen, was die Umstände zulassen würden, einer Möglichkeit, größer als wir selbst. Wir laden Sie ein, an einer kraftvollen Methode des Handelns teilzunehmen, einer Methode, die über das Individuelle hinausgeht, einer Methode, die an sich transformierend ist ... Wir versprechen, eine Ausbildung zu entwerfen und zur Verfügung zu stellen, die nicht bloß Wissen vermittelt, sondern vielmehr die eigentliche Natur dessen verändert, was im Menschsein möglich ist.«

Doch nicht alles lief 1997 so, wie Landmark es sich wünschte. Der Deutsche Taschenbuch Verlag veröffentlichte ein Buch über die Erfahrungen des Studenten Martin Lell mit dem »Forum«, das er gemeinsam mit einem Freund besucht hatte. Bis zu 15 Stunden pro Tag hatte er den verwirrenden Ausführungen der Forumsleiterin und den teilweise erschütternden Beichten der Teilnehmer zugehört. Nach dem Forum war er begeistert. Er sah Landmark als neue, erlösende Weltreligion und wollte jeden, den er kannte, zur Teilnahme am Forum überreden. Doch einen Tag später erlitt er einen psychischen Zusammenbruch. In seinem Buch *Das Forum – Protokoll einer Gehirnwäsche – Der Psychokonzern Landmark Education* beschreibt Martin Lell, wie er – zermürbt von den langen Sitzungen – kritiklos den Befehlen der Forumsleiterin gehorcht, wie schleichend und subtil seine Identität aufgelöst wird, wie er gierig die neuen Heilsbotschaften aufsaugt und schließlich glaubt, ihm gehöre die Welt.

Landmark versuchte, das Erscheinen des Buches zu verhindern, und klagte gegen den Buchtitel. Doch der Psychokonzern bekam eine massive Abfuhr. Das Gericht bewertete den Titel als Meinungsäußerung. Wenn sich Landmark dadurch in seiner Existenz bedroht sehe, solle man sich überlegen, ob man unbedingt in einem Land tätig werden müsse, in dem Artikel 5 Grundgesetz (Meinungsfreiheit) gilt.

Doch das Geschäft mit dem Crashkurs »Forum« floriert weiter, und Landmark hat längst weltweit Freunde. Das reicht von Professoren über Psychotherapeuten und Lehrer bis hin zu Richtern und Geistlichen verschiedener Konfessionen. Schützenhilfe bekommt Landmark auch von Psychiatern und Psychologen, die – vermutlich für entsprechende Honorare – positive Gutachten über den Psychokonzern verfassen.

Lobeshymnen kommen auch aus Israel. Da erklärt ein juristischer Berater des israelischen Parlaments im April 1996, daß das Forum nichts mit einem Kult und Gehirnwäsche zu tun habe und daß er jedem Menschen und speziell den Erfolgreichen das Forum empfehle. Bemerkenswert sind auch die Ausführungen eines amerikanischen Richters in Washington. Er schreibt 1996, er habe auf Anfrage der südafrikanischen Regierung an der Ausarbeitung der neuen Verfassung des Landes mitgewirkt. Er sei davon überzeugt, daß es den Südafrikanern bei der Bewältigung ihrer Probleme helfen würde, wenn man ihnen das Landmark-Programm zugänglich machte. Er arbeite daher mit dem Management von Landmark Education daran, das zu verwirklichen.

Um die Verbreitung des Forums in aller Welt kümmert sich auch die Forum Graduate Association (FGA), die organisatorisch unabhängig von Landmark ist. 1997 startete man daher das Bosnien-Friedensprojekt. Dabei wurde Geld gesammelt, um Bosnier nach Washington zu fliegen, damit sie dort das Forum besuchen können. Langfristig will man natürlich das Forum auch nach Bosnien bringen. Die Projektleiter hätten bereits Verbindungen zur bosnischen Führung.

So ganz scheint sich auch Werner Erhard noch nicht von Landmark zurückgezogen zu haben. So berichtet der FGA-Newsletter im Juni 1996 über Hinweise, daß Landmark vor einigen Monaten von Beratern einschließlich Werner Erhard

138

Ratschläge zum Thema Kundenorientierung bekommen habe. Offenbar gab es zahlreiche Beschwerden. Doch da steckt Landmark im Dilemma. Wie kann ein Unternehmen kundenorientiert sein, wenn es Beschwerden grundsätzlich als falsch bezeichnet? Schließlich ist doch jeder selbst schuld an dem, was ihm widerfährt.

Landmark-Fans können hoffen. So enthüllt ein FGA-Newsletter 1997, Werner Erhard habe in einem Interview gesagt, daß er sich in der nächsten Phase seines Lebens dem Schreiben widmen und seine Arbeit gedruckt oder sogar elektronisch zugänglich machen wolle. Das wäre natürlich der ultimative Durchbruch: Werners ontologische Worthülsen im Cyberspace!

Die Zukunft erfinden
Landmark erobert die Unternehmen

Washington im Mai 1997. Die American Society for Training & Development (ASTD) – mit mehr als 64 000 Mitgliedern in über 100 Ländern der größte Verband im Bereich Human Resource Management – hatte zu ihrem Jahreskongreß geladen, und 12 700 Personalmanager aus aller Welt kamen, um sich über die neuesten Trends im Training und in der Personalentwicklung zu informieren. Zu den Unternehmen, die in Washington ihre Weiterbildungskonzepte und Trainingsansätze präsentierten, gehörte auch der Sportschuhhersteller Reebok. »Das Management hört auf uns: Wir sagen Ihnen, warum, und wir zeigen Ihnen, wie«, lautete das Thema der Präsentation. Mehrere hundert Teilnehmer lauschten den Ausführungen von Kirk Dixon und seinen Kollegen. Am Ende gab es rauschenden Beifall. Ein Zuhörer fragte, ob Reebok denn bei der Veränderung seiner Unternehmenskultur auch mit externen Beratern zusammengearbeitet hat. Er müsse gestehen, sagte Trainingsdirektor Kirk Dixon, daß Reebok das alles nur geschafft habe, weil man eng mit einem ausgezeichneten Change-Management-Spezialisten zusammengearbeitet habe, und das sei die Firma Landmark Education in San Francisco.

Auch die Zeitschrift *Corporate University Review* berichtete in ihrer Ausgabe Mai/Juni 1997 elf Seiten lang über den neuen Trainingsansatz bei Reebok. Anfang der neunziger Jahre geriet das erfolgsverwöhnte Unternehmen ins Straucheln. Die Verkäufe stagnierten, die Kosten explodierten. Dann entschied man sich zu einer dramatischen Kulturveränderung. Dazu wurde 1995 zunächst ein Team aus 82 Mitarbeitern gebildet. Ihm gehörten Topmanager ebenso wie internationale Repräsentanten und einfache Mitarbeiter an. Aufgabe des Teams war es, mit »Hilfe der Change-Experten Landmark Education aus San Francisco« ein »neues Reebok« zu schaffen. Unter der Bezeichnung »Reebok 2001« wurden ein neues Unternehmensleitbild, eine neue Vision und eine neue Strategie entwickelt.

Gemeinsam mit Landmark schufen Topmanager und Trainingsmanager Dixon ein dreieinhalbtägiges Team Leadership Program, das den Mitarbeitern helfen sollte, die Ideen und Verhaltensweisen der Vergangenheit aufzugeben und die »Zukunft zu umarmen«. Es habe eine Menge Blockaden gegeben, die neue Vision zu akzeptieren, sagte Reebok-Manager Andy Burtis. Im Training gehe es darum, diese zu entfernen. Obwohl die Teilnahme an dem Programm freiwillig war, haben in den vergangenen zwei Jahren 650 Teamleiter teilgenommen.

Die Vorliebe für den umstrittenen Psychokonzern hat bei Reebok bereits lange Tradition. Laut einem Artikel im amerikanischen Magazin *Fortune* im September 1995 war Chairman and Executive Officer Paul Fireman bereits ein Bewunderer des EST-Trainings, also des Vorläufers des heutigen Landmark-Forums. Fireman empfahl seinen Managern, am Forum teilzunehmen, und ehemalige Reebok-Manager berichteten von der Polarisierung der Mitarbeiter in EST-Fans und -Kritiker. Wichtige Mitarbeiter oder sogar Topmanager sollen manchmal so lange von wichtigen Strategiesitzungen ausgeschlossen worden sein, bis sie die EST-Methoden und -Sichtweisen angenommen hatten. Eifrige EST-Anhänger formten eine Art Subkultur mit ihren eigenen Einstellungen und ihrem eigenen Jargon. Inzwischen hat Fireman die Landmark-Philosophie offiziell im Unternehmen verankert. »Reebok ist stolz darauf, mit Landmark zusammenzuarbeiten und sie als Partner in den Projekten zu haben, die wir für wesentlich für unseren künftigen Erfolg als globale Marke Reebok halten«, schrieb Fireman im März 1996.

Unterschrieben hat einen Trainingsvertrag mit Reebok 1994 im übrigen Steve Zaffron, Trainer of Research, Training and Development bei Landmark Education Design and Development Inc. Zaffron war bereits für Werner Erhard als EST-Trainer tätig und dabei sogar Chef der Forum-Leiter. Vor seiner Karriere als EST-Trainer war Zaffron wie Werner Erhard Verkäufer und wurde damals wegen Betrugs zu drei Jahren auf Bewährung verurteilt.

»Im Jahr 2001 werden wir den Fitneß- und Sportsektor revolutionieren«, zitierte die *Süddeutsche Zeitung* im August 1997 den neuen Europa-Chef von Reebok, Roger Best. Die Vergangenheit, so die *Süddeutsche Zeitung*, sei dagegen weniger glorreich gewesen. Reebok hatte in den letzten Jahren gegen die Konkurrenten Nike und Adidas Marktanteile eingebüßt. Weiter heißt es, daß die amerikanische Zentrale die Zügel bei ihren Tochtergesellschaften nun anziehen wolle. »Wir haben uns in den letzten zwei Jahren überlegt, was wir eigentlich sein wollen«, sagte Best. Man wolle »eine der am meisten bewunderten und respektierten Firmen in der Welt« sein, die sich durch »explosive Kreativität und Innovation« auszeichnet. Ob das mit Landmark gelingt, bleibt abzuwarten.

Auch die Magma Copper Company hat sich von Landmark beraten und ihre Mitarbeiter an Seminaren teilnehmen lassen. Laut einem Landmark-Papier wurde 1994 die gesamte Unternehmenskultur des Kupferminen- und Hüttenkonzerns in Arizona entsprechend der »Landmark-Technologie« umgekrempelt. Vizepräsident Robert P. Mueller bestätigte im November 1995 die Zusammenarbeit mit Landmark. Man habe Landmark 1993 engagiert, um einen Durchbruch in der Fähigkeit der Mitarbeiter zu erreichen, produktiv zusammenzuarbeiten und eine außergewöhnliche Unternehmenskultur zu schaffen. Bevor man Landmark beauftragte, habe man einige negative Dinge gehört, die sich jedoch nicht bestätigt hätten. Landmark sei kein Psychokult und betreibe auch keinerlei Bewußtseinskontrolle. 3500 der 5000 Mitarbeiter aller Hierarchiestufen hätten an den Programmen teilgenommen, und jeder sei begeistert gewesen. Einige hätten das Landmark-Forum sogar ihren Familien und Freunden empfohlen. Aufgrund der außerordentlichen Erfolge habe Magma Copper Landmark zahlreichen anderen großen Industrieunternehmen empfohlen. Man habe so großen Respekt vor Landmark, daß man gemeinsam mit Landmark und einer großen Consulting-Firma die Industrial Transformation Inc. (IT) gegründet habe. Zu den IT-Kunden gehöre bereits ein großer amerikanischer Stromversorger.

Im Dezember 1995 übernahm Australiens größter Rohstoff- und Industriekonzern Broken Hill Proprietary Company Limited (BHP) für 2,4 Milliarden Dollar den zweitgrößten Kupferproduzenten der Welt. BHP übernahm dabei auch die enormen Schulden von Magma im dreistelligen Millionenbereich. Nach der Übernahme gründete man die neue BHP Copper Group. Leiter wurde der bisherige Präsident und Chief Executive Officer von Magma Copper, J. Burgess Winter. Der schwärmte 1995 von der »völlig anderen Managementtechnologie« und den Durchbrüchen, die weit über das hinausging, was traditionelle Managementformen erreichen könnten. Es sei eine Technologie, die eine Organisation von einer erfundenen Zukunft aus betrachte. Magma habe eine »vergangenheitsfreie Vision für die Zukunft geschaffen«. »Es wird interessant sein, ob Winters Managementinnovation auch Einfluß bei BHP gewinnt«, schrieb die australische Zeitung *The Australian* Anfang 1996. »Die Zeichen deuten darauf hin.«

Noch im Juli 1996 bestätigte Robert P. Mueller, nun Vice President Internal Development bei BHP in Arizona, die enge Zusammenarbeit mit Landmark. Ob inzwischen der gesamte größte australische Industriekonzern auf den umstrittenen Psychokonzern setzt, ist nicht bekannt. Zumindest behauptet Landmark auch noch 1997, weiter mit BHP zusammenzuarbeiten.

Auch beim angeschlagenen Computerkonzern Apple war Landmark aktiv, wenn man den von Landmark in einem Gerichtsprozeß vorgelegten Briefen glaubt. So unterzeichnete Apple im August 1995 einen Trainingsauftrag mit der Education Performance Incorporated (EPI), offenbar einer Unterorganisation von Landmark. Denn EPI hat nicht nur dieselbe Adresse, sondern auch dieselbe Faxnummer wie Landmark. An dem viereinhalbtägigen Kurs in Kalifornien sollten bis zu 100 Mitarbeiter teilnehmen. Dafür sollte Apple 85 000 Dollar zahlen. Jeder zusätzliche Teilnehmer kostete 600 Dollar. Auch die Exxon Baytown Refinery in Texas beauftragte EPI 1995, ein dreieinhalbtägiges Training für bis zu 125 Mitarbeiter durchzuführen, und sollte dafür 60 000 Dollar zahlen. EPI war zudem für die UNICEF in Dakka, Bangladesch, tätig. Für das Programm »Die Zukunft erfinden« sollte UNICEF für bis zu 70 Teilnehmer 9000 Dollar zahlen.

In einer Selbstdarstellung von 1994 behauptet Landmark, mit etwa 50 Unternehmen zusammengearbeitet zu haben. Allein in den USA würden mindestens 200 Unternehmen ihren Mitarbeitern die Teilnahme an Landmark-Kursen ganz oder teilweise bezahlen.

143

Über eine offizielle Zusammenarbeit von Landmark mit einem Unternehmen in Deutschland ist bisher nichts bekannt. Allerdings soll es einige kleinere Unternehmen geben, deren Chefs begeistert von den Kursen sind und ihre Mitarbeiter dorthin schicken. Auch Mitarbeiter einer großen internationalen Unternehmensberatung wurden zum Forum geschickt.

Landmark lebt fast ausschließlich von Mundpropaganda, und viele Landmark-Fans werben auch im Kollegenkreis nahezu unermüdlich für die Kurse. Ist daher erst einmal ein Mitarbeiter »infiziert«, dann breitet sich die Landmark-Philosophie oftmals schnell aus. Es entsteht eine Art »Subkultur« im Unternehmen, und so mancher »Erleuchtete« versucht sogar, auch Kunden und Geschäftspartner für die Veranstaltungen des umstrittenen Psychokonzerns zu gewinnen.

Schleichwege in die Wirtschaft
Transtech und Co.

Im November 1987 erschien im amerikanischen Magazin *Fortune* unter dem Titel *Trying to bend Managers' Mind* ein Artikel über die zunehmende Verbreitung von Psychogurus und Psychokulten in den Unternehmen. So hatte EST-Gründer Werner Erhard schon 1984 die Managementberatung Transformational Technologies Inc. gegründet. Laut *Fortune* wurde das Unternehmen von seinem Freund und EST-Absolventen James C. Selman, einem früheren Partner des Beratungsunternehmens Touche Ross, geführt. 1986 sollen bereits 58 kleinere Beratungsunternehmen von Transformational Technologies eine Lizenz erhalten haben, Erhards »Technologie« verwenden zu dürfen. So gelangten die Methoden des umstrittenen Psychogurus in Dutzende von *Fortune-500*-Unternehmen. Zu den Kunden dieser Berater sollen laut *Fortune* Sears, IBM, Boeing,

Lockheed und die Federal Aviation Administration (FAA) gehört haben. Die Flugaufsichtsbehörde kam 1995 unter Beschuß, als bekannt wurde, daß dort jahrelang ein Trainer mit EST-ähnlichen Methoden aktiv war (siehe Kapitel 4).

Auch Margaret Singer geht in ihrem 1997 erschienenen Buch *Sekten* auf Transformational Technologies oder kurz Transtech ein. In einer Werbebroschüre werde Transtech als »ein Netzwerk unabhängiger professioneller Firmen der Unternehmensberatung« beschrieben, die einen »Durchbruch im Bereich der Organisation und des Managements« herbeiführten und dafür eine »formalisierte Befragungsmethode entwickelt« hätten. In der Broschüre sei dann von Leistung, Produktivität und proaktivem Verhalten die Rede. Themen des Trainingsprogramms seien Organisationskultur, Verantwortlichkeit und Teamarbeit. Weiter kläre die Broschüre auf, daß Zusammenbrüche notwendig für Durchbrüche seien, schreibt Singer. Die Teilnehmer würden »alle Zusammenbrüche als Interpretationen« erkennen und aus den Zusammenbrüchen Kraft schöpfen und so fähig werden, »neue Lösungswege in Betracht zu ziehen«. Es gehe um die Offenlegung der »tieferen Strukturen des Denkens und der Wahrnehmung«, die das Handeln des Menschen bestimmen. »Gehört das an den Arbeitsplatz?« fragt die Expertin für Psychokulte und -sekten völlig zu Recht.

Laut Singer verfügt Transtech über ein Netzwerk von Zweigorganisationen in 38 US-Städten, zudem in Schweden, Westindien und Kanada. Laut Broschüre zählen zu den Kunden die Firmen AT&T, Eli Lilly, Ford Motor, General Electric (GE), McDonald's, Procter & Gamble, Touche Ross, Westinghouse sowie sechs Abteilungen der US-Regierung.

Das amerikanische Magazin *Boston Business* berichtet im Februar/März 1990 ebenfalls über die Managementberatung Transformational Technologies. Ihr Ziel sei es, den Unternehmen zu einem effektiveren Management zu verhelfen, indem sie die Topmanager dabei unterstütze, ihre natürlichen kreativen Fähigkeiten zu nutzen und außerhalb der existierenden Paradigmen zu denken und zu handeln. Die Beratung behauptete laut *Boston Business*, daß zu ihren Kunden 25 der *Fortune-100*-Unternehmen der USA gehören und daß ihr achtwöchiges Programm »Executive Excellence« bereits Topmanager der größten Unternehmen aus aller Welt angezogen hat.

Ein Programm mit dem Namen Executive Excellence Program (EEP) gibt es noch heute. Es wird von einer »Generative Leadership Group« in New Jersey angeboten, dauert ein Jahr und besteht aus vier viertägigen Seminaren und einem begleitenden Coaching während der Pausen. Im Internet heißt es, das EEP richte sich an die Entwicklung von generativem Management und an das Design von neuen Zukünften.

Das EEP sei für Topmanager mit wesentlicher organisatorischer oder finanzieller Verantwortung gedacht und ziele darauf, ihre Effektivität als Führungskraft zu erhöhen. Es vermittele eine einzigartige Managementmethode, um Durchbrüche in der Geschwindigkeit zu erreichen, was das Vollenden von Ergebnissen, die Einführung neuer Produkte und die Leitung von wichtigen Veränderungsbemühungen angeht. Zu den Kunden gehören u. a. (Internet Juli 1997): Allgemeiner Wirtschaftsdienst, American Express, BP, Deutsche Amphibolin Werke, Digital Equipment, DT Bad Kissingen (Dentalhandels- und Produktions GmbH), Lilly Deutschland mbH, Magma Copper Company, NCR Corporation, United States Postal Service, Volkswagen AG, Volvo Aero AG, Wer liefert was GmbH, Zentrale Fortbildung für Programmitarbeiter ARD/ZDF.

Weiter heißt es, die Generative Leadership Group sei eine Managementberatung, die ihre Kunden dabei unterstütze, eine Zukunft zu schaffen, die sie wünschen. Sie ist tätig in Nord- und Südamerika, Europa sowie im Mittleren und Fernen Osten und arbeitet mit Unternehmen, Regierungen, Non-Profit-Organisationen, Bildungseinrichtungen und Produktions- und Serviceorganisationen zusammen. Gelobt werden die Einzigartigkeit des Programms und die unvorhersehbaren Durchbrüche.

Das Programm soll erstmals 1985 durchgeführt worden sein. 500 Manager aus den verschiedensten Branchen sollen daran teilgenommen haben. Es dauerte 40 Tage und kostete 40 000 Dollar. 1991 wurde das Programm grundlegend überarbeitet. Es dauert jetzt 20 Tage und kostet 25 000 Dollar.

Die Methode basiere auf der Macht der Sprache. Durch Sprache könne man Dinge schaffen. Man könne sein altes Paradigma loslassen und sein neues erfinden. Das Material stamme aus Linguistik, Ontologie, Managementtheorie und Physik, und die Methode sei in 20 Jahren erarbeitet worden. Auch wenn der Name EST oder Landmark nicht fällt, deutet doch einiges darauf hin, daß hier durchaus Zusammenhänge mit Erhards »Philosophie« bestanden oder sogar noch bestehen.

Im Januar 1995 verkündete Harry Rosenberg, Chief Operating Officer von Landmark, man habe gemeinsam mit dem Bergbauunternchmen Magma Copper und einer Management-Consultingfirma ein neues Unternehmen mit dem Namen Industrial Transformation gegründet. Ziel sei es, die Tranformation in andere Unternehmen zu bringen.

Verblüffende Ähnlichkeiten mit den Denkansätzen von Erhard findet man auch bei der Amerikanerin Tracy Goss, deren Buch *Das Re-Invention-Zukunftsprogramm für außergewöhnliche Karrieren und mutige Entscheidungen* 1997 im Metropolitan Verlag erschien. Tracy Goss, so heißt es im Klappentext, ist Expertin auf dem Gebiet des Manager-Coachings, berät Führungskräfte und Topmanager namhafter Unternehmen (z. B. Ciba-Geigy und Paramount Pictures) in Europa und den USA und ist eine weltweit gefragte Referentin zum Thema »Unternehmens- und Manager-Neu-Erfindung«. Sie ist Mitbegründerin des »Leadership Center for Re-Invention«. Im Internet ist sie allerdings unter dem »Center for Executive Re-Invention« in Austin, Texas, zu finden. Dort werden als weitere Kunden genannt: IBM, EuropCar, Chase Manhattan Bank und Reebok (der Sportschuhhersteller bekennt sich offen zu seiner Kooperation mit Landmark Education). Ausgangspunkt, so heißt es im Buch von Tracy Goss, sei die »individuelle, persönliche Re-Invention, die Fähigkeit, sich selbst neu zu definieren«. »In sieben klar voneinander abgegrenzten Veränderungsphasen können Sie sich selbst neu erfinden, indem Sie Ihre Vergangenheit, Gegenwart und Zukunft sowie Ihren Umgang mit Risikoentscheidungen, mit Erfolg und Spitzenleistung neu definieren.« Weiter heißt es: »Beim Re-Invention-Training gehen wir auf eine Art ontologische Reise.« Es geht um »die Grundbedingungen des Menschseins«, das universell-menschliche Paradigma, das Erfinden einer unmöglichen Zukunft und immer wieder um Martin Heidegger (auch Erhard berief sich auf den Philosophen).

Dem auch nur etwas im Landmark-Denken geschulten Leser kommt daher so manches bekannt vor, und es bedarf keiner großen Phantasie, um Werner Erhard als wesentliche Quelle für die Weisheiten von Tracy Goss zu entlarven. So heißt es auch in dem Artikel *Watch out for Change Busters* in dem US-Magazin *Government Executive* im Juli 1996: »Das Konzept ›Transformational Leadership‹, wie es von Goss präsentiert wird, kommt aus der Arbeit von Werner Erhard.«

Der deutschen Presse fiel das nicht auf. Das Marketingblatt *Horizont* bezeichnete das Buch als »anregende Lektüre«. Nur die *Welt am Sonntag* kürte das Buch zum »Verriß des Monats«. Sie schrieb: »Die Autorin empfiehlt in tausendfach gewendeten Worthülsen auf 312 Seiten im Grunde etwas sehr Banales: daß sich nämlich Führungskräfte hin und wieder selbst hinterfragen und neu erfinden sollten. Für diese brave Botschaft wird ein wirres Repertoire aus soziologischen, psychologischen und philosophischen Phrasen und Versatzstücken zusammengestoppelt, das den Leser mehr verwirrt und ratlos zurückläßt, als ihm einen echten Erkenntnisgewinn zu bringen.« Die Persönlichkeitsberaterin plaziere ihre schrägen Gedanken irgendwo zwischen Heidegger und Heilsarmee.

Die dräuende Wolke der Vergangenheit
Der Erhard-Schüler Michael Walleczek

Informationsabend zum dreitägigen Seminar Dialog-Management von Walleczek & Partner im Februar 1995. 17 Teilnehmer sind in das Hotel in Aschheim bei München gekommen. Darunter vier Mitarbeiter eines Automobilkonzerns, ein Geschäftsführer eines Unternehmens in Mindelheim, zwei Manager eines großen Computerunternehmens, ein Personalberater mit vier Büros in Deutschland, eine freie Trainerin, eine Mitarbeiterin bei einem Luft- und Raumfahrtunternehmen und ein Trainer bei Pro-Action Associates in San Francisco (»Wir machen seit 1977 Outdoor-Trainings, und unsere Arbeit läuft parallel zur Arbeit von Michael«).

Bei der Vorstellungsrunde wird deutlich, daß die meisten schon an einem oder mehreren Seminaren teilgenommen haben. »Ich kenne die Arbeit von Herrn Walleczek schon lange und möchte, daß jetzt alle meine Mitarbeiter an den Seminaren teilnehmen«, erzählt der Personalberater. »Es ist einfach so toll, wieder hierherzukommen«, schwärmt die Mitarbeiterin aus dem Luftfahrtunternehmen. »Das Seminar hat uns geholfen, eine Vision zu entwickeln, und nächste Woche präsentieren wir dem Vorstand unsere Vision.«

Dann beginnt Michael Walleczek mit seinen Ausführungen. Er mache nur zwei offene Seminare im Jahr, der Rest werde firmenintern durchgeführt. »Ich bin schon mein ganzes Leben Unternehmer«, erzählt der Österreicher. Seine Aufgabe sehe er darin, eine Unternehmenskultur zu schaffen, in der die Mitarbeiter unternehmerisch tätig werden. Er habe sein Studium in der philosophischen Disziplin der Ontologie nachgeholt, und dabei sei es ein Privileg für ihn gewesen, mit so führenden zeitgenössischen Denkern wie Werner Erhard zusammenarbeiten zu dürfen. Daraus habe er dann seine eigene Technologie entwickelt. Zu seinen Kunden gehörten

BMW, Dasa, Siemens und Escada (»sehr, sehr intensive Zusammenarbeit«). In seinen Seminaren säßen ausschließlich erfolgreiche Menschen. Die Teilnehmerzahl liege im Durchschnitt bei 50 Personen. Das dreitägige Seminar kostet 1800 Mark plus Mehrwertsteuer.

»Es braucht ein völlig neues Denken«, führt er weiter aus. Der Schlüssel dafür liege in der Sprache. »Alles, was wir wollen, sind Ergebnisse. Was eine Möglichkeit nicht erlaubt, ist eine Wolke der Vergangenheit, und wir wollen die dräuende Wolke der Vergangenheit aus der Zukunft nehmen.« In seinen Seminaren präsentiere er drei Tage »rigorose Denkmodelle«. Die Arbeit bestehe aus einem »Dialog in Form einer Untersuchung«. Er biete »Modelle, die so entworfen sind, daß sie etwas Neues erlauben«. Dabei gehe es um »die ontologische Architektur des Menschseins«, also um »den ontologischen Entwurf, wie der Mensch von seinem Sein entworfen ist«. Denn jeder Mensch sei ontologisch gleich. Was passiere, sei ein Durchbruch in Denken und Effektivität. Das Dialog-Management sei etwas für Menschen, die bereit sind für Neues, die schon erfolgreich sind und noch mehr wollen.

Der unbedarfte Zuhörer kann mit diesem merkwürdigen Gefasel wenig anfangen. Da helfen auch Gespräche mit Walleczek-Erfahrenen in der Pause nicht weiter. »Das war das Beste, was ich je gemacht habe, das war der Kick«, schwärmt die Mitarbeiterin des Luftfahrtunternehmens mit verklärtem Blick. Was dort genau passiert ist, kann sie nicht sagen. »Da müssen Sie selbst hingehen. Das ist eben Ontologie.«

Auch die Broschüre bringt nicht viel weiter. Da heißt es: »Ein neuer Dialog zwischen Managern und Mitarbeitern ist gefordert, der den Menschen in den Mittelpunkt stellt, die kollektive kreative Intelligenz im Unternehmen freisetzt und zu raschem, entschlossenem Handeln führt.« Durch die Arbeit mit der Sprache würden die Grenzen des Denkens aufgedeckt. Transformation, ein »fundamentaler Sprung im Denken«, trete ein und schaffe eine neue Wahrnehmung der Wirklichkeit.

Auch die Angaben zu den Quellen von Walleczeks Weisheiten sind dürftig. Da steht, er verbinde eine dreißigjährige praktische Erfahrung als Unternehmer mit der Erfahrung aus seiner direkten Arbeit mit weit über 10000 Führungskräften in seinen Bildungsprogrammen. »Seit über 20 Jahren setzt sich Michael Walleczek für persönliche Transformation und die Transformation von Unternehmen ein. Er entwickelte daraus die Methode Dialog-Management.« Dafür erfährt der verwirrte Interessent, daß Walleczek 1966 erfolgreichster europäischer Rennfahrer in der Formel V war, verheiratet ist und drei Kinder hat.

Der Blick auf die beigelegten Referenzen zeigt, daß Walleczek offenbar bereits erfolgreich dabei war, selbst renommierte Unternehmen von seinem ontologischen Geschwafel zu überzeugen. So sagte Gerry Zühlke, Zühlke Engineering AG in Zürich: »Wir haben jetzt bereits einen Durchbruch im Dialog, in der Kommunikation im Unternehmen.« Martin Kerscher, CEO Nike Eastern Europe in Wien, weiß: »Dialog-Management hat uns eine eindeutige Effektivitätssteigerng gebracht.« Und Stephanie Wrede, Leiterin Human Resource bei der Escada AG in München, schwärmt: »Die Arbeit mit Dialog-Management hat bei Escada viel in konstruktive Bewegung gebracht. Führungskräfte und Mitarbeiter setzen mit Eigeninitiative neue Möglichkeiten um, die dem Unternehmen neue Impulse geben.« 1991 bot Escada seinen Mitarbeitern den dreitägigen Kurs »Präsentieren, verhandeln, gewinnen« mit Michael Walleczek an. In der Seminarbeschreibung heißt es: »Der Kurs erlaubt Ihnen, Ihre eigene Spontaneität, Kreativität und natürliches Charisma zu entfalten.« Es werde eine Ausdrucksweise vorgestellt, die »volle Kreativität erlaubt und Ergebnisse ermöglicht, weit über dem, was jeder einzelne zu Beginn erwartet«.

Wolfgang Piller, damals Leiter der Unternehmensentwicklung und heute Vorstand der Daimler-Benz Aerospace in Ottobrunn, berichtet von der Realisierung der beiden Projekte »German Aerospace Vision 2010« und »New Strategy Process for German Aerospace«. Die Dasa bestätigte im Dezember 1995, daß Walleczek von Anfang bis Mitte 1994 zwei Workshops im Bereich Unternehmensentwicklung durchgeführt hat. Danach sei er nicht mehr für die Dasa tätig gewesen. Auch bei BMW hielt Walleczek einen Workshop ab, dann war die Zusammenarbeit beendet. Möglicherweise haben sich inzwischen auch die anderen Unternehmen von Walleczek getrennt.

Aus seinem Sekretariat in Kitzbühel heißt es Ende 1995, er sei derzeit zu 80 Prozent in England tätig und betreue dort große Organisationen wie die Industrial Society, die Dachorganisation der Industrie, und eine große Baufirma. In den Niederlanden betreue er das große Chemieunternehmen DSM. Die Geschäfte liefen gut. Für 1996 sei er bereits zu 90 Prozent ausgebucht.

Wer ist nun Michael Walleczek? Aufschluß dazu gibt ein dreiseitiger Lebenslauf aus dem Jahre 1995. Er wurde am 29.7.1940 in Kitzbühel in Österreich geboren. Nach dem Besuch des Gymnasiums arbeitete er bereits als Neunzehnjähriger im elterlichen Textilunternehmen mit. 1961 gründete er das Unternehmen KIBEK in Kitzbühel. 1968 erwarb er die Sportalm, fusionierte beide Unternehmen und machte sie zu Marktführern in der Trachten- und Sportbekleidung. 1976 baute er das Modevertriebsunternehmen Michael Walleczek, Mode & Sport GmbH auf.

Doch der Ex-Rennfahrer verkaufte nicht nur Trachten, er war auch für den umstrittenen Psychokonzern EST tätig, der sich später Centers Network nannte und heute unter dem Namen Landmark Education firmiert. So heißt es im Lebenslauf: »1973 bis heute: Über 20jähriges Studium der Ontologie. Zusammenarbeit mit zeitgenössischen Denkern Fernando

Flores, Werner Erhard, Tim Galway, Michael McMaster, Michael Rothschild und Howard Sherman. Gründungsmitglied der Praxis Group und enge Zusammenarbeit mit dem Santa Fe Institute, New Mexico, zur Erforschung der Regeln komplexer adaptiver Systeme.« Demnach stieß Walleczek offenbar bereits in den Anfangsjahren von EST zu den umstrittenen Psychotrainings von Erhard. 1991 schreibt er: »7 Jahre Mitglied der Fakultät der Forumleiter, eines Instituts für Erwachsenenbildung in San Francisco, USA.« Auch im Lebenslauf von 1995 bestätigt er, daß er für den umstrittenen Psychokonzern tätig war. Da heißt es: »1981-1988: Parallel dazu Aufbau und Geschäftsführung von Centers Network GmbH, Deutschland, eines Instituts für Erwachsenenbildung, mit Büros in München, Frankfurt, Hamburg und Zürich. 1978-1988: Weiterbildung und Entwicklung von Tausenden Führungskräften in Deutschland, Schweiz, Österreich, Holland, Italien, Schweden, England, USA, Kanada und Indien.«

1990 gründete er dann die Walleczek & Partner GmbH und fungiert dort als Geschäftsführer. Dabei handele es sich um ein Unternehmen, das sich »mit seinen Bildungsprogrammen für die Erreichung nicht-linearer Ergebnisse in Organisationen, für die Transformation von Unternehmenskultur und die Entwicklung von Führungskräften einsetzt«. Über seine Aktivitäten von 1994 bis 1995 schreibt er: »Einsatz in ökologischen Projekten und in der chemischen Industrie zur Meisterung herausfordernder Umweltprojekte. Arbeit mit führenden europäischen Unternehmen wie BMW, Daimler-Benz Aerospace, DSM, Escada, Nike, Siemens, The Industrial Society, zur Erreichung nicht-linearer Ergebnisse und zur Schaffung neuer Strategien.«

Außerordentlich umfangreich stellt er sein soziales Engagement dar: Das reicht von der Hilfsaktion nach einer Erdbebenkatastrophe in Italien, Hilfstransporten nach Sarajevo, Kursen für die Studentenorganisation AIESEC und der Unterstützung zweier Hilfsgruppen bei ihrer Arbeit mit Aids-Patien-

153

ten bis zur »Unterstützung der Arbeit von Nelson Mandela und des ANC« in Südafrika durch die Entwicklung spezieller Ausbildungsprogramme für Mitglieder bislang »unterprivilegierter ethnischer Gruppen«. Die Programme sollten sie zur Übernahme von Führungspositionen befähigen.

Bemerkenswert sind die Veranstaltung »einer europäischen Konferenz zur Beendigung von Welthunger« im Jahr 1980 und der Aufbau einer entsprechenden Initiative in Europa. Dabei dürfte es sich um den EST-Ableger Hunger-Projekt handeln.

In einer Kursbeschreibung von 1991 heißt es: »Wir setzen uns dafür ein, mit gezielten Ausbildungsprogrammen Durchbruchsergebnisse und Spitzenleistungen in Organisationen möglich zu machen.« Und weiter: »Durch den Einsatz von Sprache als Handlungsinstrument erwerben die Teilnehmer die Fertigkeit, im Dialog mit anderen Menschen große Vorhaben einfach, schnell und mit Leichtigkeit zu erfüllen.« Wenn das nicht verlockend klingt …

Ungeahnte Dimensionen
LifeCoaching und Kontext

Zum Landmark-Umfeld dürfte auch LifeCoaching Craemer & Team GmbH & Co. in Bielefeld gehören. Auf der Internet-Homepage behauptet der Seminaranbieter, die Teilnahme an seinen Programmen garantiere einen Durchbruch in der Erfüllung der beruflichen und persönlichen Vision vom Leben. Weiter heißt es: »Die LifeCoaching-Methode setzt dort an, wo andere Seminare aufhören: Sie erlangen die Fähigkeit, umfassend zu bestimmen, mit welcher Qualität Sie Ihr Leben und Ihre Beziehungen gestalten wollen.« Im Laufe der letzten zehn Jahre sollen mehr als 3000 Menschen »ganz enormen Nutzen« aus den Programmen gezogen haben. Die Seminare werden auch firmenintern durchgeführt.

Interessant sind die Angaben zur Person. Maria B. Craemer ist Diplom-Psychologin, Firmengründerin und LifeCoach (was auch immer das ist!). Zum inhaltlichen und methodischen Hintergrund heißt es lediglich:»Seit 1981 Studium der Ontologie, u. a. 3 Jahre in den USA.« Stephan G. Craemer ist Musiker und Soziologe, Firmenmitbegründer und studiert ebenfalls seit 1981 Ontologie, davon 3 Jahre in den USA.

Bei der Frage, wo man denn Ontologie studieren könne, antwortete ein LifeCoaching-Mitarbeiter, daß Ontologie nur als Überschrift für die gesamten Trainings und Ausbildungen zu sehen sei. Zu den Wurzeln von LifeCoaching gehöre auch Landmark.

Dabei betreibt LifeCoaching recht aktives Marketing. Einige Wochen nachdem ich schriftliche Unterlagen angefordert hatte, kommt ein Anruf: Ob ich mich denn schon entschieden hätte? Bei der Frage nach den Ursprüngen von LifeCoaching mußte die Mitarbeiterin passen. Frau Craemer habe an mehreren Instituten in den USA gearbeitet; Näheres wisse sie nicht. Was es mit der Ontologie auf sich habe, könne sie nicht beantworten. In dem dreitägigen Power-Training mit 50 bis 60 Teilnehmern gehe es um die eigene Identität und den Elternprozeß. Das sei eben ein Power-Training, das funktioniere. Mit Landmark habe es nichts zu tun.

»Kontextuelle Trainings für ein erfülltes, kraftvolles und außergewöhnliches Leben«, heißt es auf dem Informationsblatt. Die Angaben zum Training sind das übliche Geschwafel. Zum Grundkurs heißt es:»*Das! Training* ist für alle, die ihre Lebensqualität und Intensität steigern wollen.« Es bringe mit einer »erfrischenden Mischung aus profunden Einsichten und handfesten Veränderungsprozessen neue Farbe« ins Leben. »Sie werden entscheiden, in welcher Realität Sie leben wollen und welche Denk- und Verhaltensmuster für Sie förderlich sind … Passen Sie Ihre Träume nicht mehr den äußeren Umständen an, sondern schaffen Sie die Umstände, in denen Sie Ihre Träume realisieren können.« Das Training dauert ebenso wie das Landmark-Forum drei Tage und einen Abend; es kostet 795 Mark.

Weiter gibt es Kurse zu den Themen Beziehung und Geld, ein dreiteiliges Kommunikationstraining für 2875 Mark sowie ein Fünf-Tage-Training, ebenfalls für 2875 Mark. Dort kann man dann »Erfahrungen machen, die jenseits des Vorhersehbaren und Berechenbaren liegen«.

Neben den Kursen von LifeCoaching bietet das Ehepaar Craemer auch noch spezielle Kurse für Unternehmen an. Sie werden von der Abteilung BusinessCoaching durchgeführt. BusinessCoaching ist ebenso wie LifeCoaching eine Abteilung der CoachingAkademie. Deuten die Angaben zu LifeCoaching noch relativ offensichtlich auf Ähnlichkeiten mit Landmark hin, so sind die Angebote beim BusinessCoaching wesentlich unauffälliger.

»Wir richten uns an Unternehmen, die den Unternehmenserfolg als fortwährende Herausforderung und andauernden Lernprozeß verstehen«, heißt es in den Ausführungen. Das Angebot bestehe darin, daß die Mitarbeiter sich des eigenen Potentials bewußt werden und lernen, nicht mehr passives Opfer der Umstände zu sein, sondern als eigener Regisseur zu agieren. Die Mitarbeiter sähen veränderte Situationen nicht mehr als Bedrohung, sondern als Herausforderung.

Neben Vorträgen, Seminaren und persönlichem Coaching gibt es auch Outdoor-Aktivitäten und kontinuierliche Supervision. Bei den Angaben zur Person fehlt diesmal die Ontologie. Dafür heißt es nun: »Studium und Praxis bei der Consulting Service Group in San Francisco.« Maria Craemer verfügt demnach über eine Ausbildung in rational-emotiver Therapie, ist seit 1986 Trainerin und Erfolgscoach und hält Vorträge in Banken, Versicherungen, Krankenhäusern und anderen öffentlichen Institutionen. Stephan Craemer hat den Schwerpunkt »Consulting zur Reduzierung des Krankheitsstandes«. Die CoachingAcademie unterhält Büros in Bielefeld und Berlin.

In Berlin ist auch die Schwester von Maria Craemer tätig. Reinhild Drögsler ist Geschäftsführerin der Kontext Management- und Dienstleistungs GmbH und bietet dort »äußerst fragwürdige« Psychokurse an, wie die Berliner Stadtzeitung *TIP* herausfand.

Zum »theoretischen Hintergrund« verkündet Drögsler, es gebe eine Haltung, aus der sich alle Probleme und mangelnder Erfolg im Leben ableiten ließen. Wo Reinhild Drögsler und ihr Mann Ekkehard Drögsler ihre Weisheiten herhaben, ließ sich nicht ermitteln. Laut *TIP* gibt es bereits eine Aussteigergruppe, die sich regelmäßig trifft, um ihre Probleme mit den Kontext-Seminaren aufzuarbeiten. Dabei hätten sich einige hoffnungslos verschuldet, weil sie ihr gesamtes Geld für Kontext-Kurse ausgegeben haben. So kostet der Kurs »Love and Success« stolze 5865 Mark. In der Seminaranmeldung heißt es: »Die Teilnahme am Seminar setzt Veränderungsbereitschaft in Richtung auf die angestrebten Ziele, den Mut zu Konsequenzen und den Willen zur Konfrontation voraus.« Nicht teilnehmen dürfen merkwürdigerweise Scientologen. Zum Angebot gehört neben den Kursen »Abenteuer Beziehung« und »Herausforderung Beruf« auch eine »Aus- und Weiterbildung für Seminarleiter und Führungskräfte« für 30000 Mark. Den Absolventen dieser »Trainerausbildung« werden dann, so schreibt *TIP*, weltweite Firmengründungen versprochen. Kontext erwirkte eine Gegendarstellung gegen *TIP*. Darin heißt es: »Es wird behauptet, in einem internen Papier ›kontext coconet‹ verspreche die Kontext GmbH den Absolventen der Seminare weltweite Firmengründungen, von Banken bis Skischule, unter dem Logo ›by World‹. Diese Behauptung ist falsch. Die Kontext GmbH hat niemals ein solches Papier verfaßt, auch nicht intern.«

Abgesehen davon, daß Zeitungen aufgrund des Landespressegesetzes verpflichtet sind, Gegendarstellungen unabhängig von deren Wahrheitsgehalt abzudrucken, kommt der aufmerksame Leser ins Zweifeln. Denn bestritten wird nicht das

Versprechen, sondern lediglich, daß es dazu ein internes Papier gibt.

Überhaupt scheint Kontext recht klagefreudig zu sein. Gegen die Zeitschrift *Joy*, die kritisch über Kontext berichtet hatte, erwirkte man eine einstweilige Verfügung, gegen die *Berliner Morgenpost* eine Gegendarstellung.

In einem Brief von Kontext vom 25. September 1997 heißt es: »Seit Frühjahr 1996 wird die Arbeit der Kontext Seminar GmbH durch die Aktivitäten einer von ehemaligen Kunden gegründeten ›Selbsthilfegruppe‹ massiv beeinträchtigt.« Da stellt sich die Frage, warum Teilnehmer eine solche Selbsthilfegruppe gründen. Doch wohl kaum, weil sie von den Seminaren so begeistert sind.

Es gab aber auch eine Kooperation von Kontext mit Life-Coaching. So heißt es in dem LifeCoaching-Prospekt beim Seminar »Liebe & Erfolg«: »Wird durch die mit uns in Kooperation verbundene Kontext Management- und Dienstleistungs GmbH, Berlin, durchgeführt. Kontext hat dieses Training auch entwickelt.« 1997 wurde das Seminar offenbar aus dem Angebot gestrichen. Die Passage wurde überklebt.

6
MIT FÜNF PAAR SOCKEN
GEGEN BLOCKADEN
DAS BLOCK-TRAINING

»Vergessen Sie, was Sie über Seminare wissen, und erleben Sie das Abenteuer, das *Der Block* Ihnen vermittelt«, lockt die Broschüre. »Mehr als 7000 Menschen haben sich schon auf das Abenteuer Block-Training eingelassen. Alle haben davon profitiert ... Es gibt nur einen Weg zu mehr Lebensenergie, und der führt durch die Blockaden. Diesen Weg trainiert der Block. In vielen Übungen. In harter Arbeit. In schmerzvollen Prozessen.«

Die Referenzliste liest sich wie das Who's who der deutschen Wirtschaft: ADAC, Berliner Bank, Bertelsmann, BMW, Hewlett Packard, Hypobank, Mercedes-Benz, Nestlé, Philip Morris, Rabobank, Reemtsma, Versicherungskammer Bayern, Volkswagen, Westdeutsche Landesbank. Und Wolfgang Schoch, Geschäftsführer der Klinge Pharma GmbH, wird mit den Worten zitiert: »Das Block-Training war für mich wegen seines radikalen Ansatzes und der konsequenten Durchführung eine äußerst positive Erfahrung.«

Das Geschäft blüht. Allein für 1997 waren 66 Termine angesetzt. 1993 waren es erst 43. Wer vom Unternehmen zu Block geschickt wird, zahlt 3300 Mark, Privatpersonen 2880 Mark. Das sind bei 15 Teilnehmern pro Gruppe immerhin jährliche Einnahmen in Höhe von 3,26 Millionen Mark. Unkosten fallen dabei kaum an: Die Trainings finden im angeblich eigenen Seminarhaus in Österreich statt; die Verpflegung ist eher dürftig; selbst für das Kloputzen sind die Teilnehmer selbst verantwortlich.

Dazu kommen die Block-2-Kurse. 1997 wurden 14 Termine angeboten. Kosten: 3180 Mark für Firmen, 2700 Mark für Privatpersonen. Das »logische Aufbauseminar« wird von dem Psychotherapeuten Wolfgang Merz geleitet. Im Gegensatz zu Block 1 gehe Block 2 psychische Blockaden »auf anderem Wege, nämlich über den Körper, an«. Mit Übungen, die überwiegend aus der Bioenergetik stammten, würden die Blockaden direkt »über den Körper zum Unterbewußtsein« angegangen. »Die Befreiung des Körpers und der Psyche von diesen Spannungen und damit die Befreiung der durch das Unterbewußtsein gefesselten Energien« bewirke u. a. ein »konstruktives Umgehen-Können mit Überforderungssituationen«. Block 2 biete viel, aber es verlange auch viel. Dieses Seminar erfordere ganzen Einsatz.

Damit dürfte es sich bei Block um das erfolgreichste Psychotraining für Manager in Deutschland handeln. Block rühmt sich, viele Topmanager und Vorstände trainiert zu haben, und Block hat oder hatte viele einflußreiche Freunde: So findet man in der Hauszeitung *Die Meile – Forum für Freunde des Block* im Januar 1994 einen Bericht über eine Block-Tagung. Darin tauchen mit Foto auf: Ex-Bundesbank-Präsident Karl Otto Pöhl, Konrad Schily, Rektor der Privatuniversität Witten-Herdecke, der damalige Treuhand-Vorstand Horst Föhr (heute Personalvorstand der Deutschen Bahn), der Reemtsma-Vorstand Wulf Schulemann und der Wirtschaftsjournalist Dieter Weber. In der *Meile* sind auch Fotos von der glücklichen »Block-Familie«, darunter ein Foto von zwei lächelnden Frauen mit der Bildunterschrift: »Mutter und Tochter – aufgeblüht in vielen Block-Assistenzen«. Denn wer das Training absolviert hat, kann sich auch als Assistent betätigen, wozu dann zum Beispiel das Austeilen und Einsammeln der zahlreichen Fragebögen gehört.

Erfinder des Block-Trainings ist Walter Kauffmann. Über ihn heißt es: Diplomvolkswirt, Gründer und Gesellschafter der Block-Trainings GmbH; Vertriebschef beim Otto-Versand; Generalmanager multinationaler Firmen; zuletzt Director of Market Development Europe bei SC Johnson wax. Und weiter: »Psychologische Weiterbildung in den USA und Deutschland (u. a. Psychosynthese, Humanistische Psychologie, Gestaltpsychologie). 1981 zusammen mit Erika Humbert Gründung des eigenen Unternehmens und erfolgreiche Durchsetzung des Block-Trainings.«

Etwas mehr über den Ursprung des Trainings enthüllt ein überaus positiver Artikel in der Zeitschrift *Absatzwirtschaft* vom Oktober 1983. Dort heißt es: »Kauffmann hat die Arbeit an Themen der Bewußtseins-Psychologie und Persönlichkeits-Entwicklung jetzt zu seinem Lebensinhalt gemacht. In den USA traf er mit Randy Revell zusammen, dort einer der bekanntesten Schöpfer von Trainingsmethoden zur Erhöhung der menschlichen Effektivität. Sein Training *The Wall* ist in den USA eine der erfolgreichsten Trainingsmethoden überhaupt. Kauffmann paßte das Revell-Training unter dem Namen *Der Block* den europäischen Verhältnissen an.«

Das ist das einzige Mal, daß Randy Revell auftaucht. Warum bezieht sich Kauffmann nicht mehr auf ihn, wenn er doch angeblich so erfolgreich ist? In einem Telefonat bestätigte Kauffmann 1996 nochmals, daß er das Seminar von Randy Revell – »einem der erfolgreichsten Trainer in den USA« – auf deutsche Verhältnisse übertragen hat. Doch woher Revell seine Weisheiten hat, verrät er nicht.

Von Anfang an umgab das Block-Training eine Aura des Geheimnisvollen. Denn über das, was dort passiert, wurde nicht geredet. Ob die Teilnehmer nun mehr oder weniger freiwillig schwiegen oder ob es ein regelrechtes Schweigegebot gab, ist umstritten. Während die einen in höchsten Tönen von dem Training schwärmten, waren andere geschockt. Immer wieder tauchte der Verdacht auf, Block sei so etwas wie eine Art Mini-EST (das umstrittene EST-Training wurde 1971 von Werner Erhard erfunden und firmiert heute in abgewandelter Form unter Landmark-Forum). Doch die Beweise fehlten.

Erst im Februar 1997 löst sich das Rätsel: William R. Revell sei Gründer und Präsident der Firma Context Associated in San Francisco, schreibt Walter Kauffmann. »Revell dürfte einer der erfolgreichsten und besten Trainings-Designer der Welt sein. Er hat mehr als 20 Jahre Erfahrung als selbständiger Trainings-Unternehmer auf dem Feld Verbesserung, Steigerung der beruflichen und persönlichen Effektivität. Seit etwa 20/22 Jahren laufen seine Trainings *The Wall* und *Pursuit of Excellence*. Beide Trainings habe ich in den USA kennengelernt ... In seinen Trainings gibt es keinerlei Dogmatismus, da werden keine Teilnehmer indoktriniert oder in irgendeine Richtung beeinflußt ... Es gibt bei Revell, dessen bin ich mir sicher, auch keinen Gruppenzusammenhang oder irgendwelche Abhängigkeiten ehemaliger Teilnehmer«, schreibt Kauffmann.

Kauffmann betont, daß er viele Trainings, Schulungen, Therapiegruppen im In- und Ausland kennengelernt habe, bevor er sein eigenes Seminar entwickelte. »Die beiden Seminare von Randy Revell sind dabei absolut weit an der qualitativen Spitze.« Deshalb habe er eine Kooperation mit Revell angestrebt. Da sich die Gespräche jedoch länger hinzogen, habe er dann lediglich »einige Übungen, Trainings-Segmente ausgetauscht«. Revell, so Kauffmann weiter, habe mit Sicherheit nichts mit Scientology zu tun gehabt, »weil deren abwegige Ideen absolut konträr zu den Ideen und der inneren Haltung von Revell laufen«. In den USA habe er vor vielen Jahren das Gerücht gehört, daß Revell früher einmal etwas mit dem EST-Training zu tun gehabt habe. Revell habe jedoch dessen Tendenz abgelehnt und dann »fern von deren Ideen seine ganz eigenen Trainings entwickelt«.

Schon die Formulierung, Revell sei einer der erfolgreichsten und besten Trainings-Designer der Welt, dürfte jeden Kenner der Trainingsszene stutzig machen. Entscheidend ist jedoch die Frage: Ist Kauffmann wirklich so ahnungslos? Zumindest fällt es schwer zu glauben, daß er die Ursprünge von Revells Weisheit trotz seiner »teils lang dauernden US-Aufenthalte« nicht kennt.

Denn selbst auf der Homepage von Context Associated im Internet gibt Revell freimütig Auskunft. Revell begann als »Instructor« bei Mind Dynamics, deren Trainings nicht nur umstritten (siehe Kapitel 3), sondern auch der Ursprung für Werner Erhards EST waren. Neben EST entstand 1974 eine Art Schwesterorganisation mit dem Namen Lifespring (siehe ebenfalls Kapitel 3). Auch Lifespring war und ist äußerst umstritten. Einer der Mitbegründer war Randy Revell. Dabei war er sowohl für das Design als auch für die Durchführung verschiedener Kurse zuständig. 1978 verließ er Lifespring und gründete Context Associated.

Revell war Captain bei der US Air Force, war im Bereich »Electronic Intelligence« für die US National Security Agency in Maryland tätig. 1968 zog er nach San Francisco und arbeitete im Investmentbereich sowie auf dem Gebiet der Mathematik und Kommunikation. In seiner Selbstdarstellung steht nichts über irgendwelche anderen psychologischen Weiterbildungen. Seine Weisheit dürfte daher im wesentlichen auf seinen Erfahrungen bei Mind Dynamics und Lifespring beruhen.

Die Beschreibungen seiner Seminare sind wie üblich schwammig. Zum Grundkurs *Pursuit of Excellence* (zwei Abende und ein Wochenende) heißt es, es sei ein stimulierender ergebnisorientierter Kurs, der darauf vorbereite, den nächsten Schritt im Leben mit Exzellenz zu meistern. Man habe die Gelegenheit, seine selbstbeschränkenden Einstellungen, Gewohnheiten und Verhaltensmuster anzuschauen, unterschiedliche Sichtweisen zu untersuchen und herauszufinden, ob diese effektiver für einen sind.

Zum Training *The Wall* (drei Abende und ein Wochenende) heißt es: Sie entwickeln ein persönliches Statement, was Erfolg für Sie bedeutet. Dieses Statement beinhaltet alle Elemente, die Sie brauchen, um ständig wachsende Erfüllung und Erfolg zu erfahren. Sie werden viele Ihrer inneren Konflikte lösen, indem Sie Ihre Blockaden und Stoppunkte identifizieren. Kein Wort verliert Revell über die Methoden.

Im Januar 1996 schreibt Revell darüber, wie wichtig es ist, für sein Leben verantwortlich zu sein. Eine der Konsequenzen davon sei es, alle Ereignisse zu akzeptieren und sie voll zu erleben. Das sei natürlich schwierig, wenn man sie negativ bewerte. Aber wenn man die Verantwortung übernimmt, sei man schließlich gezwungen, mitzumachen.

Die Ähnlichkeiten mit der Lifespring-Philosophie dürften kein Zufall sein. Ebensowenig zufällig dürften die Ähnlichkeiten von Revells Seminaren mit Block sein. So betonte auch Block-Geschäftsführer Hans-Christian Döring: »Die Teilnehmer sollen lernen, Unabänderlichkeiten zu akzeptieren, um damit leben zu können.«

Merkwürdige Zufälle gibt es auch bei der Reaktion Walter Kauffmanns auf eine Anfrage nach Randy Revells Engagement für Lifespring. Als Renate Hartwig den Block-Gründer danach fragt, schreibt ihr Kauffmann am 14. September 1997: »Ich habe Revell gefragt wg. Lifespring, erwarte seine Antwort. Obwohl es Schwachsinn ist: Von Randy Revell stammen jetzt noch vielleicht 10 Prozent der Übungen … Wir hatten 1983 oder 1982 vor, mit Revell enger zusammenzuarbeiten. Das hat sich zerschlagen.« Am 15. September kann man auf Revells Homepage im Internet noch immer nachlesen, daß er bei Mind Dynamics tätig und Mitbegründer von Lifespring war. Am 16. September ist der Lebenslauf von Revell plötzlich verändert. Die beiden problematischen Gruppen Mind Dynamics und Lifespring sind verschwunden. Statt dessen heißt es nur noch, Revell habe mit verschiedenen Trainingsunternehmen zusammengearbeitet. Zufall? Wie eng arbeitet Kauffmann mit Revell zusammen? Zahlt er möglicherweise sogar Lizenzgebühren an ihn? Solange Beweise fehlen, sind das nur Spekulationen.

Auffallend bleiben jedoch die Ähnlichkeiten des Block-Ansatzes mit der Lifespring-Philosophie. Der Schlüssel sei die Kapitulation, schrieb die *Washington Post* (Kapitel 3), und entsprechend sind auch die Block-Seminare aufgebaut. Wer sich anmeldete, der wußte nicht, was auf ihn zukam.

Das Abenteuer beginnt stets am Münchner Flughafen. Mit dem Bus werden die Teilnehmer an einen ihnen unbekannten Ort gefahren. Die Reise geht nach Österreich an den Mondsee. Dort erwartet sie dann die erste Trainingsaufgabe: »Lege bitte die folgenden Gegenstände, falls Du sie dabeihast, ordentlich auf Dein Bett, so daß alles gut sichtbar ist. Zähle an Kleidung das mit, was Du gerade anhast.« Dann kommt die Liste mit den Dingen, die man behalten darf. Ein Auszug: 3 waschbare Hemden/Blusen, 2 Paar Röcke/Hosen, 5 Paar Strümpfe, 5 Paar Unterwäsche/BH, 2 Paar Schuhe, 2 Handtücher, 3 Waschlappen, 1 Gesichtscreme, Tampons/Binden, Brille, Ehering und Taschentücher. Der Rest muß in den Koffer gepackt werden. Dazu gehören Brieftasche, Wagenschlüssel, Uhren, Schmuck, Make-up, Zigaretten. Die Koffer werden abgegeben und bleiben bis zum Seminarende unter Verschluß. Dann werden den Teilnehmern 16 Regeln vorgesetzt. Man beachte die vielen Ausrufezeichen.

»1. Es ist nicht erlaubt, außerhalb der Mahlzeiten Getränke oder Essen (bis auf Wasser) zu sich zu nehmen (auch nicht Kaugummi oder Pfefferminz)!

2. Rauchen ist während des Seminars nicht erlaubt!

3. Alkohol, Tabletten, Kopfschmerztabletten sind während des Seminars nicht erlaubt (mit Ausnahme der ärztlich verordneten)!

4. Sexuelle Aktivitäten, inklusive Selbstbefriedigung, sind während des Seminars nicht erlaubt!

5. Kommunikation außerhalb des Seminar-Raums ist bis auf Notfälle nicht erlaubt. Im Seminar-Raum ist Kommunikation erlaubt, die
   a) von den Seminarleitern/-mitarbeitern geführt wird
   b) durch die Teilnahme an den Übungen bedingt ist
   c) durch einen Notfall bedingt ist.

   Insbesondere Plaudern und Flüstern sind untersagt!

6. Du solltest Dein Notizbuch und Deinen Bleistift immer bei Dir haben, außer bei körperlichen Aktivitäten oder aufgrund anderer Anweisungen!
7. Achte darauf, daß Deine äußere Erscheinung und Deine Kleidung immer ordentlich ist!
8. Achte darauf, daß Dein Schlafraum immer ordentlich ist!
9. Achte darauf, daß das Badezimmer und die Toiletten immer ordentlich und sauber sind!
10. Verwende Wasser ganz bewußt, nur mit der äußerst möglichen Sparsamkeit!
11. Sei immer pünktlich!
12. Sei innerhalb von 15 Minuten nach dem Morgensignal an dem angegebenen Ort, vollständig angezogen in Sportkleidung!
13. Sitze während der Mahlzeiten aufrecht und nicht aufgestützt! Nimm so kleine Bissen, daß Du das Essen bewußt erleben kannst!
14. Behalte nur die persönlichen Dinge, die Du während des Seminars benutzen darfst (siehe 1. Trainings-Aufgabe)!
15. Denke während des Seminars über den Block-Leitfaden nach!
16. Folge den Anweisungen der Mitarbeiter des Seminars!«

So lauteten die »urheberrechtlich geschützten« Regeln, die noch 1996 verteilt wurden. Ferner gab es ein Blatt zu den »Grundregeln«. Darauf wurden die verschiedenen Möglichkeiten aufgezeigt, wie man mit Regeln umgehen kann und wann man zu den Gewinnern oder Verlierern gehört. Gewinner ist man, wenn man die Regeln angenehm findet, sie einhält und »hundert Prozent« dabei ist. Oder wenn man die Regeln zwar nicht mag, sie aber trotzdem aus voller Überzeugung einhält und die Verantwortung übernimmt. Bei allen anderen Variationen steht man auf der Verliererseite. Im Klartext heißt das: Nur wer sich ganz unterordnet und keinen bewußten oder unbewußten Widerstand zeigt, gehört zu den Gewinnern.

Uwe Böning, Geschäftsführer der Böning GmbH in Frankfurt, nahm 1986 am Block-Training teil. Der Psychologe reiste allerdings nach dem zweiten Tag wieder ab. Denn was er bis dahin erlebt hatte, reichte ihm. »Ich wollte das nicht boykottieren, aber so etwas brauchte ich nicht«, sagt er rückblickend. »Das war für mich wie ein Umerziehungslager.« Es habe permanent Zwangssituationen gegeben, denen man sich unterwerfen mußte. So wurde zum Beispiel gleich zu Beginn vom Trainer bestimmt, daß sich alle duzen. »Das Du suggeriert Nähe und führt zu einer Art Scheinverbrüderung«, sagt Böning. Als er sich damals gegen das Zwangs-Duzen wehrte, reagierte Block-Trainer Walter Kauffmann mit einer aggressiven Attacke. Die Trainer hätten ständig Druck ausgeübt. Entweder man habe sich gleich unterworfen, oder man mußte klein beigeben. Wenn einer seine Unzufriedenheit offen äußerte, dann hieß es: Wer sich nicht den Regeln unterwirft, der kann abreisen. Das wiederum wurde dann natürlich als Schwäche ausgelegt. Egal was man machte, es war immer falsch, und jeder Widerstand wurde auf persönliche Defizite zurückgeführt. Neben den beiden Trainern gab es drei Assistenten. »Die agierten wie Meßdiener«, erinnert sich der Psychologe. »Das waren die bekehrten Vorbilder, die davon schwärmten, wieviel ihnen das Training gebracht hat.«

Erschreckt hat Böning vor allem die große Bereitschaft, sich den autoritären Befehlen zu unterwerfen. Denn die Teilnehmer befolgten die teils abstrusen Regeln – ohne zu murren. »Da gibt es ein Kommunikationsverbot. Also darf man nicht einmal guten Morgen sagen, und alle halten sich dran«, erinnert sich der Managementtrainer. Die Teilnehmer hätten gespurt, weil sie etwas über sich erfahren wollten. Was Kauffmann geboten habe, sei eine Erlösungsphilosophie: Du mußt machen, was wir sagen. Nur wenn du dich unterwirfst, dann kommst du persönlich weiter. Du mußt nur durchhalten, dann passiert etwas Tolles. »Es ist unfaßbar, mit welcher Gläubigkeit gestandene Manager auf die Erlösung warteten«, erinnert sich Böning. Die Mechanismen seien bekannt: Die paradoxen Anweisungen erzeugen Druck, und um den abzubauen, kommt es zu einer Solidarisierung in der Gruppe. So entsteht ein enormer Anpassungsdruck, und wer sich nicht an die Regeln hält, wird wie ein Aussätziger behandelt. Dazu kommen die langen Arbeitszeiten. »Das zermürbt, und irgendwann liegen dann die Nerven blank«, sagt Böning. Das didaktische Szenario sei perfekt bis auf die Minute durchgestylt, die Beeinflussung durchgängig, und so entstehe das Gefühl, in einem geschlossenen System zu sein. Um aus diesem absurden System auszubrechen, brauche es schon eine gehörige Portion Eigenständigkeit. Doch die fehle den meisten. »Obwohl sie unzufrieden mit der Situation waren, haben selbst gestandene Manager den Mund nicht aufgemacht«, staunt der Berater noch heute. Letztlich zeuge das wohl von Unsicherheit und einer geringen Konfliktfähigkeit.

Dazu kommt das Schweigegebot nach dem Seminar. »Da keiner darüber spricht, findet auch keine Realitätsüberprüfung statt«, weiß Böning. Das stabilisiert das System. Block zwinge einen zur Stellungnahme, es emotionalisiere die Teilnehmer stark und werfe Fragen auf. Das Erlebnis bleibe daher bei den meisten lange haften. Möglicherweise fühle sich so mancher danach persönlich stabiler und habe das Gefühl, etwas gelernt zu haben. Schließlich habe er sich der Zumutung des Trainings gestellt und durchgehalten. »Ob das Training dem einzelnen wirklich etwas nützt, bezweifle ich sehr stark«, sagt der Managementberater. Auf jeden Fall habe Block nichts mit kritischer Reflexion und der eigenen Entscheidungsfähigkeit zu tun. Für Unternehmen, die auf die Verantwortung und das Empowerment ihrer Mitarbeiter setzen, sei das Training daher kontraproduktiv. Zudem gehe es in dem Training nicht um die betriebliche Wirklichkeit, sondern ausschließlich um die eigene Person. »Der Nutzen wird überwiegend herbeigeredet«, glaubt Böning. »Ich habe noch nie ein Training erlebt, wo die Theorie der kognitiven Dissonanz so gut funktioniert. Die Teilnehmer werden total entmündigt und empfinden das dann als persönliches Wachstum.«

Ähnlich schockiert reagierte Arnulf Gottschall, bis 1996 Geschäftsführer des Beratungsunternehmens ComTeam in Gmund. Er erinnert sich noch sehr genau an den Besuch des Block-Seminars im Oktober 1989. »Als erstes fällt mir die unpersönliche, ungemütliche und lustfeindliche Einrichtung des Seminarhauses ein, dann diese widerliche Trillerpfeife, mit der wir nicht nur jeden Morgen geweckt, sondern auch abrupt aus dem Trancezustand bei einer Phantasiereise gerissen wurden. Jeden Morgen gab es ein erneutes Einschwören auf die Regeln, und die Teilnehmer haben pariert. Aufgefallen sind mir auch die Widersprüche. So mußten wir damals allen Schmuck abgeben, aber die Trainer waren mit Schmuck behängt.

Die Trainer waren überhaupt nicht bereit, auf Kritik einzugehen. Jede kritische Bemerkung wurde sofort auf den Kritiker zurückgeworfen. Der wurde dann gefragt: Wo spürst du den Widerstand? Gib ihm einen Namen! So lange, bis der Widerstand weg war.

Es wurde auch nie erklärt, warum eine Übung gemacht wurde. Es hieß zwar immer, daß am Ende des Seminars alle Fragen beantwortet werden. Doch dann hat keiner mehr gefragt, und ich war so mürbe, daß mich das nicht mehr interessiert hat.

Ich halte die Art des Vorgehens für wenig menschenwürdig. Nach meinem Empfinden ist das ein faschistisches System, was die da aufziehen. Und wenn ich eines gelernt habe, dann, wie ich mich in einem faschistischen System verhalte und wie ich selbst damit klarkomme. Bei mir war das Resignation, Wut und immer wieder der Versuch, die Trainer bei Widersprüchen zu ertappen. Innerlich habe ich dichtgemacht und nur noch irgend etwas auf diese Arbeitsblätter geschrieben.

Am schlimmsten war es für mich, nach dem Seminar zu erkennen, wie hilflos ich war und daß ich mir das alles gefallen und mich so entwürdigend behandeln ließ. Aber du hast keine Chance. Entweder du mußt das ertragen, oder du mußt gleich wieder gehen. Ich wollte damals nicht aufhören, damit sie mir nachher nicht sagen können, du hast es ja nicht erlebt.«

Gottschall, der langjährige Erfahrung in der Personalentwicklung und als Trainer und Berater hat, zweifelt auch am Nutzen des Block-Trainings für die Unternehmen. »Ein Unternehmen, das seine Mitarbeiter dorthin schickt, vermittelt ihnen die unterschwellige Botschaft, daß sie sich Autoritäten anpassen müssen. Ich könnte mir vorstellen, daß die Unternehmen hoffen, daß dadurch der Umgang mit den Mitarbeitern leichter wird. Aber ich kann mir nicht vorstellen, was ein Unternehmen sonst davon haben könnte. Auf keinen Fall lernen die Teilnehmer jedoch, kritisch zu sein.«

Als 1990 im *Playboy* unter dem Titel *Einmal Hölle und zurück* ein Artikel über ein Führungskräftetraining erschien, fühlte sich Gottschall bestätigt. Zwar fehlt der Name des Trainingsanbieters, aber es ist unschwer zu erkennen, daß es dabei um Block geht. Darin heißt es:

»Georg, der Seminarleiter, ein vom Leben nicht verschonter Mittsechziger, befiehlt das vertrauliche Du. Als ehemaliger Topmanager kann er bestens nachvollziehen, wie schwer diese intime Gleichmacherei manchen seiner Ex-Kollegen ankommen muß. Georg steht an seinem Pult und doziert wie

Lehrer Lämpel. Einschläferndes, langweiliges Zeug vom Hier und Jetzt, von der einzigen Wirklichkeit, die wir akzeptieren müssen, wie verquer unsere Verhaltensweisen sind. Und natürlich: wie schön das Leben doch eigentlich ist. Und wir sitzen da, 16 domestifizierte Arschlöcher, und lauschen diesem ungeheuerlichen Stuß ... Helga, die engelshaarige Trainerin, teilt Blätter aus. Dabei strahlt sie mit diesem alles verzeihenden, dem Schwachsinn nahen, ewig glücklichen Bhagwan-Lächeln. Auf dem Formblatt stehen 43 Fragen zur Person – Eigenbeurteilung. ›Bist du ehrgeizig? Welches Verhältnis hast du zu deinem Chef, Vater, Bruder, Liebhaber‹ und so weiter. Nichts als Banalitäten gilt es zu beantworten ...

Der Ton ist perfide. Hell, durchdringend, unbarmherzig. Er krallt sich an den Nervenenden fest, mein Magen zieht sich zusammen. Kasernenhofdrill – der Spieß pfeift zum Morgenappell. Oben stehen wir: 16 zerknitterte Menschen, ungewaschen und mürrisch. Arno, einer der Trainer, liest die erste Aufgabe des Tages vor: die ›Meile‹ ... Bergauf, bergab – insgesamt etwa 1680 Meter ... Wie die Idioten rasen die ersten bergab, keuchen am Wendepunkt, schleppen sich mühsam bergauf ... Später nach entnervend langen Tai-Chi-Übungen – ›Schau deinem Gegenüber in die Augen, und bewege dich nicht‹ – das Besprechen der ›Meile‹ ... Die gleiche Prozedur. Aufschreiben, Blatt abgeben, vor die Gruppe. ›Ich habe Angst vor ...‹, sagt Georg, und brav referieren wir. Alle spielen Offenheit. Eine inszenierte Ehrlichkeit. Niemand verspürt große Lust, weiterzumachen. Die Heilsbotschaft wurde schal. Die aufgenötigte Wiederholung des Satzes ›Ich bin wertvoll‹ erscheint uns lächerlich. Georgs Bemerkungen über ›wertes‹ und ›unwertes‹ Leben im Dritten Reich wirken völlig deplaziert ...«

Dann beschreibt die Autorin, Karin Dietz-Wichmann, wie einzelne in die Psycho-Mangel genommen werden und wie die Teilnehmer bei ihrem Seelenstriptease von sexuellen Problemen und traumatischen Kindheitserlebnissen erzählen und dabei schluchzen.

Immer wieder bestätigen Teilnehmer das merkwürdige Vorgehen von Kauffmann und Co. So heißt es in einem Bericht: »Am Flughafen wurde die Gruppe mit dem Bus nach Österreich an den Mondsee gefahren. Dort kamen wir etwa um 19 Uhr an. Die Gruppenmitglieder kamen von den Firmen Hewlett Packard, Deutsche Hypo Bank, Motorola, Adidas und zwei weiteren österreichischen Banken. Beruflich waren die meisten in einer angesehenen höheren Position (Managerebene). Wir wurden sofort in einen großen Raum geführt, bekamen Bleistift und ein Heft in die Hand und fingen an zu arbeiten ... Auf die Frage, wann es was zu essen gäbe, kam die Antwort: Am Sonntag wirst du es wissen ... Endlich schlafen durften wir dann um zirka 4 oder 5 Uhr morgens. Um zirka 6 Uhr erklang eine schrille Pfeife, und wir mußten innerhalb von 15 Minuten angezogen im Jogginganzug antreten. Insgesamt bestand die Gruppe aus 17 Personen. Es wurde uns nur ein Bad mit Dusche und einem WC zur Verfügung gestellt, obwohl das Haus mehrere WCs besaß, wie wir allerdings erst am Sonntag erfuhren ... Es war zirka 12 Uhr, als wir zum ersten Mal etwas zu essen bekamen. Das Essen bestand aus einem kleinen Glas Milch sowie Körnern. Während des Tages gab es nur Wasser zu trinken ... Wir erhielten viele Vorträge, wie man zu sich findet, wie man Energiereserven freimacht, wie man Blockaden löst. Anhand von Übungen mußten wir unsere Stärken und Schwächen herausfinden. Weiterhin wurden wir immer wieder aufgefordert, über uns zu erzählen. Inzwischen brachen die ersten unter Tränen zusammen, da sie feststellten, daß sie nie von den Eltern geliebt wurden oder mit der Ehefrau sexuelle Schwierigkeiten hatten ... Ohne Pause arbeiteten wir bis spät in die Nacht, wobei wir, als es schon lange dunkel war, unser Mittagessen, bestehend aus einem Apfel und Rosinen, bekamen. Um zirka 4 oder 5 Uhr morgens gab es Abendessen, bestehend aus immer wieder aufgewärmtem Reis, einem Glas Milch und einer Tasse Tee. Die fünf Trainer schrieben pausenlos in ihre Aufzeichnungen, was wir sagten, wie wir uns benahmen usw.

Der Ablauf war jeden Tag gleich. Nach gerannter Meile mußten wir unsere Lebenserkenntnis über diese Meile sagen und wurden gefragt, ob wir die Regeln eingehalten hatten. Wer sie nicht eingehalten hatte, wurde nicht bestraft, wenn er es freiwillig zugab. Wurde er jedoch von einem der Gruppenmitglieder denunziert, wurde vor allen auf diese Person eingeredet und über den Sinn des Trainings nochmals Ausdruck verliehen. Wir alle waren eingeschüchtert, trauten uns nicht, uns anzuschauen, redeten nicht und hatten Angst, in einer Sekte gefangen zu sein ... Körperlich fühlte ich mich müde, ausgelaugt, erschöpft und hatte aufgrund meiner Sucht (Zigaretten) Entzugserscheinungen, die sich in Schüttelfrost bemerkbar machten. Nach dem Training litt ich noch zirka zwei Wochen unter Schlafstörungen und hatte eine schreckliche Grippe. Bei diesem Training wurde auf die Holzhammermethode aus den Menschen bis zur Erschöpfung die Seele zum Vorschein gebracht ... Einige Gruppenmitglieder haben angeblich zu sich gefunden, indem sie euphorisch herumliefen und schrien, daß sie sich lieben und in sich wären. Ich fühlte mich nur gedemütigt, da man mir meinen Willen unter Zwang brechen wollte ... Zum Abschluß wurden wir gezwungen demjenigen einen Dankesbrief zu schreiben, der uns diesen Kurs empfohlen hatte. Auch mußten wir uns selbst einen Brief schrieben, wie herrlich wir diesen Kurs fanden ... In diesem Kurs wurden ein Präsident und Co-Therapeuten gewählt, die monatlich mit uns Kontakt aufnehmen sollten. Halbjährlich sollte man sich treffen und weiterarbeiten. In der ersten Woche bekam ich fast täglich Post, worin ich aufgefordert wurde, am Training Nr. 2 teilzunehmen oder Mitglieder zu werben. Auf Lebenszeit bekomme ich kostenlos die Zeitschrift *Die Meile* zugesandt.«

Aber es erschienen auch zahlreiche positive Artikel über Block. Und 1991 heißt es im *VBU-Seminarführer:* »Unter den weltweit 10 anerkanntesten Trainings rangiert das Block-Training.« (Weltweit? Wie das bei einem Training funktionieren soll, das nur im deutschsprachigen Raum angeboten wird, ist allerdings etwas schleierhaft.)

Wie aktiv Block Marketing für seine Trainings betrieb, zeigt ein Brief, den ein Teilnehmer kurz nach dem Block-Seminar bekam. Dort heißt es: »Dein Weg wird auch weiterhin durch Blocks führen, aber Blocks werden dich nicht festhalten. Überall sind es letztlich Deine Entscheidungen und Deine Gewinn-Positionen, die sicherstellen, daß Du Gewinner im Leben bleibst, denn Gewinn oder Verlust haben geistigen Ursprung. Du hast die alleinige Verantwortung für Dein Leben und damit auch die wundervolle Chance, Erfolg und Erfüllung in alle Deine Lebensbereiche zu bringen.« (Landmark/Lifespring läßt grüßen!) Es folgt ein Blatt zum Ausfüllen: »Ich empfehle Euch, Informationsmaterial über das Block-Training an folgende Adressen zu schicken: …«

Zudem kann man ankreuzen: »Ich buche jetzt das Block-2-Training.«

Ferner gab es den Text des »Gruppensongs«, der in jedem Block-Training gedichtet wurde. So trällerten die Damen und Herren Manager in einem Training nach der Melodie »Horch, was kommt von draußen rein« folgenden Song:

»Jeden Morgen ging's schrill los, holla hi, holla ho, fix in Socken und in Hos, hollahia ho.

Der Erleuchtung sind wir nah, holla hi, holla ho, in der müden Joggerschar, hollahia ho.

Das Müsli morgens ist nicht toll, holla hi, holla ho, weil es im Magen so quoll, hollahia ho.

Rosinen und der Apfel dann, holla hi, holla ho, bringen uns auf Vordermann, hollahia ho.

Horch was kommt von drinnen raus, holla hi, holla ho, mit dem Blocken ist's jetzt aus, hollahia ho, hier dein Wunsch und dort gibt's nichts, holla hi, holla ho, glücklich sein, das ist jetzt Pflicht, hollahia ho.«

Zur »Nachbetreuung« gehörte offenbar auch ein Blatt mit der Überschrift: »Was können wir anderen Menschen sagen, wenn sie uns nach dem Block-Training fragen?« Auszüge: »Du weißt als Teilnehmer des Block-Trainings, daß das Training u. a. für Dich deshalb so ein guter Erfolg war, weil du eben auch mit der Ungewißheit dessen, was auf dich zukam, fertig werden mußtest. Deshalb wird oft von den Teilnehmern sehr wenig über das Training berichtet. Das kann dazu führen, daß Kollegen, Freunde, Familienmitglieder oder Angehörige die Befürchtung haben, daß dahinter etwas schrecklich Geheimnisvolles stecken könnte.« Es folgen neun Punkte, was gesagt werden kann. Auszüge: »Das Training verhilft zu Klarheit und größerer Zielsicherheit ... Unterstützt durch Übungen und indirekte Fragen, werden die eigenen Ziele, Werte, Stärken und Bedürfnisse erarbeitet. Dadurch wird die Selbsterkenntnis und die Selbstachtung gestärkt ... Viele Übungen zielen auf die intensive, bewußte, wache Teilnahme am gegenwärtigen Tun und Erleben, und zwar mit einer konstruktiven inneren Einstellung – auch dann, wenn es einmal schwierig wird. Es wird die Erfahrung vermittelt, daß ›Hundert Prozent im Spiel‹ zu sein die zweckmäßigste und sinnvollste Lebenseinstellung ist.«

Auf den ersten Blick mag das harmlos erscheinen. Allerdings stellt sich die Frage: Warum brauchen Führungskräfte eine Anweisung, was sie nach dem Seminar ihrem Partner oder Freund erzählen können? Wer das Blatt genauer durchliest, erkennt schnell den Sinn. Es wird geschickt mit Suggestionen und Unterstellungen gearbeitet. Die empfohlenen Antworten sind nicht als Möglichkeiten, sondern als Tatsachen formuliert. Es wird schlichtweg vorausgesetzt, daß das Training ein guter Erfolg war, und das vor allem, weil man nicht wußte, was auf einen zukommt. Das ist einleuchtend.

Die Verschleierung ist allerdings auch einer der Hauptkritikpunkte bei allen Trainings, die mit manipulativen Methoden arbeiten (siehe Kapitel 2).

Hans Bollinger (Name geändert), damals Personalleiter in München, besuchte 1993 das Block-Training. Er erinnert sich: »Üblicherweise besteht bei Trainings- und Seminaranbietern die Möglichkeit, sich im Vorfeld über Inhalte und Ziele eines Seminars zu informieren. Nicht so bei Block. Mein Versuch, in der Geschäftsstelle mehr über das Training zu erfahren, mißlang damals. Der zuständige Geschäftsführer sagte mir, daß es für den Ablauf des Trainings nicht förderlich sei, detaillierte Informationen herauszugeben. Er appellierte an meine Neugier und versuchte, mich durch die große Zahl der bisherigen Teilnehmer zu ködern. Was störte mich nun an dem Training?

1. Obwohl in dem Training massiv an tiefgreifenden psychologischen Fragestellungen gearbeitet wurde, verfügten die Seminarleiter nicht über eine für mich erkennbare psychologische bzw. psychotherapeutische Ausbildung. Eine Trainerin und ihr Ehemann waren Tanzlehrer. Walter Kauffmanns Ausbildung war nicht definierbar. Zudem waren noch zwei junge Damen behilflich, die lediglich Fragebögen verteilten und einsammelten.

2. Die Fragebögen waren in meinen Augen unprofessionell ausgearbeitet – die Volkshochschule verfügt oft über besseres Material –, und der Verbleib dieser Bögen war ungewiß. Da hier äußerst persönliche Daten, Schicksale, Probleme – eben Blocks – erfaßt wurden, hätte ich mir eine vertrauenswürdige Aussage über den Verbleib der Unterlagen erhofft, oder ich hätte diese Unterlagen am Seminarende gern persönlich zurückerhalten.

3. Im Verlauf des Trainings sprachen die Teilnehmer über ihre ureigensten persönlichen Lebenskrisen. An einem Abend

erzählt man sich gegenseitig seine intensivsten Blocks. Ich habe diese Offenbarungen als sehr belastend empfunden. Auf Lebensbeichten über Selbstmordversuche, tiefgreifende Beziehungsstörungen, Ehekrisen und Suchtabhängigkeiten war ich nicht vorbereitet und hatte auch keine Bewältigungsmöglichkeiten dafür. Bei der ›offiziellen‹ Präsentation der wesentlichen Blocks vor der Gruppe fühlte ich mich aufgrund der dargestellten schweren Problemfälle emotional ausgeliefert, brüskiert und hilflos. Die Heulorgien nahmen kein Ende. Psychologische Krisen und Schicksale können meiner Meinung nach in diesem Umfeld nicht nachhaltig gelöst werden. Warum diese Inhalte als Managementtraining bezeichnet werden, kann ich bis heute nicht nachvollziehen.

4. Der Seminarverlauf war insgesamt langatmig. Durch zahlreiche Wiederholungen der Fragen und Übungen wurde das Training unnötig in die Länge gezogen und durch das aufoktroyierte Sprechverbot stupide. Die Aufarbeitung von Lebensproblemen sollte meines Erachtens in einem emotional und sozial ansprechendem Rahmen stattfinden, in dem auch ein kommunikativer Austausch zwischen den Teilnehmern möglich ist. Was ein Manager in diesem Seminar in bezug auf seine Rollenanforderungen lernen soll, habe ich nicht verstanden. Daß ›jeder Tag eine neue Chance bedeutet‹, war für mich keine Hilfestellung bei der Bewältigung meiner Aufgaben in der Praxis. Mit den Techniken des Block-Trainings (›Alles ist easy, nichts bringt mich aus der Ruhe, ich kann alles gelassen hinnehmen‹) gerate ich doch im Managementalltag unweigerlich in eine Burn-out-Situation. Denn dem Training fehlte der Tiefgang, es wurden keine realistischen Bewältigungsstrategien gezeigt, wie man mit Streßsituationen umgeht. Aber gerade dann brechen ja schnell wieder alte Verhaltensmuster auf. Aufgrund der im Seminar bewußt erzeugten Müdigkeit

entstand bei mir auch kein Engagement für eine Auseinandersetzung mit mir selbst, da halfen auch nicht die positiven Bilder, die wir uns vorstellen sollten.

Als am Ende das Sprechverbot aufgehoben wurde, konnten wir Fragen zum Seminarablauf stellen. Diese Fragen wurden knapp und ausweichend beantwortet. Die miserablen hygienischen Verhältnisse und die primitive Ausstattung der Räume wurden als positiv verkauft. Das seien eben genau wie der wenige Schlaf, das wenige Essen, die Blähungen aufgrund der einseitigen Ernährung, das Kommunikationsverbot und die unreflektierten Übungen ›wichtige Bestandteile des Seminars‹. Dazu kommt aber auch, daß das alles in keinem Verhältnis zu den Seminarkosten stand. Kritische Fragen wurden kurz mit dem Hinweis beantwortet, daß nur noch wenig Zeit sei, weil der Bus bereits warte. Als es dann am Schluß plötzlich statt Reis und Rosinen erstmals wieder ein richtiges Essen gab, stürzten sich alle auf das Essen und vergaßen ihre kritischen Äußerungen. Nach dem Seminar habe ich mich selbst intensiv beobachet. Die künstlich erzeugte Euphorie war nach acht Tagen vorbei. Eine nachhaltige Veränderung fand nicht statt, weil die vermittelten Inhalte weder individuelle noch konzeptionelle Hilfestellungen boten.«

Bertold Meier (Name geändert), leitender Angestellter in einem großen Chemieunternehmen, besuchte das Block-Training Anfang 1996. Dabei wurde Meier mehr oder weniger gezwungen, an dem Seminar teilzunehmen. Die Empfehlung für das Block-Training kam vom Leiter Personal und Führungskräfte. Meier war skeptisch. Als er jedoch mit den Block-Unterlagen die Kopie des positiven Artikels aus der *Süddeutschen Zeitung* bekam, war er beruhigt. »Ich dachte mir damals, wenn ein seriöses Blatt wie die *SZ* das Seminar gut bewertet, dann kann es ja nicht so schlecht sein«, erinnert er sich. Im nachhinein sieht er das anders. Der Artikel sei für ihn schlichtweg irreführend.

»Für mich war das Training eine Mischung aus Militär, Scientology und Kloster«, sagt der Manager heute. Meier, der selbst einmal eine Einzelkämpferausbildung beim Militär gemacht hatte, entdeckte bei Block einige Ähnlichkeiten mit dem militärischen Drill. Doch während es beim Militär ein klares Ziel – nämlich den Kampf gegen den Feind – gebe, gehe es bei Block darum, den einzelnen unter Druck zu setzen. »Man war nie allein«, erinnert sich der Manager. Druck wurde auch durch die äußeren Bedingungen gezielt aufgebaut. So gab es für 15 Teilnehmer lediglich ein Bad und zwei Toiletten. Dennoch mußten sie morgens in 40 Minuten fertig sein.

Aus einigen Vorträgen über Scientology kannte er die Starrübung. Hier sitzt man sich gegenüber und schaut sich in die Augen. Die Wirkung der Übung läßt sich psychologisch einfach erklären. Jeder Mensch hält zu seinem Gegenüber automatisch einen bestimmten Abstand. Rückt ihm jemand zu nah auf die Pelle, dann fühlt er sich unwohl. Denn der andere ist in seine Intimzone eingedrungen. Dieselbe unangenehme Nähe entsteht auch durch einen intensiven Blickkontakt. Durch die räumliche Nähe und den Blickkontakt werden daher Spannung und Aggression erzeugt, die – so lautet die Übungsanweisung – nicht durch Bewegung oder Worte abgebaut werden dürfen. Viele Menschen reagieren daher mit emotionalen Ausbrüchen.

Gestört hat Meier auch die Reaktion auf die Fragen von Teilnehmern. So lautete die Antwort oft: »Das ist deine Erwartung. Die Wirklichkeit ist anders. Das ergibt eine Spannung, damit mußt du erst einmal leben.« Damit war der Fragende dann genauso schlau wie vorher. Normalerweise lerne man vor allem durch den Austausch und den Dialog mit den anderen. Doch das sei grundsätzlich unterbunden worden. Für fragwürdig hält er auch das Ausforschen der intimsten Dinge. »Ich war ausgeliefert und aufgelöst und habe geheult wie ein Schloßhund«, erinnert er sich. Es werde versucht, die Teilnehmer zu verunsichern und sie dann in die Enge zu treiben. Am letzten Tag habe man vor der Gruppe über seine eigenen Schwächen referieren müssen. Diese Schwächen seien dann bis ins Detail ausgelotet worden. Als dann alles gesagt war, wurde man wie ein Kind auf den Armen der Gruppe gewiegt. »Das sollte so eine Art Neugeburt sein«, erinnert sich Meier. »Ich empfand das als völlig aufgesetzt.«

Besonders raffiniert findet er die Tutoren-Vereinbarung. Danach soll sich jeder Teilnehmer nach dem Seminar einen anderen als Tutor suchen. Gemeinsam unterschreibt man eine Vereinbarung. Darin heißt es: »Die Aufgabe des Tutors besteht darin, dem/der Anvertrauten bei der Verwirklichung seiner Erfolgs-Definition zu helfen.« Der Tutor verpflichtet sich zudem, »selbst auf dem Weg zu sein, bereit zu sein, hartnäckig/ehrlich zu sein«. Für Meier ist das wie eine Fessel, mit der das System stabilisiert werden soll. Er habe die Vereinbarung damals nicht unterschrieben und empfand dabei schon einen gewissen Druck von seiten der Gruppe und der Trainer.

Es gebe im Training sicher einzelne Übungen, die durchaus sinnvoll sein könnten, nur in der Konzentration gehe das Ganze in Richtung Gehirnwäsche. »Man wird fremdbestimmt, und das kann und darf nicht das Ziel sein«, sagt Meier. Der Nutzen des Trainings ist dem Manager bis heute nicht klar. »Was hat denn das mit Kundennähe oder Mitarbeiterführung zu tun?« fragt er sich noch heute. »Bin ich jetzt ein besserer Manager, weil ich vier Tage nicht onaniert habe und jeden Tag die Meile gerannt bin?« Block sei eine eigene Welt, resümiert er heute. Es sei weltfremd und erzeuge ein überzogenes Selbstbewußtsein. Nach seinem Erlebnis startete Meier eine Aufklärungsaktion im eigenen Unternehmen. Die Reaktion war eindeutig: »Die waren alle geschockt, was dort passiert.«

Während sich die kritischen Berichte auffallend ähneln – schließlich ist Block auch stolz darauf, seine Trainings in all den Jahren nicht verändert zu haben –, gibt es natürlich auch zahlreiche begeisterte Teilnehmer. Im Juli 1995 erscheint ein sehr positiver Artikel über Block in der *Süddeutschen Zeitung.*

»Das viertägige Training ist für alle, die ernsthaft an persönlicher Weiterentwicklung interessiert sind, ein Gewinn«, schreibt die Autorin Ingrid Brunner. »Das Block-Persönlichkeitstraining hat ungewöhnliche Methoden, über die zu schreiben es sich an dieser Stelle verbietet, da dadurch späteren Teilnehmern eine wichtige Erfahrung verlorengehen würde: nämlich die, sich auf das Unbekannte einzulassen.« Der *SZ*-Artikel wurde für Block zum Marketinginstrument schlechthin. Block schaltete ganzseitige Anzeigen, in denen der Artikel in Originalform mit *SZ*-Logo abgedruckt wurde, verschickte Sonderdrucke an die Unternehmen und zitierte pausenlos aus der *SZ*-Lobeshymne.

Mein erster persönlicher Kontakt mit Block-Erfinder Walter Kauffmann und Geschäftsführer Hans-Christian Döring war im März 1996 auf einer Veranstaltung des Trainertreffens, bei der auch das Thema Scientology angeschnitten wurde. Man dürfe nicht jeden gleich als Scientologen verdächtigen, warnte Kauffmann in der Diskussion. Schließlich seien Manager auch nicht so dumm und würden 10000 Mark für ein Seminar zahlen. Ich melde mich zu Wort. Schließlich würden sich Manager doch auch bei Block für 3300 Mark mit Schlaf- und Essenentzug malträtieren lassen. Als Kauffmann und Döring mitbekommen, wer ich bin, zucken sie zusammen. Denn kurz zuvor war in der Fachzeitschrift *Management & Seminar* ein langer und ausführlicher Artikel von mir über die Methoden dubioser Seminaranbieter erschienen, ohne jedoch Namen zu nennen. Daraufhin bekam ich mehrere Anrufe von Block-Teilnehmern, die fragten, ob ich damit denn das Block-Training meinte. Der Artikel entstand jedoch nach einem ausführlichen Gespräch mit dem amerikanischen Sektenexperten und Psychotherapeuten Steven Hassan, den ich auf dem Hypnose-Kongreß in München kennenlernte. Hassan öffnete mir die Augen, und ich merkte, wie fließend die Grenze zwischen sogenannten Psychokulten und umstrittenen Seminaranbietern ist. Offenbar hatte der Artikel auch, was Block angeht, ins Schwarze getroffen. So kam auch bei der Veranstaltung sofort die Frage aus dem Publikum, ob ich mit dem Artikel Block gemeint hätte, das würde einfach hundertprozentig passen. In der Pause spreche ich mit Döring: Er lädt mich ins Seminar ein. Ich lehne dankend ab. Dann kam im väterlichen Ton der Hieb: Mein Artikel in *Management & Seminar* sei ja wohl ein totaler Ausrutscher. Denn eigentlich schätze man mich als Journalistin, doch da hätte ich voll danebengegriffen. Auch »Personalchefs sehr renommierter Unternehmen« hätten sich ganz entsetzt über den Artikel geäußert. Was soll das? Ein Einschüchterungsversuch?

Nach der Veranstaltung schickte ich ein Fax an Block und bat um weitere Informationen. Herr Kauffmann antwortet, schickt mir Unterlagen. Alles klingt sehr schön, und natürlich steht dort nichts von Drill und strengen Regeln. Wir telefonieren nochmals. Ich frage ihn nach dem UPT-Geschäftsführer Hans Schuster (Kapitel 7). Er kenne ihn nicht persönlich, erklärt Kauffmann. Seine Stimme ist sanft, fast schon einlullend. Schwer vorstellbar, daß dieser Mensch so autoritär sein soll, wie es mir berichtet wurde. Zu einem Treffen kommt es aus Termingründen nicht.

Dann erscheint die Broschüre *Eine Erfolgspersönlichkeit entwickeln?* von Hansjörg Hemminger. Hemminger gilt als langjähriger Kenner der Psychoszene und ist damals noch Referent an der Evangelischen Zentralstelle für Weltanschauungsfragen (EZW) in Stuttgart. In der EZW-Broschüre geht Hemminger auch ausführlich auf Block und seine umstrittenen Methoden ein. Ich führe ein Interview mit ihm und frage ihn, ob er denn keine Schwierigkeiten mit Block befürchte. Er reagiert gelassen. Schließlich zitiere er doch nur Aussagen von Teilnehmern. Ich schrieb drei Artikel. Nur bei einem ging ich ausführlicher auf Block ein. In den beiden anderen Artikeln wurde Block nur einmal als Beispiel erwähnt. Nun ging das Theater los. Briefe an alle Chefredaktionen. Ich hätte völlig aus dem Zusammenhang heraus zitiert (hätte ich etwa alles schreiben sollen, was Hemminger über Block schreibt?).

Sogar der Geschäftsführer des Süddeutschen Verlages wurde mit einbezogen. Ein Bekannter, der sich nach eigenen Angaben aktiv für das Block-Training engagiert, bat ihn um Unterstützung und darum, Herrn Kauffmann doch die Gelegenheit zu einem Gespräch zu geben.

Auf dem beeindruckenden Briefpapier seiner Anwaltskanzlei beschwerte sich Reiner Ponschab als »ehemaliger (kritischer und dennoch überzeugter) Teilnehmer des Block-Trainings« über den Artikel von »Frau Breitschwert«. Einen Tag später schickte der Rechtsanwalt dann eilends »die korrigierte Fassung« zu, in dem er immerhin meinen Namen richtig schreibt. Was Ponschab jedoch verschweigt, ist seine enge Beziehung zu Block. So zierten seine Lobeshymnen nicht nur viele Block-Broschüren und Ausgaben der hauseigenen Zeitung *Die Meile*, bereits 1993 bot er das Seminar »Gewinnen durch Verhandeln nach dem Harvard-Konzept« an. In der Seminarbeschreibung wird Ponschab als überzeugter Blockianer vorgestellt, der mehrere Assistenzen hinter sich habe. Auch 1997 steht Ponschab noch in Block-Diensten und bietet das »Block-Verhandlungstraining« an.

Um zu beweisen, wie sehr das Block-Training geschätzt werde, verschickt Kauffmann Referenzbriefe – allerdings ohne Namen. Dabei fällt auf, daß die meisten weit über zehn Jahre alt sind. Neueren Datums ist lediglich der Brief eines »Bankdirektors einer Berliner Großbank«. Er schreibt im Dezember 1995 an die »lieben Block-Enthusiasten«: »Im Ergebnis stelle ich fest, daß das Block-Training das wertvollste Seminar meines Lebens war. Die gewonnenen Erkenntnisse werde ich konsequent und entsprechend der erarbeiteten Vision incl. konkreter Aktivitäten realisieren und weiterentwickeln ... Kompliment für dieses Seminar, das auch unter der langen Zeit, die es bereits durchgeführt wird, nicht gelitten zu haben scheint ... Somit bin auch ich zum Block-Fan geworden, freue mich auf Block 2 im Oktober nächsten Jahres und die Kommunikation mit dem Verein ›Die Meile‹.«

Ich entschloß mich, auf die Briefe an die Chefredaktionen und damit meine Arbeitgeber zu reagieren, und schickte Herrn Kauffmann ein Fax. Ich fragte ihn, warum er denn als so erfolgreicher Seminaranbieter nicht etwas souveräner auf Kritik reagieren könne, und vor allem, warum er gegen mich vorgeht, statt sich mit dem Inhalt der Broschüre auseinanderzusetzen. Zwei Tage später, am 29. September 1996, einem Sonntagabend, kam die Antwort per Fax. Ich hätte ihm »ganz persönlich eine reingehauen«, schrieb Kauffmann. Denn er habe mich doch verteidigt gegenüber den »Urteilen« anderer. »Und ich will Ihnen hier ruhig einige von den Urteilen notieren, die ich mir über Sie anhören mußte. Es wurde mir von einem Kontakt mit Ihnen dringend abgeraten … die will Dich doch nur ausforschen, um dann mit Schmutz zu werfen … völlig verkopft … voller Haß, weil sie mal aus einer Gruppe rausflog… lies doch das Psychogramm ihrer Artikel und Schreibe, danach steckt sie voll von Problemen, Sexualproblemen, hat diverse Ängste, u. a. Angst, ihr Gesicht zu verlieren usw.«. Ich war sprachlos. Ist das die Art, wie ein angeblich renommierter Seminaranbieter mit Kritikern umgeht? Was erwartet er sich davon? Daß ich vor Scham und Getroffenheit reumütig zum Block-Fan werde? Psychologisch läßt sich die Sache einfach erklären. Das Opfer wird zum Täter. Mit seinem Angriff unter die Gürtellinie will Kauffmann vermutlich den »Gegner« treffen und verletzen, um ihn so zur Ruhe zu bringen. Meine Frage, warum er so massiv reagiert, beantwortet er: »Ich betrachte meine Reaktion als wirklich sehr moderat.« Mit was muß ich denn noch rechnen? Zerstochene Autoreifen oder Schlägertypen vor der Haustür?

Der Gipfel ist das Ende des Faxes mit dem Angebot: Ich hätte es nun in der Hand, ob die »Auguren und Rechthaber« weiter über ihn schmunzeln (weil er mich schließlich verteidige) oder »ob wir jene ad absurdum führen und aus der Not eine Tugend machen«. Er sei nach wie vor zu einer »beide Seiten fördernden, fairen und friedlichen Kooperation« bereit. Soll ich nun tatsächlich zum Block-Fan werden und künftig Lobeshymnen über die Seminare schreiben?

Einen Tag später kommt eine neue Überraschung: Kauffmann erläutert in einem Fax, was er unter der »fairen und friedlichen Kooperation« versteht. Ein »interessantes Thema einer Zusammenarbeit bzw. des Gedankenaustausches« wäre die von Block in Auftrag gegebene Studie *Werte und Entscheidungen im Management*, die jetzt in Buchform erschienen und – dick unterstrichen – noch nicht besprochen sei. Zudem hätte er gern mit mir über die Verarbeitung bzw. Veröffentlichung seiner Gedanken zum Thema Werte/Wirtschaft gesprochen. Und – jetzt kommt's – sich erhofft, von mir »Anregungen für eventuelle, nach Ihrem theoretischen Verständnis erforderliche Notwendigkeiten einer ›richtigen‹ Weiterentwicklung des Block-Trainings zu erhalten«. Das klingt nun wirklich großzügig – schon fast wie das Angebot für einen PR-Auftrag getreu dem Motto: Wenn du deinen Feind nicht besiegen kannst, dann versuche ihn für dich zu gewinnen.

Wie zerbrechlich muß ein System sein, wenn Kritik so gefährlich ist? Wie wenig Souveränität hat der Block-Erfinder, wenn er sich gleich so aus der Fassung bringen läßt?

Hansjörg Hemminger, der sich in seiner Broschüre kritisch zu Block geäußert hat, schickt mir den Brief, den Block-Geschäftsführer Döring an ihn geschrieben hatte. »Ich bin jedoch betrübt, daß Ihnen durch den zitierten Berichterstatter offensichtlich ein völlig falsches Bild über das Block-Training vermittelt wurde ... Dieses objektiv, auch in Fakten, falsche Bild ist nun in Ihrer Informationsschrift wesentliche Basis für Ihre Beschreibung und Wertung des Block-Trainings: ein Bild, in dem wir das Block-Training überhaupt nicht wiedererkennen können.« Wieder dasselbe Muster: Wer Block kritisiert, der hat falsche Informationen oder versteht es nicht. Hemminger antwortete: »Ich meine, daß Sie unseren Informationsstand sehr unterschätzen. Die EZW pflegt nicht auf der Grundlage eines einzigen Berichts zu urteilen, auch wenn letztlich unter verschiedenen Gesichtspunkten ein Beispiel auszugsweise für die Publikation ausgewählt wird. Eine Reihe anderer Erfahrungsberichte liegen uns bereits vor bzw. sind zugänglich ... Ich könnte dazu auf uns vorliegende Informationen über frühere und neueste Aktivitäten Ihrer Mitarbeiter in der Psycho-Szene verweisen, die alle nicht in die o. g. Schrift eingingen, da es uns wirklich nicht darauf ankam, alle mögliche Kritik an Block anzuhäufen ... Allerdings konnte dabei Ihr Unternehmen wegen seiner erheblichen Verbreitung nicht unberücksichtigt bleiben.«

Am 14. Oktober schickt Herr Döring an Herrn Hemminger eine »Richtigstellung von falsch zu verstehenden oder falsch verstandenen Teilnehmeraussagen«. Darin heißt es: »Es gibt kein chinesisches Schattenboxen, sondern stark vereinfachte Übungen des sog. Tai Chi Chi, eine einfache Form des Tai Chi.« Bloß Pech, daß chinesisches Schattenboxen nur ein anderer Name für Tai Chi ist.

Weitere »Richtigstellungen«: Es gebe weder einen Mangel an Schlaf noch wenig Nahrung. Die Trainer des Block bewerteten nie und kanzelten schon gar nicht ab oder erzeugten Angst bei Regelverstößen. Es werde niemand klein- und schlechtgemacht. Es gebe keinen gesteuerten Gruppendruck und keine Erfolgsideologie. Hemminger antwortete: »Ich empfinde es durchweg als Komplikation, daß auf Ihrer Seite keine psychologischen Fachkenntnisse vorhanden sind.« So bestreite Döring zwar den Einsatz von Hypnose, nenne aber als eingesetzte Methode die Visualisierung. Dabei stelle die Anweisung zur Visualisierung natürlich eine Art von Tranceinduktion dar. Was das Abstreiten des Schlafmangels angehe, bezichtige Döring die Teilnehmer indirekt der bewußten Lüge. Es könne allerdings auch dem Laien zugemutet werden, daß er sich an die Dauer seines Nachtschlafs erinnere.

Am 19. Oktober 1996 erscheint in der *Hannoverschen Allgemeinen* unter der Überschrift *Seelen-Striptease in der Villa Fürchterlich* ein erstaunlich kritischer Artikel über Block. So wird das »eben nicht sehr komfortable Haus« am Mondsee in Österreich im Dorf als »Villa Fürchterlich« bespöttelt. Offenbar ist es auch den Bewohnern nicht entgangen, daß die Seminare irgendwie merkwürdig sind.

In dem Artikel heißt es: »In stundenlangen Gruppensitzungen werden die 16 Teilnehmer aufgefordert, ihr Innerstes nach außen zu kehren, Ängste und Hemmungen freizulegen ... Es geht ans Eingemachte, es fließt so manche Träne.« Dabei hat der Autor Heinrich Thies auch die Referenzliste überprüft, und die Firmen Continental und Minolta erklärten ihm, daß das Block-Training bei ihnen der Vergangenheit angehöre. Positiv äußerte sich dagegen Dietrich Over, bei VW in Wolfsburg verantwortlich für Managemententwicklung und selbst Block-Teilnehmer: »Man erhält die Chance, sich mit sich selbst auseinanderzusetzen, erfährt eine ungeheuer starke positive Bestätigung.« Der VW-Manager räumte allerdings ein, daß der »autoritäre Zuschnitt nicht jedermanns Sache sei«. Ferner wird beschrieben, wie die Gruppe während des Kurses darauf eingeschworen wird, der Block-Gemeinde treu zu bleiben, wie jede Gruppe einen »Präsidenten« wählt, der künftige Treffen organisieren soll, und wie sich Ehemalige dem Verein »Die Meile« anschließen können. Auch Hansjörg Hemminger wird zitiert. Er halte Block zwar nicht für eine Psychosekte (»Denen geht es nur darum, Geld zu machen«), dennoch seien die Methoden zweifelhaft, und ein Teilnehmer habe sogar von Gehirnwäsche gesprochen.

Fast gleichzeitig erscheint in der Fachzeitschrift *ManagerSeminare* IV/96 ein positiver Block-Bericht. Darin nimmt unter der Überschrift *Psychologischer Unsinn oder meßbarer Erfolg?* auch Eugen Müller, geschäftsführender Gesellschafter des Produktionsunternehmens Meyle + Müller in Pforzheim, Stellung. Müller ist Block-Fan. Auf die Frage, welche Mitarbeiter er zu Persönlichkeitsseminaren schicke, antwortet er: »Wir wünschen uns, daß jeder des engeren Führungskreises irgendwann einmal an einem Persönlichkeitstraining teilnimmt. Aus diesem Grund legen wir diesem Personenkreis die Teilnahme nahe. Gezwungen wird jedoch niemand.« Und zum Nutzen dieser Seminare sagt er: »Der Erfolg dieser Art von Seminar ist nicht meßbar. Wir wollen ihn auch gar nicht messen. Meiner Erfahrung nach lohnt sich die Investition in diese Seminare auf jeden Fall, wenngleich die Teilnamegebühr hoch ist. 30 Mitarbeiter haben wir in den vergangenen Jahren zu diesem Training geschickt, und diese Investition hätten wir nicht getätigt, wenn wir den Erfolg nicht bemerken würden. Einem Unternehmen, das seine Mitarbeiter ›klein‹ halten will, schadet ein solches Training wohl eher, als daß es nützt. Zu unserem Unternehmen und zu unserer Philosophie paßt das Training jedoch genau.«

Das muß man sich wirklich auf der Zunge zergehen lassen. Ein Unternehmen gibt rund 75 000 Mark für Seminare aus, will aber den Erfolg nicht messen. Es schickt seine Mitarbeiter in ein Training, in dem sie zu kleinen Kindern degradiert werden, und betont, daß es sie nicht »klein« halten will. Das legt zumindest den Verdacht einer Art Gehirnwäsche nahe.

Am 28. Oktober 1996 fand im Bürgerhaus Unterschleißheim eine Veranstaltung zu der Problematik »Psychosekten – wirkungsvolle Abwehr statt Hysterie in der Trainerszene« statt. Veranstalter waren vier Verbände aus der Weiterbildungsbranche. Referenten waren der Unternehmens- und Sektenberater Steven Goldner und die SPD-Ageordnete Renate Rennebach, die auch Mitglied der Enquetekommission des Bundestags »Sogenannte Sekten und Psychogruppen« ist. Es waren etwa 80 bis 100 Teilnehmer da. Auch Block war mit mehreren Personen vertreten, darunter Walter Kauffmann und Christian Döring. In seinem Vortrag ging Goldner nicht nur auf Sekten, sondern auch auf andere problematische

Seminaranbieter ein. Es kam auch zu einer Diskussion über die Block-Trainings.

Nach der Veranstaltung will Block gegen Goldner eine einstweilige Verfügung erwirken (siehe auch Kapitel 2). Doch am 10. Januar 1997 weist das Gericht den Antrag von Block zurück. Entscheidungsgrundlage ist ein Tonbandmitschnitt.

Im Januar setzt Block erneut an. In der eigenen Hauszeitung *Die Meile* holt der Journalist und Block-Trainer Dieter Weber zu einem Angriff auf die bösen Kollegen aus: »Welcher Journalist hat aber heute die Zeit, die Mittel und das Engagement, sich so intensiv mit einem Thema zu beschäftigen, daß er sich wirklich eine fundierte eigene Meinung bilden kann?« schreibt er.

Am 8. Januar 1997 ruft mich ein Herr Fuß an. Er sei freier Mitarbeiter bei *Focus* und wolle mit mir über UPT sprechen. Es habe doch einige kritische Reaktionen zu dem Focus-Artikel über UPT im Juli (siehe Kapitel 7) gegeben, und nun wolle er der Sache noch einmal nachgehen. Ich schilderte ihm meine Bedenken und meine Erfahrungen mit UPT und daß eben nicht jeder das Seminar unbeschadet überstanden habe. Daraufhin wollte Herr Fuß unbedingt von mir wissen, wie viele Opfer ich kenne. Im weiteren Verlauf des Gesprächs erklärte Herr Fuß mir dann, daß er glaube, UPT sei gar nicht so schlimm. Zumindest aber sei meine Kritik an Block »völlig daneben«. Er selbst habe ein Block-Seminar mitgemacht, und alle Vorwürfe seien völlig unberechtigt. Meine Kritik, daß man mit Menschen partnerschaftlich und nicht autoritär umgehen müsse, um langfristige Veränderungen zu bewirken, wischte Herr Fuß barsch beiseite. Ich müsse doch selbst wissen, wie die Unternehmen heute mit ihren Mitarbeitern umgingen, da bräuchten sie doch auch im Seminar einen harten Umgang, damit sie überhaupt etwas änderten. Auf meine Frage, wie denn das Verhältnis von Block zu UPT sei, erklärte Fuß mir, es bestehe bestes Einvernehmen, man pflege einen guten Kontakt. Komisch, wo Kauffmann Herrn Schuster doch angeblich gar nicht persönlich kennt.

Auch von Herrn Schuster schwärmte er. Er habe sich mehr als zehn Stunden mit ihm unterhalten, und er habe ihm alles offengelegt. Als ich ihn dann auf ein paar Merkwürdigkeiten aufmerksam mache, bricht er das Telefonat abrupt ab. Ein paar Stunden später rief mich ein »UPT-Opfer« entsetzt an. Herr Fuß habe sie am Abend angerufen, sie unter Druck gesetzt und habe sie zu bestimmten Aussagen bringen wollen. Dabei habe er sich auf unser Telefonat bezogen und behauptete auch falsche Dinge über mich. Zum Glück fiel sie auf den Überrumpelungsversuch nicht herein, sondern beschwerte sich über seine Art, zu recherchieren, und zum Glück schaltete sie den Lautsprecher ihres Telefons ein und hat so einen Zeugen für das dreiste Vorgehen des Herrn Fuß.

Ich hatte nach dem Telefonat den Eindruck, Fuß wolle einen Reinwasch-Artikel über UPT und Block schreiben. Schließlich stand noch eine Gerichtsentscheidung zwischen mir und UPT an, und Block stand eine Schlappe vor Gericht bevor. In der Tat wies das Gericht einen Tag später den Antrag auf eine einstweilige Verfügung gegen den Sektenkritiker Goldner zurück.

Ich mahnte Fuß sofort ab, keine falschen Behauptungen über mich zu verbreiten und mich auch nicht namentlich in dem Artikel zu nennen. Zudem informierte ich den Focus-Chefredakteur Helmut Markwort über das merkwürdige Vorgehen seines Mitarbeiters.

Der Artikel erschien am 20. Januar 1997 und war nun wirklich der Gipfel. Fuß verstieg sich zu der abstrusen Behauptung, Goldner wolle aus Wettbewerbsgründen Block schaden und habe den Anbieter daher in Zusammenhang mit Scientology gebracht. Herr Hemminger sei auf Goldner reingefallen und ich auf ihn. »Munitioniert mit Hemmingers Thesen, verriß eine Münchner Journalistin die Block-Methode und die Arbeitsweise von UPT daraufhin mehrfach im *Blick durch die Wirtschaft*, der *Frankfurter Allgemeinen*, in einer Hamburger Illustrierten, im *Handelsblatt* und in der *SZ*.« Schon dieser eine Satz strotzt von Fehlern. In der *FAZ* gab es keinen Artikel darüber. UPT wurde lediglich im *Stern* angegriffen. Daß der *Stern*-Artikel bereits im April erschienen war, also lange bevor Herr Hemminger seine Broschüre verfaßte und Herr Goldner seinen Vortrag hielt, interessierte den *Focus*-Autor nicht. Aber auch der Rest des Artikels war voll von Fehlern und brachte selbst mir völlig neue »Erkenntnisse«:

- Denn Block war plötzlich ein »kognitives Problemlösetraining« mit Körperübungen, Gestalttechniken und Visualisierungen. Daß sich das etwas widerspricht, ist offenbar nicht aufgefallen. Denn wer mit Körperübungen arbeitet, setzt vor allem auf Emotionen und nicht auf Kognitionen.

- UPT soll es erst seit 1990 geben, wo es doch laut der Broschüre »UPT Persönlichkeitsentwicklung« bereits 1985 gegründet wurde.

Bemerkenswert ist vor allem, daß Fuß das Urteil kannte, also wußte, daß der Vorwurf von Block, Goldner habe sie in die Nähe von Scientology gerückt, so nicht haltbar war.

Bei den Unternehmen löste der Artikel eher Verwirrung aus. Irgendwie verstand kaum jemand so richtig, was der »Reinwasch-Artikel« sollte. Auf Verwunderung stieß vor allem der Inhalt der Informationskästen: Da standen die »vermeintlichen Sekten« UPT und Block neben den »wirklichen Sekten« Scientology und Universelles Leben. Nun hatten die beiden Seminaranbieter es also aus eigenen Kräften geschafft: Sie wurden tatsächlich mit Sekten in Zusammenhang gebracht. Doch besonders bei UPT war man glücklich über den Artikel und schwenkte ihn dann Ende Januar beim Prozeß gegen mich stolz vor Gericht.

Goldner klagte gegen *Focus*. Am 11. Februar 1997 erließ das Landgericht Berlin eine umfangreiche einstweilige Verfügung gegen *Focus*, aus der deutlich wird, daß in dem Artikel ziemlich viel nicht stimmt. *Focus* nimmt sie als endgültig hin. Doch Block hat bei *Focus* weiter gute Karten. Im Internet beglückt *Focus online* seine Kunden mit Informationen zum Thema »Persönlichkeitsentwicklung«. Neben allgemeinen Hinweisen (»Mit Transaktionsanalyse und Gruppendynamik lassen sich Führungs- und Gesprächsstile analysieren und verbessern«) werden drei Anbieter genannt, darunter die Block-Trainings-GmbH in Hohenbrunn.

Im Februar 1997 verschickt Block ein erweitertes Programm »Block-Training Spezial 1997«. So gibt es auch ein Seminar zur Teamentwicklung und zur Kreativität, ein Paartraining und das Block-Coaching. Die Block-Team-Entwicklung leitet Ulrich Fischer. Neben der obligatorisch nichtssagenden Weiterbildung im Bereich der humanistischen Psychologie hat er auch eine Ausbildung in Orgodynamik. »Orgodynamik ist eine einzigartige Synthese aus verschiedenen Strömungen der humanistischen Psychologie und dem Wissens- und Erfahrungsschatz des Tantra«, heißt es in dem 1992 erschienenen *Neuen Therapieführer* (inzwischen vergriffen) aus dem Heyne Verlag, in dem neben allerlei schrägen Ansätzen auch das Landmark-Forum lobende Erwähnung findet. »Der tantrische Ansatz ist in großem Maße von der Vision des tantrischen Meisters Osho Rajneesh (bekannt als Bhagwan) geprägt ... Tantra ist der einzige spirituelle Weg, der unsere Körperlichkeit und unsere Sexualität als einen Teil unserer Lebendigkeit feiert und unser sexuelles Energiepotential für den persönlichen Prozeß der Bewußtwerdung zu nutzen weiß ... Die Befreiung des eigenen sexuellen Energiepotentials (orgasmisches Potential) ist eine Voraussetzung für das umfassende Erleben der eigenen Lebendigkeit.« Arbeitet man bei Block jetzt also mit der »Heilkraft erotischer Energie« gegen den Frust im Team?

Angebrachter erscheint die Orgodynamik da schon im ebenfalls angebotenen Paartraining, geleitet von Ulrich Fischer gemeinsam mit Marlene Bierer-Fischer (auch sie hat eine Ausbildung in Orgodynamik und ist langjährige Mitarbeiterin am Institut für Orgodynamik und Tantra).

Ein Faible für Tantra scheint auch Block-2-Leiter Wolfgang Merz zu haben. Sein Seminarprogramm 1996 bot mehrere Tantra-Seminare. »Ein Weg zur Liebe und Ekstase« heißt es bei Tantra 1. In sechs Tagen bekommen die Teilnehmer »eine Ahnung von der Tiefe und Lust der Ekstase«. Für 1120 Mark ein relativ preiswertes Vergnügen. Ins »Reich der Sinne« führt dann Tantra 2 (Kosten 1000 Mark) in der Toskana. »Erlaubst Du Dir, Deinen Sinnen nachzugehen und Dich in der Umarmung wirklich gehenzulassen? Kannst Du Deine Lust und Wildheit zeigen?« heißt es in der Seminarbeschreibung.

Wolfgang Merz bietet auch ein zweijähriges »körperorientiertes Fortbildungsprogramm für Trainer, Personalleiter und Verantwortliche in der Personalentwicklung« an. Zu den vermittelten Techniken gehören: »Bioenergetik, Körperarbeit, Gruppendynamik, Primärarbeit, Encounter, Trance, Atemarbeit, aktive Imagination, Visualisierungstechniken, Massagen, Entspannungstechniken, Gestalt, Life-Styling, Skriptanalyse, Meditationstechniken, Sufi-Techniken, Enlightment Intensive.« Das alles lernen die – offenbar zum Teil psychologisch nicht vorgebildeten – Teilnehmer in nur 48 Seminartagen.

Einer, der sich durch den Schnelldurchgang quer durch die Therapie- und Esoterikansätze berufen fühlt, Persönlichkeitsseminare durchzuführen, ist Detlef Arnold.

Der gelernte Bankkaufmann absolvierte nach eigenen Angaben eine »dreijährige Trainerausbildung bei Dr. Wolfgang Merz« und führt Seminare beim Gesamtverband Werbeagenturen GWA e. V. durch. Im Seminarprogramm 1997 findet man etwa das Seminar »Charisma und Ausstrahlung«. Die Seminarbeschreibung strotzt vor Allgemeinfloskeln: »Selbstbewußtsein bedeutet, sich seiner selbst bewußt zu sein. Wer seine Stärken und Schwächen kennt und anerkennt, braucht niemandem etwas vorzuspielen.« Seminarziele sind u. a. die Steigerung von Selbstwertgefühl, Authentizität und das »Freilegen von Energiereserven für die Verwirklichung beruflicher

Visionen«. Die Referenten sind Wolfgang Merz und Detlef Arnold.

Aber auch Block hat bereits andere Seminaranbieter inspiriert, eigene Persönlichkeitsseminare anzubieten. So soll Wolfgang Saaman, Geschäftsführer der Mummert + Partner Consulting GmbH in Erftstadt, nach einem Besuch des Block-Trainings so begeistert gewesen sein, daß er daraufhin sein Seminar »Mein Weg« entwickelte. »Dieses Seminar war ganz anders als alle Seminare, die ich vorher besucht habe … Anfangs hatte ich Schwierigkeiten mit der Akzeptanz gewisser Regeln und Rituale«, schreibt ein Teilnehmer. Und ein Vertriebsgruppenleiter schwärmt: »Endlich ein Seminar, das auf den Punkt kommt und den Managern auf den eigenen Zahn fühlt.«

Die Seminarbeschreibung klingt wieder verlockend: »In diesem Seminar arbeiten Sie an Ihrem Zugang zum eigenen Potential, Ihrer Entscheidungsfähigkeit und Aktivität, Authentizität und Überzeugungskraft, größerer Lebensfreude und innerer Sicherheit, Ihrer Gelassenheit, und dadurch gewinnen Sie volle Kraft im Beruf, Einsicht in Realitäten, bewußte Übernahme von Verantwortung, Klarheit über Ihre nächsten Schritte.« Das viereinhalbtägige Seminar findet »abgeschottet von der Außenwelt« statt. Die Ernährung ist ausgewählt, Abwechslung und Freizeit gibt es nicht, außer Pausen zum Essen und Schlafen, schrieb die *Welt* im März 1996. Detaillierte Angaben zum Ablauf und den eingesetzten Methoden gibt es auch auf Nachfrage nicht. Die Broschüre nennt kognitive und humanistische Therapieformen, körperorientierte Verfahren und Meditation.

Es ist durchaus denkbar, daß Block noch weitere Seminaranbieter dazu inspiriert hat, ähnliche Trainings anzubieten. Dafür spricht, daß Walter Kauffmann 1996 einen Brief mit »Lizenzgeber« unterschreibt.

Im August 1997 sorgte Block für eine neue Überraschung. Es kooperiert mit dem Trendguru Gerd Gerken. Das Institut für Zukunfts-Beratung habe eine Zusammenarbeit mit der Block-Trainings GmbH vereinbart, heißt es in Gerkens *Mind-*

Letter. Beide Trainings-Systeme ergänzten sich gegenseitig. »Wir empfehlen allen Lesern deshalb die Block-Seminare. Sie dienen als ideale Erfahrungs-Basis ... für alle Prozesse, die zur transversalen Vernunft, zur Trans-Rationalität und zur Trans-Personalität führen.«

Der erste Workshop der Serie »Mind und Leben« habe bereits im Mai 1997 in Worpswede stattgefunden. Die Ergebnisse sind wahrhaft beeindruckend: »Je transpersonaler das Struktur-Niveau einer Persönlichkeit ist, um so mehr mentale Energie entfaltet sich im Mind, d. h. diejenigen ›Energiefresser‹, wie z. B. Borderline, psychotische oder neurotische Anteile, die Energien in sich leerlaufen lassen, werden reduziert: Trans-Personalität ist die Basis für die optimale Mental-Energie ... Wehleidigkeiten und Neurotizismen blockieren die volle Entfaltung von Mental-Energie. Makellosigkeit fördert den Weg zur optimalen Mental-Energie ... Die typisch kartesianische Formel: ›Ich bin, weil ich denke ... und das, was ich denke, bin ich‹, führt zu einer wechselseitigen Fesselung zwischen dem Selbst und dem Mind. Dadurch wird der Mind reduziert auf die Prozesse einer zu engen Selbst-Konstituierung. Da die meisten Menschen in diesen Prozessen permanent Negationen, Destruktionen und negativen ›hypnotischen Ballast‹ (Walter Kauffmann) ritualisieren, entwickelt sich das Energie-Potential zu einer ›verschmutzten Quelle‹. Das heißt, der Mind wird durch die wachsende Festigung der Identität (›Charakter‹) immer unfähiger, seine eigentliche Funktion wahrzunehmen, nämlich die kosmische Intelligenz und die kosmische Energie zu gestalten: Das Ergebnis ist die Zerstörung der mentalen Energie.«

Ob alle Block-Teilnehmer den intellektuellen Anforderungen dieser Ausführungen gewachsen sind und wie fünf Paar Socken zur Entfesselung von Selbst und Mind beitragen, ist leider nicht bekannt. Aber zumindest eines hat Gerken richtig erkannt: »Es entsteht eine sich selbst verstärkende, mentale Blindheit.«

7
HECHELN FÜR DIE KARRIERE
UPT HANS SCHUSTER & PARTNER

Es begann 1991. Frau Arras von der Firma UPT rief mich an, sie habe schon einige Artikel von mir gelesen und wolle mir das Angebot machen, doch einmal an einem ihrer Persönlichkeitsseminare von UPT teilzunehmen und dann darüber zu schreiben. Ich hatte noch nie etwas von UPT gehört und zudem gerade überhaupt keine Lust auf ein Psychoseminar. Doch Frau Arras blieb hartnäckig und überredete mich zu einem Gespräch in ihrem Büro in der Herzog-Rudolf-Straße. Schließlich stimmte ich mehr oder weniger überrumpelt zu. Am Abend vor dem Gespräch blätterte ich dann die neueste Ausgabe der Fachzeitschrift *Weiterbildung* durch und stieß auf einen vierseitigen Bericht über das UPT-Persönlichkeitstraining. »Dies ist der Bericht über die intensivste Woche meines Lebens. Nie zuvor sind mir in vergleichbarer Zeit so viele Erfahrungen und so tiefgreifende Einsichten zuteil geworden«, schwärmte der Autor, Winfried Birkenfeld. Was allerdings im Seminar so genau passiert, schrieb er nicht; irgendwie war alles geheimnisvoll. Einige Passagen machten mich stutzig. Da schrieb er zum Beispiel über den UPT-Trainer Hans Schuster: »Zwar werde ich ihn auch in den nächsten Tagen in meinen Gedanken immer mal wieder – scherzhaft und in grober Übertreibung – ›Folterknecht‹ nennen, aber in Wirklichkeit spüre ich hinter der Strenge in jedem Augenblick die tiefe Liebe des wahren Lehrers.« Und unter einem Foto der

Trainer Birgit Arras und Hans Schuster stand: »Strenge Liebe, unbestechlicher Blick.« Nach der Lektüre war mir jedenfalls klar: In dieses Seminar will ich nicht. Am nächsten Tag erklärte ich Frau Arras dann auch sofort, daß mich der Artikel total abgeschreckt habe. Ihre Antwort überraschte mich dann doch etwas: Sie sei auch nicht so ganz glücklich damit. Denn Winfried (der Autor) habe noch einiges geändert, nachdem sie den Artikel korrigiert habe. Aha, dachte ich mir, bei UPT werden die Artikel also Korrektur gelesen. Das paßt ja gut zur strengen Liebe. Obwohl ich Frau Arras sehr deutlich sagte, daß ich kein Interesse an einem Seminarbesuch hätte, redete sie unaufhörlich fast eine Stunde auf mich ein. Ich ging mit einem komischen Gefühl nach Hause und vergaß UPT.

Nur vorläufig, denn in den nächsten Jahren tauchte der Name UPT immer wieder auf. So wies mich eine Bekannte, eine gute Kennerin der Seminarszene, eines Tages erneut auf UPT hin: »Die müssen Sie sich einmal vornehmen, was da abläuft, ist der Wahnsinn«, behauptete sie. Doch ich hatte genug andere Dinge zu tun. Anfang 1995 fragte mich eine Redakteurin der *Wirtschaftswoche*, ob ich UPT kenne. Frau Arras sei in der Redaktion gewesen und wolle unbedingt, daß die *Wirtschaftswoche* eine Seminarbesprechung mache; irgendwie sei ihr aber etwas komisch vorgekommen. Ich sagte ihr, ich wisse auch nichts Genaueres, man habe mich aber schon einmal auf angeblich merkwürdige Methoden von UPT aufmerksam gemacht. Schließlich fragte man mich, ob ich denn bereit wäre, das Seminar für die *Wirtschaftswoche* zu besuchen.

Nun begann das Drama. Nicht alles, was in den nächsten zweieinhalb Jahren passierte, kann und will ich hier wiedergeben. Dennoch zeigt das Vorgehen von UPT sehr deutlich, wie umstrittene Seminaranbieter mit Kritikern umgehen. UPT zog dabei alle Register: von Einschüchterungsversuchen bis hin zu mehr oder weniger deutlichen Drohungen, von Verleumdungen bis hin zu endlosen Klagen. UPT stellt sich gern als Opfer und Unschuldslamm dar und behauptet, ich würde nur aus persönlichen Gründen gegen sie vorgehen. Bis heute kenne ich diese Gründe nicht. UPT gibt sich bis heute davon überzeugt, daß die Kritik unberechtigt sei; Frau Arras betont nach wie vor, welch gute Arbeit UPT leiste. Die Aussagen zahlreicher Teilnehmer sprechen allerdings dagegen – und inzwischen bin ich mir sicher, daß ich dabei nur die Spitze des Eisbergs kenne.

Doch zurück zum Sommer 1995, als mich die *Wirtschaftswoche* bat, das Seminar zu besuchen. Ich rief Frau Arras an, wurde gleich zu einem Gespräch ins Büro gebeten. UPT residierte in einem verfallenen Altbau; das Büro war eng und ungemütlich. Während ich wartete, huschten einige Frauen durch das Büro. Sie wirkten irgendwie ferngesteuert. Kein freundliches Lächeln, allenfalls ein kurzer Gruß ohne Blickkontakt. Frau Arras fragte mich, ob ich etwas dagegen habe, wenn Frau Graunke auch an dem Gespräch teilnehme. Warum sollte ich? Erst viel später wurde mir klar, daß das ein Fehler war. Denn als es später um die Aussagen von Arras ging, stritt sie einfach alles ab. Schließlich habe sie eine Zeugin dafür. Das Gespräch verlief merkwürdig. Zunächst versuchte Frau Arras, mir auszureden, an dem Seminar teilzunehmen. Ich dürfe kein berufliches Interesse haben, sondern müsse ausschließlich aus persönlichem Interesse teilnehmen. Ich erklärte ihr, daß das Unsinn ist. Denn wenn ich darüber schreibe, habe ich nun mal auch ein berufliches Interesse, und das sei schließlich noch nie ein Problem gewesen. Ich fragte sie nach Ablauf und Inhalten des Seminars. Sie druckste herum. Das Umfeld und der Tagesablauf seien eben ganz anders. Auf meine bohrenden Fragen hin erklärte sie dann, Frauen dürften sich zum Beispiel nicht schminken. Viel mehr war nicht herauszubekommen. Dann sprach ich sie darauf an, daß sie ja damals den Artikel in der *Weiterbildung* vor der Veröffentlichung »Korrektur gelesen« habe und ob sie das auch von mir erwarte. Natürlich war die Antwort, das sei wohl selbstverständlich. Ich erklärte ihr, daß das mit seriösem Journalismus nun wirklich nichts zu tun hat und daß ich unter diesen Umständen natürlich nicht in das Seminar gehe. Plötzlich war es ihr nicht mehr so wichtig, daß ein Journalist über das Seminar berichtet. Schließlich habe man schon schlechte Erfahrungen mit einer *Stern*-Redakteurin gemacht; die sei nach zwei Tagen wieder abgereist. Aus heiterem Himmel – ohne daß das Wort Scientology oder Sekte gefallen war – fing sie plötzlich an zu klagen, daß man UPT sogar schon fälschlicherweise mit Scientology in Verbindung gebracht habe und daß man alles tun würde, um das zu widerlegen. Nun war meine Neugier natürlich geweckt.

Ich studierte die Broschüren. Die »UPT-Persönlichkeitsentwicklung« umfaßt drei Stufen: das Persönlichkeitstraining I und II sowie eine eineinhalbjährige prozeßorientierte Persönlichkeitsentwicklung. Zum Persönlichkeitstraining I heißt es: »Nur wer an sein Äußerstes geht, gelangt an sein Innerstes. Durch den Prozeß der körperorientierten Selbsterfahrung werden nicht bewältigte Erlebnisse und Konflikte sowie deren Einfluß auf das gegenwärtige Denken, Fühlen und Handeln aufgedeckt. Das Training fordert Sie körperlich und psychisch über bisher gesetzte Grenzen hinaus. Aufgestaute Gefühle werden gelöst und ausgedrückt, das Verhältnis zu sich, zu Autoritäten und wichtigen Bezugspersonen geklärt ... UPT-Trainings sind Selbsterfahrungsprozesse auf der Basis intensiver Körperarbeit ... Über das breite Spektrum von gezielten Anspannungsübungen werden einzelne Körperbereiche aktiviert. Dadurch werden zunächst muskuläre Verspannungen gelöst, um dann in Phasen tiefer Entspannung die damit zusammenhängenden, verdrängten Gefühle auszudrücken und zu verarbeiten. Ein Prozeß, der ungeahnte Energie- und Leistungspotentiale freisetzt – und zu konstruktiven Verhaltensweisen im Umgang mit Belastungen bzw. Konflikten führt ... Aufgrund unseres Ansatzes umfassen unsere Methoden ein breites Spektrum der Humanistischen Psychologie.«

Die eineinhalbjährige prozeßorientierte Persönlichkeitsentwicklung besteht aus sieben aufeinander aufbauenden Seminaren (insgesamt 40 Tage) und wird als die »intensivste Form der Auseinandersetzung mit sich« beschrieben. Ferner heißt es: »Über die Förderung der eigenen Entwicklung hinaus qualifizieren Sie sich unter anderem durch ein begleitendes Literaturstudium sowie durch Konzeption und Durchführung eigener Seminartage für Coach-, (psychologische) Berater- bzw. Trainertätigkeiten – offiziell als Ausbildung zertifiziert.«

In der Broschüre zur »Personal- und Organisationsentwicklung« steht, daß das Training »unterstützend-schonungslose Selbsterfahrungsprozesse in Verbindung mit intensiver Körperarbeit« nutze. Die Arbeit mit und am Körper sei die ehrlichste Form der Auseinandersetzung mit sich selbst. »Vor allem eine, die die sonst gängigen Fluchtwege, wie Ausreden und Rechtfertigungen, nicht zuläßt.« In der Broschüre äußern sich dann Hans-Joachim Weitzsch, Vorstandsvorsitzender der Sparkasse Hagen, Günter Braus, Geschäftsführer Brausdruck & Edition Braus, Wolfgang Schriever, Vorstandsvorsitzender UAP International, und Kurt Sommerlad, Direktor Gothaer Versicherungen, lobend zu den UPT-Trainings.

Ferner wird die »Firmengruppe« beschrieben. Dazu gehören

- die UPT Unternehmensberatung, Personalentwicklung, Training Hans Schuster & Partner (zuständig für Personalentwicklung, Potentialanalysen, Supervision und Coaching) in München,
- die UPT GmbH Unternehmenskultur Persönlichkeitsentwicklung, Training (zuständig für Persönlichkeitstrainings, die prozeßorientierte Ausbildung in körperorientierten Methoden und humanistischer Psychologie) in München,
- das Ferien- und Tagungszentrum Gut Sedlbrunn in Pöttmes,
- die PPE Zeitarbeit 2000 (Personalvermittlung, Zeitarbeit und Outsourcing) in München und

• die Baviera Construcione in Lissabon (Herstellung und Vertrieb von Sanitärartikeln und Fliesen).

Soviel war jedenfalls klar: UPT setzt auf Körperarbeit, und dabei geht es ans Eingemachte. Verdrängte Gefühle werden hochgeholt, Blockaden aufgelöst und ungeahnte Energiepotentiale freigesetzt. Dazu muß man wissen, daß der Einsatz von Körpertherapie nicht unproblematisch ist. Über die Arbeit am Körper kommt man relativ schnell an tiefliegende Probleme oder Traumata heran. Das Entscheidende ist jedoch die Aufarbeitung der hochgeholten Erlebnisse und Gefühle. Dazu ist allerdings in der Gruppe meist zuwenig Zeit, und die möglicherweise aufgebrochenen alten Wunden können zur erheblichen Belastung werden. Dazu kommt, daß viele Trainer keine fundierte Ausbildung haben. Eine seriöse Bioenergetik-Ausbildung dauert mehrere Jahre.

Doch gerade bei der Ausbildung wird es wieder einmal schwammig. Zu Hans Schuster gibt es folgende Angaben: Gesellschafter, Geschäftsführer und Trainer; Ausbildung zum Bankkaufmann; Studium der Betriebswirtschaft in München; Ausbildung in Methoden der Humanistischen Psychologie, Gruppendynamik und Körperarbeit (Schwerpunkt Bioenergetik); Weiterbildung in Organisationsentwicklung an der Boston University, USA; Führungstätigkeit im Bereich der Personalentwicklung in verschiedenen Großunternehmen; 1985 Gründung UPT Hans Schuster & Partner in München.

Über Birgit Arras gibt es folgende Informationen: Gesellschafterin und Trainerin; Studium der Psychologie an den Universitäten Köln und München; zusätzlich Ausbildung in Gestalt (Köln); Fortbildung in Gruppendynamik und Bioenergetik, Selbsterfahrung und körperorientierten Methoden (Esalen, USA), Supervision (Boston University, USA); seit 1985 Konzeption und Leitung von Personal- und Organisationsentwicklungsmaßnahmen (Schwerpunkt Konflikt, Team und Persönlichkeitsentwicklung).

Stutzig machte mich vor allem der letzte Satz. Denn Birgit Arras sah noch sehr jung aus. Meine Vermutung sollte sich später bestätigen. 1985 war sie gerade mal 20 Jahre alt und hatte offenbar noch nicht einmal ihr Psychologiestudium begonnen. Denn ihr Diplomzeugnis erhielt sie erst 1989. Eine zwanzigjährige Abiturientin konzipierte und leitete also Personal- und Organisationsentwicklungsmaßnahmen und war zudem noch zuständig für Persönlichkeitsentwicklung. Das spricht wahrhaftig für die Kompetenz und Qualität von UPT.

Auch Hans Schuster hatte bis zur UPT-Gründung nicht viel Zeit für eine fundierte Ausbildung. 1976 schloß er seine Lehre als Bankkaufmann ab und war dann in der Bank u. a. in der Lehrlingsausbildung tätig. Von August 1981 bis Februar 1984 ließ er sich für ein Studium freistellen, das er aber offenbar nicht abschloß. Danach arbeitete er wieder einige Monate bei der Bank und verließ das Unternehmen dann auf eigenen Wunsch. 1985 gründete er dann UPT. Wann und wo Schuster seine zahlreichen therapeutischen Ausbildungen gemacht hat, ist nicht bekannt. Auf eine spätere Anfrage antwortete er nicht.

Eine UPT-Teilnehmerin erzählte mir, Schuster sei bei Block ausgebildet worden. Ich erinnerte mich, daß Birgit Arras mir in unserem ersten Gespräch von ihrer Ausbildung bei Wolfgang Merz erzählt hatte. Merz leitet das Block-2-Training, in dem vor allem körpertherapeutische Methoden eingesetzt werden. Auffallend ist zumindest, daß in den Geschäftsbedingungen von UPT fast derselbe ungewöhnliche Satz wie bei Merz steht: »Verboten sind der Besitz und Gebrauch von illegalen Drogen, Alkohol und die Anwendung von Gewalt.«

Die Verbindung zu Block bestätigte 1997 ein *Focus*-Artikel; dort hieß es, UPT habe »Elemente aus den Block-Trainings ins eigene Angebot übernommen«. Durchaus möglich, daß Schuster und Arras auch mit Randy Revell oder Lifespring (siehe Kapitel 3) zu tun hatten. Schließlich führte Lifespring damals seine Trainings in den Räumen der Boston University durch.

Aber UPT konnte eine beeindruckende Referenzenliste vorweisen mit über 25 zum Teil großen und renommierten Unternehmen. Die Liste erwies sich jedoch schnell als zweifelhaft. Anrufe bei drei zufällig ausgewählten Unternehmen ergaben, daß alle drei schriftlich bestätigten, nicht mit UPT zusammengearbeitet zu haben. In einem Fall hatte UPT lediglich einmal einen Mitarbeiter gecoacht. Eine Bank mahnte UPT umgehend schriftlich ab. Von nun an war UPT vorsichtiger. Im Oktober 1995 gab UPT nur noch drei Unternehmen an: Rohde & Schwarz, München (firmeninterne Seminare und prozeßorientierte Persönlichkeitsentwicklung), UAP International, Saarbrücken (firmeninterne Seminare und Persönlichkeitstrainings), und Hamburg-Mannheimer in Hamburg (firmeninterne Seminare).

Meine Neugier wuchs. Was steckt hinter einem Seminaranbieter, der so dreist mit falschen Referenzen arbeitet? Nun machte ich einige UPT-Teilnehmer ausfindig und war schockiert von ihren Horrorgeschichten. Auffallend war vor allem, wie präsent das Erlebnis bei allen noch war, obwohl das Seminar bei einigen bereits ein paar Jahre zurücklag. Je mehr sie über das erzählten, was sie dort erlebten, um so aufgewühlter oder wütender wurden sie. Ein Betroffener hatte in Schusters Zeitarbeitsfirma PPE gearbeitet und durfte damals für einen Sonderpreis an dem Seminar teilnehmen. »Durch die Zeitarbeitsfirma bekommen sie Kontakt zu den Personalabteilungen und können dann dort auch ihre Seminare anbieten. Das ist ganz schön raffiniert«, erzählte er.

Ein paar Wochen nach dem Gespräch mit Frau Arras erschien in der Marketingfachzeitschrift *Acquisa* ein vierseitiger Artikel von mir über Persönlichkeitsseminare, mit der Überschrift *Viele Scharlatane unter den Anbietern*. In dem Artikel kamen Experten zu Wort, die vor dem Einsatz tiefgreifender psychotherapeutischer Methoden warnten und die fragwürdige Qualifikation vieler Trainer bemängelten. In einem Satz wies ich darauf hin, daß sich auf diesem Markt nicht nur viele Scharlatane tummeln, sondern auch immer mehr Sekten oder sektenähnliche Gruppierungen mitmischen.

Doch ausschlaggebend war der Anfang. Dort ging ich mit Zitaten von Teilnehmern (ohne ihre richtigen Namen zu nennen) und Aussagen von Birgit Arras in 32 Zeilen auf die merkwürdigen Methoden von UPT ein. Der Absatz war durch eine Zwischenüberschrift deutlich vom restlichen Text getrennt. Doch bei UPT sah man das offenbar anders und bezog den gesamten Text auf sich. Damals wußte ich noch nicht, daß viele der in dem Text genannten Kritikpunkte auch auf UPT zutreffen. Nicht im Traum habe ich damals daran gedacht, was dieser Artikel auslösen könnte und daß er noch zwei Jahre später die Gerichte beschäftigen sollte.

Am 26. September 1995 trudelte dann eine strafbewehrte Unterlassungserklärung ein. Ich sollte unterschreiben, daß ich – gegen eine ungewöhnlich hohe Konventionalstrafe von 50 000 Mark je Verstoß – die Aussagen von Arras und Zitate der Teilnehmer über UPT nicht mehr behaupten und verbreiten werde. Ich unterschrieb nicht. Am 27. September verschickte UPT dann einen Brief an zahlreiche Redaktionen – von Tageszeitungen über Fach- und Frauenzeitschriften bis hin zu Wirtschaftsmagazinen. Die Auswahl der Redaktionen war offenbar recht willkürlich, da darunter auch einige Blätter waren, für die ich noch nie geschrieben hatte. In dem Brief hieß es: »Bislang waren wir der Meinung, daß es unsportlich sei, eine juristische Auseinandersetzung mit Journalisten zu suchen. Frau Schwertfeger, die keines unserer Seminare besucht hat, schreibt aber – bis hin zu falschen Zitaten – derart an den Tatsachen vorbei, daß wir uns gezwungen sehen, gerichtliche Schritte einzuleiten. Bis zur Klärung, was Frau Schwertfeger wirklich über uns verbreiten darf, bitten wir Sie, mögliche Beiträge, in denen sie uns erwähnt, bei uns zu verifizieren.« In den Redaktionen stieß das Schreiben auf Befremden und Verwunderung.

Fast zeitgleich verschickte eine gewisse Petra Schreiber an mehrere Fachzeitschriften einen Artikel über das Persönlichkeitstraining bei UPT. In ihrem Anschreiben erklärte die angebliche Studentin, daß sie während eines Praktikums an einem UPT-Training teilgenommen habe. Der Brief von UPT und der Artikel von Petra Schreiber veranlaßten den Informationsdienst *Training aktuell* zu einem Kommentar. »Was soll das?« schrieb Chefredakteur Jürgen Graf. »Will man mit dem dezenten Hinweis, mögliche Beiträge zu verifizieren, die Redaktionen an ihre Sorgfaltspflicht erinnern? Vollkommen uneigennützig, versteht sich.« Stutzig machte die Redaktion aber der fast zeitgleich verschickte Artikel von Petra Schreiber. »Müssen wir das jetzt verifizieren lassen?« fragte Jürgen Graf. »Nein, diese Arbeit wurde uns freundlicherweise abgenommen.« Denn am Ende ihres Briefes schrieb die UPT-Bewunderin: »UPT ist mit der Veröffentlichung dieses Artikels einverstanden.«

Der Artikel war vage und nichtssagend. »Wie kann man nur so lang nichts sagen«, kommentierte ein Redakteur das Werk. Auffallend war jedoch der dick in einem Kasten hervorgehobene Satz: »Wir sind nicht die Opfer unseres Schicksals, sondern die Schöpfer unserer Lebensumstände.« Zufall? Oder besteht doch ein Zusammenhang mit Lifespring? Denn dieser Satz hätte auch von dem Psychokult stammen können.

Am 6. Oktober bekomme ich einen Anruf von Herrn Schuster. Er möchte, daß ich möglichst bald nach Pöttmes fahre, um dort mit ihm zu reden. Als er merkt, daß ich nicht so spure, wie er sich das wünscht, wird der Ton bedrohlich. Er werde mich bei »allen Chefredakteuren« diffamieren, droht der Psychotrainer. »Darüber werden wir schreiben, darüber werden wir arbeiten, wenn es sein muß, Tag und Nacht.« Er arbeitet mit Unterstellungen, versucht mich einzuschüchtern. Ich bin schockiert und frage Schuster, ob er Scientologe ist, denn irgendwie würde mich sein Vorgehen doch etwas daran erinnern. Seine Antwort: »Ich bin kein Scientologe, auch wenn Sie das gern hätten ... Wir werden beweisen, wie Sie damit umgehen, und dann können Sie sagen, wir sind Scientologen. Wir sind ganz klar über den Verbraucherschutz und die Gewerkschaft überprüft bis zur obersten Ebene, wir arbeiten für Manager der höchsten Ebene von Großkonzernen, wir werden bei jedem Auftrag ins Detail kontrolliert, wir arbeiten fürs Bundesforschungsministerium, wir sind bis unter die Haarspitzen geprüft, dort werden Sie keine Nische finden.«

Schuster fordert mich erneut eindringlich auf, in sein Trainingszentrum zu kommen. Wenn ich das »Angebot« nicht annehme, dann sei das ein deutliches Zeichen, daß ich ihn nicht verstehen wolle. Er droht mit rechtlichen Schritten. Schließlich vereinbaren wir ein Gespräch am 11. Oktober in einem Münchner Café. Ich warte in dem fast leeren Café, einen UPT-Prospekt vor mir auf dem Tisch. Herr Schuster kommt nicht auf mich zu.

Am Nachmittag ruft er an. Zunächst ist er freundlich, fragt, wo ich denn gewesen sei. Er habe mich nicht gesehen. »Was machen wir jetzt?« fragt er immer noch recht freundlich. Ich sage, daß ich noch immer nicht wisse, was er eigentlich von mir will. Er erzählt von den mehreren tausend Führungskräften, die in seinen Trainings gewesen seien. Er bestreitet, daß Frau Arras jemals meinen Artikel Korrektur lesen wollte, man wollte nur »sachlich drübergehen« und »sachliche Korrekturen« machen. Ich weise ihn auf seine falsche Referenzliste hin. Er behauptet dreist, für alle dort aufgeführten Unternehmen gearbeitet zu haben. Ich werfe ihm vor, zu lügen. Er schnappt kurz nach Luft und droht, ab dem nächsten Tag alle Chefredaktionen über meine angeblich unseriöse Arbeitsweise zu informieren und rechtliche Schritte gegen mich einzuleiten. Es passiert nichts.

Im November druckt *Acquisa* einen bemerkenswerten Leserbrief zu meinem Artikel ab. Dort wird mir unter anderem vorgeworfen, »Schauermärchen von Isolationsfolter und Bürgerkrieg« zu verbreiten. Ich weiß bis heute nicht, wo in dem Artikel etwas von Isolationsfolter und Bürgerkrieg steht. Ferner heißt es: »Neben der Unterschrift vermerken wir unseren Beruf, damit Sie sehen, daß hier Menschen schreiben, die mit beiden Beinen im Leben stehen.« Der Brief wurde offenbar von UPT (Ortsangabe München) geschrieben und an ehemalige Teilnehmer geschickt, die dann nur noch ihren Namen und ihre Unterschrift einsetzen mußten. Selbst das Verfassen eines positiven Leserbriefes traut UPT seinen Teilnehmern wohl nicht zu. Unterzeichnet haben den Brief in *Acquisa*: Harri Korsten, Managementberater BDU, Helge Schällig, Regionalleiter München, und Regine Güllich, Psychologin, Personalentwicklung München. Frau Güllich ist Leiterin der Personalentwicklung bei Rohde & Schwarz und engagierte sich auch später noch in bemerkenswerter Weise für UPT.

Acquisa wurde per Gericht zum Abdruck einer Gegendarstellung verpflichtet. Die machte allerdings stutzig, hieß es doch zum Beispiel: »Unwahr ist die Behauptung, es werde permanent mit Unterstellungen und Gruppendruck gearbeitet. Wahr ist, daß weder mit Gruppendruck noch mit Unterstellungen gearbeitet wird. Unrichtig ist die Behauptung, daß die Teilnehmer von der Außenwelt total isoliert werden. Richtig ist, daß Telefon und Telefax zur Verfügung stehen.«

Abgesehen davon, daß eine Gegendarstellung nicht der Wahrheit entsprechen muß, wurde nie behauptet, daß es dort kein Telefon gibt. Soweit bekannt, durften die Teilnehmer dieses jedoch nicht frei benutzen.

Ich recherchiere weiter, finde die ehemalige *Stern*-Redakteurin, die 1991 das Seminar besucht und abgebrochen hatte. »Das war für mich die totale Diktaktur«, erinnerte sie sich. »Es war schockierend, wie die Teilnehmer mit autoritärem Auftreten und primitiven Psychotricks gefügig gemacht wurden. Ich fühlte mich wie in einer Sekte.« Ein Teilnehmer zeigt mir den Sexualfragebogen, den er – so seine eidesstattliche Versicherung – in Gruppen- und Plenumsarbeit bearbeiten mußte.

Eine andere Teilnehmerin kann sich noch erinnern, wie sie den Sexfragebogen mit dem Vorstand der Sparkasse Hagen »bearbeitet« hat. Die 21 Fragen des Sexfragebogens gehen ans Eingemachte. Ein Auszug:

> «Mehrere sexuelle Beziehungen zu haben beinhaltet für mich ...
> Sexuelle Befriedigung beinhaltet für mich ...
> Die Bedeutung des Orgasmus liegt für mich in ...
> Ich fühle mich sexuell unzulänglich, wenn ...
> Was ich wirklich gern tun würde, wenn ich intim mit jemandem bin, und wovon ich noch niemandem erzählt habe ...
> Geräusche (lachen, reden, schreien, stöhnen) beim Sex bedeuten mir ...
> Meine Vorlieben in bezug auf Ort, Tageszeit, Requisiten, Stellungen, Rituale sind ...
> Ich befriedige mich (wann, wie oft?) ...
> Meine peinlichste sexuelle Erfahrung war ...
> Sexuelle Erfahrungen mit Partnern meines Geschlechts hatte ich bisher ... Meine Einstellung dazu ist ...«

Was haben diese intimen Fragen in einem Persönlichkeitsseminar zu suchen? Allenfalls in der Sexualtherapie sind solche Fragen vielleicht angebracht. Was bringt es, wenn ich einem fremden Menschen meine intimsten sexuellen Erlebnisse und Wünsche erzähle? Was passiert, wenn dabei Probleme oder gar traumatische Erlebnisse angesprochen werden? Bekommen die Teilnehmer dann eine Hilfestellung, wie sie besser zum Orgasmus kommen?

Am 11. April 1996 erscheint im *Stern* ein Artikel von mir über obskure Managementberater. Dabei werden auch die UPT-Methoden beschrieben. Von den zahlreichen Leserbriefen machte mich einer besonders betroffen: »Der Artikel hat mich sehr interessiert, da ich sowie auch Kollegen in Sachen Unternehmensberatung – speziell Fa. UPT München – betroffen sind«, schrieb einer. »Da mir persönlich sowie auch einer Vielzahl meiner Kollegen die Darstellung der UPT sehr suspekt erscheint, wäre ich sehr dankbar, wenn Sie mir genauere Informationen zukommen lassen könnten ... Bitte behandeln Sie diesen Brief streng vertraulich, da ich andernfalls mit arbeitsrechtlichen Maßnahmen rechnen muß.« Es melden sich weitere Betroffene. Einer erklärt mir, es sei alles noch viel zu harmlos, was in dem Artikel über UPT stehe. Er selbst habe das Seminar auf Empfehlung seines Chefs begonnen und sei entsetzt wieder abgereist.

Fünf Tage nach dem Erscheinen des *Stern*-Artikels wendet sich Wolfgang Schriever, Vorstandsvorsitzender der Versicherung UAP in Saarbrücken, an seine Mitarbeiter und stellt sich hinter UPT. Schriever ist UPT-Fan und wird auch in der Broschüre zitiert. Seinem Schreiben beigelegt ist ein Fax von Schuster. Darin schreibt er, daß ich bekannt sei »für die einseitige Zuordnung von Seminaranbietern im Bereich der Persönlichkeitsentwicklung zu Sekten (und einige gerichtliche Klagen dazu)«. Im September 1995 hätte ich in der Zeitschrift *Acquisa* einen Artikel über die UPT-Trainings veröffentlicht, obwohl ich persönlich nie daran teilgenommen hatte. In diesem Artikel hätte ich UPT auch mit dem Begriff Sekte in Verbindung gebracht. Um sich zu verteidigen, hatte Schuster tief in die Verleumdungskiste gegriffen. Denn ich habe noch nie einen Seminaranbieter einer Sekte zugeordnet; es gibt keine entsprechenden gerichtlichen Klagen gegen mich. Und der *Acquisa*-Artikel handelte nicht von UPT, sondern allgemein von Psychoseminaren. Lediglich 32 Zeilen von vier Seiten befaßten sich mit UPT. Beigefügt war dem Schreiben Schusters eine Bestätigung der Aktion Bildungsinformation (ABI) in Stuttgart, daß UPT-Mitarbeiter nicht auf ihren Scientology-Listen stehen. Schuster versuchte also, die Vorwürfe mit Hilfe des Scientology-Tricks (siehe Kapitel 2) zu entkräften.

Am 27. April erscheint – als Folge des *Stern*-Artikels – in der *Westfalenpost* ein Artikel über UPT und die Sparkasse Hagen.

Dort heißt es, daß sich von 1992 bis 1994 mehr als 100 Führungskräfte auf strikte Weisung des Vorstands den Ritualen von UPT unterziehen mußten. Vorstandsvorsitzender Hans-Joachim Weitzsch wird auch in der UPT-Broschüre zitiert: »UPT hat uns den Spiegel vorgehalten – ohne Umschweife und ungewöhnlich deutlich. Phasenweise war ich nicht sicher, ob die entstandene Unruhe durchzuhalten ist. Jetzt weiß ich, es ist die einzige Möglichkeit, sich für Veränderungen zu öffnen.«

Was im Training genau passierte, sollte nicht an die Öffentlichkeit gelangen, schrieb die *Westfalenpost*. »Die Teilnehmer wurden zum Schweigen verpflichtet ... Wer die Psycho-Nummer nicht mitmachen wollte, geriet offenbar auf der Karriereleiter ins Schlingern. Sparkassen-Chef Weitzsch, wie seine Vorstandskollegen Hacker und Peter glühender Verehrer der UPT-Methoden, warnte auf der Personalversammlung vom 5. 10. 1993 eindringlich: ›Für die künftige Besetzung von Führungspositionen wird die Teilnahme an persönlichkeitsentwickelnden Maßnahmen von erheblicher Bedeutung sein.‹« Weiter berichtete die *Westfalenpost*, das Klima im Haus sei zunehmend von Verunsicherung und Mißtrauen geprägt gewesen. Auf Sparkassenfluren habe man von »Todeserfahrungen« gemunkelt. In einer Radiosendung habe dann am 25. 10. 1994 ÖTV-Chef Manfred Weuster Alarm geschlagen: »Es gibt ganz viele Sparkassen-Mitarbeiter, die wollen solche Seminare nicht besuchen, weil sie Angst haben, die aber die Sorge haben, daß sie dann in die Ecke gestellt werden ... Was da kaputtgeht, das ist ganz schlimm.« Der Artikel endet mit dem Satz: »Durch die *Stern*-Veröffentlichung fühlen sich heute viele Sparkassen-Mitarbeiter in ihrer Aversion gegen Psycho-Seminare nachträglich bestätigt.«

In einer weiteren Radiosendung berichtete eine Sektenberaterin damals, daß einige Sparkassenmitarbeiter bei UPT scientologische Tendenzen vermuteten. Die ließen sich zwar nicht feststellen, aber das bedeute nicht, daß das Training nicht »auf der psychotechnischen Ebene genauso gefährlich« sein könne. Auf Druck der Mitarbeiter trennte sich der Vorstand im September 1994 von UPT.

Inzwischen verschickte UPT an Unternehmen und ehemalige Teilnehmer Schreiben mit denselben Behauptungen wie in dem Fax an die UAP. Bereits damals ging es in erster Linie darum, mich zu diffamieren. Denn sachliche Argumente nannte UPT nicht. Schließlich mahnte ich UPT ab. Am 30. April rief mich Schuster an. Er glaube schon, daß ich sehr gut mit beiden Beinen im Leben stehe, das spüre er, und das sei sehr schmerzlich für ihn, erklärte er mir mit geknickter Stimme. Nach dem *Stern*-Artikel kämpfe er jede Minute um seine Existenz. Auf meine Forderung, mir zu unterschreiben, daß er diese falschen und diffamierenden Dinge über mich nicht weiter behaupten werde, fängt er an, mehr als eine halbe Stunde zu schachern. Wenn er etwas unterschreibe, dann müsse ich auch das unterschreiben, was von ihm komme. Das Gespräch endet ohne Ergebnis; Schuster droht mit juristischen Schritten.

Am 5. Mai faxt mir UPT-Rechtsanwalt Alexander Unverzagt dann eine sechsseitige Unterlassungserklärung. Dort sollte ich unterschreiben, daß ich, gegen eine Vertragsstrafe von 30 000 Mark bei jeder Zuwiderhandlung, 22 Behauptungen und Aktivitäten unterlasse bzw. ein Schuldanerkenntnis unterschreibe. So dürfe ich zum Beispiel keine »Kunden der UPT oder des Herrn Schuster anrufen oder sonstwie kontaktieren, um diese und ihre Mitarbeiter direkt oder indirekt durch Vorspiegelung falscher Tatsachen und/oder in anderer die Firma UPT und/oder ihre Mitarbeiter und/oder Geschäftsführer diskreditierender Weise, wie z. B. durch Fragen ›Wissen Sie eigentlich, bei wem Sie auf der Referenzliste stehen?‹, zu bewegen, über ihren Kontakt zu der Firma UPT und deren Mitarbeiter und/oder Herrn Schuster nachzudenken bzw. von weiteren Kontakten Abstand zu nehmen.« Was entnehmen wir diesem Mammutsatz? UPT will mir verbieten, zu recher-

chieren, und Nachdenken über UPT könnte sich geschäfts-
schädigend auswirken? Weiter dürfe ich nicht behaupten,
Schusters Vorgehen gegen mich sei sektenähnlich. Aber es
wird noch besser: Ich müsse nämlich auch sicherstellen, daß
Dritte diese Verpflichtungen ebenfalls beachten, und Schusters Anwalt Auskunft darüber erteilen, gegenüber wem ich all
diese verwerflichen Äußerungen gemacht habe. Zudem müsse
ich anerkennen, sämtlichen daraus entstandenen und entste-
henden Schaden zu ersetzen.

Natürlich unterschrieb ich diese wahnwitzige Erklärung
nicht. Der *Stern*-Anwalt schrieb Herrn Unverzagt: »Ich will
allerdings nach Durchsicht des Materials nicht meinen Eindruck verhehlen, daß hier nur eine kritische Journalistin
mundtot gemacht werden soll.« Herr Unverzagt schwieg.

Die von mir geforderte Unterlassungserklärung unter-
schreibt UPT nicht. Am 21. Mai 1996 erläßt das Landgericht
München eine einstweilige Verfügung in drei Punkten gegen
UPT und Hans Schuster. In einem Punkt gibt UPT gleich klein
bei, legt aber gegen die anderen beiden Widerspruch ein. Das
Urteil fällt erneut gegen UPT aus. In der Verhandlung im
Januar 1997 muß UPT dann einen bemerkenswerten Auftritt
hingelegt haben, obwohl es lediglich darum ging, ob die
umstrittenen Aussagen nun Tatsachenbehauptungen oder
Meinungsäußerungen darstellen. Denn gegen Meinungs-
äußerungen kann man keine einstweilige Verfügung erlassen.
Schuster erschien mit zwei Anwälten und zehn ungeladenen
Zeugen. Schuster und UPT-Mitarbeiter Andreas Külpp packten
Berge von Akten aus und stapelten sie vor sich auf. Rechtsan-
walt Unverzagt ergriff das Wort und wies auf die zehn Zeugen
hin. Das Gericht erklärte, daß ihm nicht klar sei, wofür eine
Zeugenaussage notwendig sei, da ausschließlich Rechtsfragen
zu klären seien. Auf die Frage des Gerichts, zu welchem
Beweisthema diese Zeugen angeboten würden, erklärte
Rechtsanwalt Unverzagt dann, daß alle diese Zeugen aussagen
könnten, daß ich bekannt dafür sei, Seminaranbieter einseitig

Sekten zuzuordnen. Erstaunlich, denn nach meinem Rechtsverständnis bedeutet »einseitig zuordnen«, daß ich irgendwann einmal geschrieben haben müßte, Seminaranbieter X gehöre zu Sekte Y. Doch nichts dergleichen hatte ich jemals getan.

Der Auftritt von UPT vor Gericht machte mich allerdings noch argwöhnischer. Denn solche einschüchternden Auftritte kennt man doch vor allem von Sekten. Auch wenn UPT nichts mit einer Sekte zu tun hat, ähneln sich doch die Methoden. Die Zeugen wurden nicht vernommen. Was mich jedoch am allermeisten erstaunte, war, daß unter den Zeugen auch die Personalentwicklerin von Rohde & Schwarz war, Regine Güllich. Was bewegt eine Personalentwicklerin dazu, für einen umstrittenen Seminaranbieter auszusagen? Warum ist eine Psychologin bereit zu einer Aussage, die sich nicht nachweisen läßt? Denn ich hatte nun mal noch nie einen Seminaranbieter einseitig einer Sekte zugeordnet.

Erst später erfuhr ich per Zufall, daß sich auch bei Rohde & Schwarz unter den Mitarbeitern Widerstand gegen UPT regte. Ich bat Frau Güllich, mir ein paar Fragen zur Zusammenarbeit mit UPT zu beantworten. Am 13. Februar 1997 schrieb sie: »Rohde & Schwarz hat zu keiner Zeit Persönlichkeitsseminare mit UPT angeboten und hat auschließlich mit Frau Arras zusammengearbeitet.« Da auf einer Referenzliste von 1995 bei dem Unternehmen auch »prozeßorientierte Persönlichkeitsentwicklung« steht, hat Frau Güllich offenbar selbst an der UPT-Ausbildung teilgenommen.

Weiter schreibt sie: »Alle Trainings (Potentialeinschätzungsseminare, Konflikt- und Kommunikationstrainings, Teamentwicklung) wurden von mir mit der Unterstützung von Frau Arras durchgeführt ... Die Trainings waren erfolgreich und von den Mitarbeitern geschätzt.«

Die Mitarbeiter sahen das offenbar anders. Denn bereits im Januar 1997 schrieb der Betriebsrat: »Als Betriebsrat haben wir ein Mitspracherecht, welche externen Seminaranbieter bei

Weiterbildungsmaßnahmen im Unternehmen eingesetzt werden. Nachdem auch von seiten der Belegschaft Widerstand gegen die Firma UPT und deren Trainerin Frau Arras kam, wurden weitere Seminare mit diesem Trainingsinstitut abgesagt.« Doch Frau Güllich bestand auch in einem weiteren Telefonat darauf, daß alle Seminare erfolgreich gewesen und die Mitarbeiter begeistert gewesen seien.

Trotz des beeindruckenden Auftritts vor Gericht blieb die einstweilige Verfügung gegen UPT bestehen. Zu dem umstrittenen *Acquisa*-Artikel schrieb das Gericht: »Aufgrund des Artikels mag sich zwar der Eindruck aufdrängen, daß UPT zu den dubiosen Anbietern gehört, jedoch hat diese Verbindung nichts damit zu tun, daß in diesem Artikel eine Verbindung zwischen UPT und einer Sekte hergestellt wird.«

Doch damit war die Sache noch nicht beendet. UPT legte Berufung beim Oberlandesgericht ein und gewann. Der Richter betrachtete die Aussage, daß ich Seminaranbieter einseitig Sekten zugeordnet haben soll, als Meinungsäußerung und empfahl mir ausdrücklich, gegen UPT doch lieber weiter pressemäßig vorzugehen. Daß jeder Artikel über UPT zwangsläufig zu endlosen gerichtlichen Auseinandersetzungen führt, wollte ihm offenbar nicht einleuchten.

Das Vorgehen von UPT zeigt meines Erachtens sehr deutlich, daß es in erster Linie um Zermürbung geht. Denn was bringt es UPT, wenn sie zwei Jahre später stolz behaupten können, das Gericht habe die Aussagen als Meinungsäußerung gewertet? An den umstrittenen Methoden in den Seminaren ändert das nichts.

Zunächst weniger verwerflich ist da der Versuch, einen positiven Bericht in den Medien zu lancieren. So ging UPT nach dem *Stern*-Artikel vom 11. April 1996 auf Medientour. Bereits am 30. April erscheint im Anzeigenblatt *Der Seminartip* ein Interview mit Frau Arras, UPT bekommt dafür fast die ganze Titelseite. Das Interview ist vor allem eine Rechtfertigung gegen den *Stern*-Artikel. Ich rufe beim *Seminartip* an und bekomme eine überraschend offene Antwort: UPT habe viel Geld dafür bezahlt. Man hält mich offenbar für einen Seminaranbieter und bietet mir an, daß ich so etwas auch bekommen könne. Die Summe muß wirklich ganz hübsch gewesen sein. Denn am 30. Juni erscheint ein weiterer großer Lobesartikel über die Eröffnung von Gut Sedlbrunn. Der alte Gutshof in Pöttmes bei Augsburg, der ebenfalls zur Firmengruppe von Schuster gehört, wurde aufwendig renoviert und nun als Ferien- und Tagungszentrum eröffnet.

Zu diesem Anlaß hatte UPT zu einer Podiumsdiskussion über »das vereinte, veränderte Deutschland« nach Gut Sedlbrunn eingeladen. Als Referenten waren angekündigt: Dr. Horst Föhr, früher Personalvorstand der Aral AG und der Treuhandanstalt, seit 1995 Personalvorstand der Deutschen Bahn AG; und Dr. Karl Döring, früher Generaldirektor Bandstahlkombinat, stellvertretender Minister, heute Geschäftsleitung EKO-Stahl GmbH. Bahnvorstand Föhr könnte UPT noch aus seiner Zeit bei der Treuhandanstalt kennen, wo UPT damals Kommunikationstrainings durchführte. Föhr sagte seine Teilnahme ab.

Bei EKO-Stahl führte UPT Potentialanalysen und Trainings im Rahmen eines vom Bundesforschungsministerium mit 1,7 Millionen Mark geförderten Projektes durch. Den Antrag von EKO-Stahl, die Arbeit von UPT aus Forschungsmitteln zu finanzieren, lehnte das Ministerium damals allerdings ab. Begründung: »Das Angebot von UPT ist inhaltlich unzureichend.«

Auf ihrer Medientour besuchte Frau Arras Ende Juni auch die Redaktion der *Süddeutschen Zeitung* und berichtete von den Projekten bei EKO-Stahl und UAP (die jetzt nach Übernahme durch den schottischen Versicherungskonzern General Accident heißt). Nach dem Gespräch schickte sie einen Brief, dem die Druckfahnen der »noch nicht veröffentlichten Titelstory im nächsten Seminarführer« beiliegen. Die Druckfahnen bekommen bei seriösen Blättern höchstens die Anzeigenkunden, um noch Korrekturen vornehmen zu können. Das Weiterbildungsmagazin *Seminarführer,* das sich mit dem Untertitel »aktuell – kritisch – kompetent« schmückt, ist in Insider-Kreisen seit langem dafür bekannt, daß man sich die Titelgeschichte kaufen kann. Eine konkrete Anfrage 1996 ergab, daß man dafür 8000 Mark hinblättern muß.

Auch bei *Focus* versuchte Arras ihr Glück und hatte Erfolg. Anfang Juli rief mich ein Herr Thiede von *Focus* an und wollte sich mit mir über UPT unterhalten. Ich erklärte ihm, daß er vorsichtig sein und sorgfältig recherchieren solle, denn bei diesem Seminaranbieter sei doch einiges etwas merkwürdig. Seine Antwort war dann doch verblüffend: Zum Recherchieren habe er keine Zeit, denn der Artikel müsse morgen fertig sein. Herr Thiede war auch nicht sonderlich an Informationen interessiert. Er machte auf mich eher den Eindruck, eine positive Geschichte schreiben zu wollen, die er sich nun nicht mehr durch unpassende Informationen verderben wollte. Ich gab ihm die Telefonnummer einer Kollegin, die vor einiger Zeit an dem Training teilgenommen hatte und noch immer schockiert war. Herr Thiede rief sie an. Sie bat ihn vor Zeugen, ihr Vertraulichkeit zuzusichern und ihren Namen nicht weiterzugeben. Zwei Tage später rief sie mich entsetzt an. Herr Schuster habe sie im Büro angerufen, nachdem er von Herrn Thiede erfahren hatte, daß sie sich kritisch zu UPT geäußert habe. Die Betroffene war entsetzt. Denn Thiede hatte für sie einen der obersten Grundsätze des seriösen Journalismus – den Informantenschutz – nicht eingehalten.

Der Artikel erschien am 15. Juli 1996 und war letztlich eine Lobeshymne, auch wenn er einige kritische Untertöne enthielt. »Das virtuos durchgezogene Programm … ist ohne greifbaren weltanschaulichen Eifer zusammengestellt. Eklektizistisch ist es, abgeschrieben vielleicht – aber alles andere als Dummenfang«, schreibt Roger Thiede. Hübsch ist allerdings die Zusammenstellung der »Übungen«, die sich wie ein wirrer Therapie-Cocktail liest. Da gibt es dann den Sprung mit verbundenen Augen in einen unbekannten Raum, Bioenergetik, die Niederschrift eines emotionalen Lebenslaufs, das Nachspielen schrecklicher Erlebnisse, Imaginationsreise in den Tod, Rebirthing, Tierspiel mit Partner, Verrücktspielen, Derwischtanz bis zum Umfallen, Blamier-dich-Übung, Massagen und die erotisierte Nacht der Wunscherfüllung.

Am 29.7.1996 brachte *Focus TV* einen Beitrag über Psychoseminare. Er beginnt mit einem ausführlichen Bericht über UPT. Die Teilnehmer schreien sich an, springen mit verbundenen Augen ins Leere, hecheln beim Rebirthing. Der Text ist ironisch, die Bilder sind positiv. Die Teilnehmer schwärmen, Birgit Arras erzählt, daß sie den Teilnehmern lediglich einen Rahmen biete. Nach dem Beitrag über UPT gab es erst einmal eine Werbepause. *Focus TV* habe den Markt unter die Lupe genommen, verkündet Moderatorin Lilly Gruber, um die Zuschauer bei der Stange zu halten. Es folgen Szenen aus einem alten Beitrag über Managertraining vom 18.7.1995, Kritiker kommen zu Wort. Immer wieder im Hintergrund eingeblendet: Die Titelseite des Weiterbildungsmagazins *Seminarführer.* Nach der Sendung konnte man per Fax-Polling weitere Informationen abfragen. Neben ein paar allgemeinen Hinweisen (»Psychoanalyse sollte man geschulten Psychologen überlassen«) hieß es: »Wer an dem von *Focus TV* gezeigten Persönlichkeitstraining teilnehmen will, wendet sich bitte an die Firma UPT.« Es folgten Adresse, Telefon- und Faxnummer. Die Namen und Adressen der anderen gezeigten Seminaranbieter wurden nicht genannt.

Immer wieder rufen mich Personalverantwortliche aus Unternehmen an und fragen, ob UPT etwas mit Scientology zu tun habe. Immer wieder erkläre ich, daß davon nichts bekannt sei. Herr Schuster müßte mir eigentlich Dankesbriefe schreiben, statt mir ständig zu unterstellen, ich würde UPT mit Scientology in Verbindung bringen. Tatsache ist jedoch, daß die Darstellung und das Auftreten von UPT offenbar mehreren Personen merkwürdig vorkamen.

Anfang November 1996 erschien in der *Süddeutschen Zeitung* unter der Überschrift *Mit Rebirthing in die psychische Krise* ein weiterer kritischer Artikel über UPT. Darin wird der Fall einer Teilnehmerin geschildert, die noch Jahre nach dem Training unter Atemstörungen leidet und das heute auf die Rebirthing-Übungen im Seminar zurückführt.

Umstrittene Hechelübungen

Unter Rebirthing versteht man eine relativ simple Atemtechnik, bei der man zwischen den Atemzügen möglichst keine Pause macht. Auf den ersten Blick scheint diese – auch Hyperventilation genannte – Technik harmlos. Doch jede Form der Atemmanipulation stellt einen tiefen Eingriff in das Geschehen des Organismus dar.

Rebirthing wurde Mitte der siebziger Jahre von dem Amerikaner Leonard Orr entwickelt. In einem heißen Holzzuber überkamen Orr plötzlich vorgeburtliche Erinnerungen, und er fühlte sich wie im Uterus seiner Mutter. Im Aufbruchsklima der siebziger Jahre und dem boomenden Selbsterfahrungsdrang wollte Orr seine vorgeburtlichen Erlebnisse in Kalifornien vermarkten. Stundenlang soll er grübelnd im Zuber gelegen haben, bis er auf die Idee kam, sich – versehen mit einer Nasenklammer und einem Schnorchel – unter Wasser aufzuhalten. Dabei soll er dann seine eigene Geburt wiedererlebt haben, und so entstand auch der Begriff Re-birthing. 1974 veranstaltete er dann sogenannte Rebirthing-Seminare im Wasser. Nachdem er später festgestellt hatte, daß schon das pausenlose, beschleunigte Atmen allein verschüttete Erinnerungen und vorgeburtliche Empfindungen wachrufen konnte, verlegte er das Ganze ins Trockene. Orrs These war es, daß sich durch das erneute Hindurchgehen durch die alten traumatischen Erfahrungen der eigenen Geburt alle negativen Lebensprogrammierungen auflösen und der Mensch danach neu geboren, frei und glücklich ist. Einen Aufschwung erlebte Rebirthing beim indischen Guru Bhagwan, und noch heute stammen viele Rebirther aus diesem Umfeld.

Die rauschartigen Erfahrungen, die durch das manipulierte Atmen entstehen, lassen sich allerdings auch ganz nüchtern erklären. Durch die hohe Atemfrequenz wird mehr Kohlendioxid abgeatmet, als im Stoffwechsel entsteht. Es kommt zu einem Abfall der Kohlendioxid-Spannung im Blut und damit zu einer Störung des Säure-Basen-Haushalts. Das führt zu einer neuromuskulären Übererregbarkeit mit tetanischen Symptomen (Parästhesien) sowie einer Aktivierung des Sympathikus (Pulsanstieg, EKG-Veränderungen). Es treten Veränderungen der regionalen Durchblutung auf. Die Gehirndurchblutung nimmt ab, was klinisch zu Bewußtseinsstörungen, Schwindelgefühlen oder sogar zur Ohnmacht führen kann.

Die durch Rebirthing hervorgerufene Erfahrung des emotionalen und körperlichen Aufgewühltseins ist daher kein ungefährlicher Zeitvertreib. Für Menschen mit Kreislauf- oder Herzproblemen, Asthma, Colitis sind diese Eingriffe sogar äußerst gefährlich. Bei Menschen, die an einer Neurose oder psychiatrischen Erkrankung leiden, können psychotische Entgleisungen oder Selbstmordwünsche ausgelöst werden. Sogar von Todesfällen wird berichtet. Die exzessiven Hechelübungen, die verschüttete traumatische Erinnerungen wachrufen sollen, sind daher bei Ärzten und Psychologen äußerst umstritten. Wer ohne diagnostische Kenntnis und differenzierte Indikationsstellung Rebirthing mache, betreibe unverantwortliche Scharlatanerie, kritisiert der Psychologe Colin Goldner. Besonders problematisch ist Rebirthing in der Gruppe. Denn im allgemeinen Geschrei, Keuchen und Kreischen ist es unmöglich, einen eventuellen Notfall rechtzeitig zu erkennen.

Entscheidend ist in jedem Fall ein therapeutisches Durcharbeiten der Erlebnisse. Das erfolgt jedoch gerade in Gruppen – schon allein aus Zeitgründen – nicht oder nur sehr unzureichend. Ohne dieses therapeutische Durcharbeiten kann es auch noch Jahre später zu schweren psychischen und psychosomatischen Reaktionen kommen. Dazu kommt, daß den meisten Rebirthern eine solide Ausbildung fehlt. Ihnen fehlt nicht nur die Qualifikation, mit einer derart gefährlichen Technik umzugehen, sie machen sich auch strafbar, sofern sie nicht approbierte Ärzte sind oder eine Formalerlaubnis als Heilpraktiker besitzen.

Wo die UPT-Trainer Hans Schuster und Birgit Arras ihre Rebirthing-Ausbildung genossen haben, war nicht herauszufinden.

In dem Artikel in der *Süddeutschen Zeitung* wird zudem ein sechsundvierzigjähriger Manager zitiert, der seine Erfahrungen mit UPT so zusammenfaßt:»Überrumpelung, Kommandoton, Kommunikationsverbot und der Entzug jeglicher Privatsphäre – bei mir kamen da Assoziationen zu Sekten hoch.«

Besonders schockierend ist eine Szene, bei der eine Teilnehmerin beschrieb, wie sie barfuß über vereiste Pfützen joggen, sich dann nackt ausziehen mußten und einzeln mit verbundenen oder geschlossenen Augen (darüber gab es dann gerichtliche Auseinandersetzungen) in den Hof geführt und dort ohne Vorwarnung unter eine eiskalte Dusche gestellt wurden.

Weiter heißt es, UPT habe »körperorientierte« Assessment-Center (AC) durchgeführt und dabei die tiefenpsychologische Methode der Bioenergetik eingesetzt. So wurden nicht nur Azubis mit bioenergetischen Übungen ausgewählt, auch Führungskräfte sollten so in Potentialanalysen ihre »psychische und physische Belastbarkeit« unter Beweis stellen. »Wer Bioenergetik im AC einsetze, handele unfair und verantwortungslos«, kritisierte der AC-Experte Sigurd Achilles. Zur Personalauswahl seien solche tiefgreifenden Therapietechniken nicht nur völlig ungeeignet, sie könnten auch erheblichen Schaden anrichten.

Daß die Vorwürfe offenbar nicht aus der Luft gegriffen sind, belegt ein nicht veröffentlichter Leserbrief:

»Als Führungskraft eines größeren Unternehmens, welches durch UPT betreut wird, kann ich diesen Artikel nur bestätigen. Ich habe als Leiter eines juristischen Bereichs die von UPT initiierten Umstrukturierungen unbeschadet überstanden und Einblick in die Methoden von UPT erhalten.

Die Einführung der Firma Hans Schuster und Partner war von Falschheiten begleitet. Unsere Führungskräfte wurden gezwungen, an einem verheimlichten Assessment teilzunehmen. In die Personaleinschätzung floß das Verhalten bei bioenergetischen Übungen ein (›wer schwitzt, wie verändert sich die Hautfarbe, wer bricht ab‹), ein Gesundheitscheck vor den körperlichen Streßpositionen erfolgte ebensowenig wie eine Nachbetreuung derjenigen Mitarbeiter, welche die Umstände und Ergebnisse der Tests nur schwer verarbeiten konnten. Meine Bitte, diese Mitarbeiter nicht allein zu lassen, schlug die UPT zugeneigte vormalige Sekretärin und jetzige ›Personalentwicklerin‹ aus mit dem Hinweis auf von ihr vermutete ausschließlich private Probleme. Daß von UPT im Anschluß an das Assessment ein Buch von Alexander Lowen empfohlen wurde, in welchem für Charakterstrukturen typische Körpermerkmale beschrieben sind (starke Körperbehaarung, dicke Waden und Stiernacken beim Masochisten), rundete das eigenartige Entrée dieser Firma ab.

Die weiterhin fehlende Ehrlichkeit verunsicherte die Belegschaft. Körperorientierte Teamentwicklungen wurden zunächst als völlig freiwillig und nach fehlender Akzeptanz über die Vorgesetztenschiene als Pflichtveranstaltung apostrophiert. Der psychologische Hintergrund von Übungen wurde nicht bzw. unvollständig oder falsch erklärt (in einer gruppendynamischen Übung wurde der enthaltene APC-Kreativitätstest nicht angesprochen, Wahrnehmungsveränderungen im Rahmen der sogenannten Starrtherapie wurden auf die Brechkraft des Auges und nicht auf dekonditionierte Angstmuster zurückgeführt). UPT praktizierte immer wieder Imaginationstechniken, welche einen direkten Weg zum Unterbewußtsein darstellen. Nach anstrengender Körperarbeit folgen zu sanfter Musik Phantasiereisen, Befragung eines Weisen oder die sog. 3-Türen-Methode, über deren Inhalte sich die Probanden in großer Runde oder in Gruppen austauschen (hier fällt – wie bei der Vorbereitung vermeintlich harmloser Spiele – kaum auf, daß UPT mithört).

Unter Hilfe von UPT entstand ein Klima des Mißtrauens. Etliche Führungskräfte äußerten unter vier Augen Kritik oder gaben zu, sich zu verstellen.

Zudem war die Personalauswahl fragwürdig. Bei einem der neuen Bereichsleiter zeigten sich Neurosen (Sprechstörungen), offenbar weil das Fehlen jeglicher Fachkompetenz zu katastrophalen Resonanzen von innen und außen führte. Natürlich wurde auch dieser Führungskraft die von Ihnen beschriebene Persönlichkeitsentwicklung angeboten, in welcher ein Konglomerat von psychotherapeutischen Verfahren angewandt wird.

Mein persönlicher Eindruck von UPT: Entweder handelt es sich um clevere Geschäftemacher, die psychotherapeutische Verfahren unwissenschaftlich verwenden (einer von ihnen hat sich als Autodidakt beschrieben), oder diese Leute (immerhin sind auch echte Psychologen an Bord) forschen bewußt in die Intimsphäre. Wie dem auch sei, UPT ist sich selbst am nächsten und wird die sehr lukrative Tätigkeit kaum aufgeben. Das diktatorische Element ist derzeit etwas in den Hintergrund getreten. UPT lernt also, wenn auch in jeder Hinsicht auf Kosten anderer.«

Ein vorliegender Beobachtungsbogen zeigt, wie bioenergetische Übungen offensichtlich tatsächlich in die Bewertung einflossen. So wird Zielorientierung zum Beispiel daran festgemacht, wie sehr ein Teilnehmer den »Spannungsgrad« durchzieht. Leistungsorientierung erkennt man an »Atmung, Durchblutung und Schweiß«, und wer Muskelzittern zuläßt, schnell atmet, eine stärkere Durchblutung zeigt und schwitzt, gilt als durchsetzungsfähig. Was hier gemacht wird, ist meines Erachtens schon verantwortungslos. Führungskräfte werden danach beurteilt, ob sie schwitzen oder einen roten Kopf bekommen.

UPT klagt gegen die *Süddeutsche Zeitung* und schaltet die Kanzlei des bekannten Hamburger Prominentenanwaltes Matthias Prinz ein. Das Gericht erläßt ohne mündliche Verhandlung eine einstweilige Verfügung gegen die *SZ*. Danach darf die *Süddeutsche Zeitung* nicht mehr behaupten und verbreiten:

a) Bei den Seminaren der UPT Hans Schuster & Partner gebe es extrem wenig zu essen.
b) Bei der Durchführung von Assessment-Centern setze UPT auf die Methode der tiefenpsychologischen Bioenergetik.
c) Seminarteilnehmer von UPT würden ohne Vorwarnung mit verbundenen Augen unter eine Dusche gestellt.

Dazu gibt Herr Schuster eine bemerkenswerte eidesstattliche Versicherung ab: »Außerdem ist es falsch, zu behaupten, bei der Durchführung von Assessment-Centern (AC) würde UPT auf die tiefenpsychologische Bioenergetik ... zurückgreifen. Richtig ist, daß bei der Durchführung von Assessment-Centern auf Bioenergetik für jedermann zurückgegriffen wird, mit der Zielsetzung, das Maß an Offenheit für Veränderungen und die dafür erforderliche psychische und physische Belastbarkeit zu testen ... Die tiefenpsychologische Bioenergetik hat eine klar andere Zielsetzung als die Bioenergetik für jedermann.«

Auch Birgit Arras unterschreibt eine eidesstattliche Versicherung, daß bei den ACs keine tiefenpsychologische Bioenergetik stattfinde.

Da stellt sich allerdings die Frage: Sind beide so unbedarft, und wissen sie schlichtweg nicht, was sie tun? Denn Bioenergetik ist per se ein tiefenpsychologisches Verfahren. Bei Experten verursachen diese Aussagen daher nur Kopfschütteln. So schreibt Thomas Tepfer, langjähriger Leiter und jetziger Geschäftsführer des Berufs- und Dachverbandes »Deutsche Gesellschaft für Körperpsychotherapie e. V.« in München: »Im allgemeinen Sprachgebrauch hat sich der Kurzbegriff Bioenergetik für das tiefenpsychologische Verfahren der Bioenergetischen Analyse eingebürgert. Die körperorientierten Methoden der Bioenergetik sind potentiell stark ›aufdeckende‹ Methoden, das heißt u. a., emotional besetzte psychische Komplexe und regressive (= auf frühere Erlebnisse bezogene) psychische Konflikte werden offenbar und müssen dann in der Therapie behandelt werden. Alle Psychotherapien, die regressive Tendenzen aufdecken und/oder behandeln, sind der Tiefenpsychologie zuzuordnen.« *Bioenergetik für jedermann* sei lediglich ein Buchtitel.

Die *Süddeutsche Zeitung* legte Widerspruch gegen die einstweilige Verfügung ein. Das Landgericht Hamburg hob die einstweilige Verfügung fast vollständig auf. Untersagt wurde lediglich die Aussage, daß man mit verbundenen Augen unter die Dusche gestellt würde. Richtig sei, daß die Augen nur geschlossen seien. Um diesen Punkt zu klären, wollte UPT zahlreiche Zeugen nach Hamburg einfliegen lassen. Aus Kostengründen verzichtete die *Süddeutsche Zeitung* auf die Beweisaufnahme und gab in diesem Punkt nach.

Auch der *Bayerische Rundfunk* (BR) erlebte, wie UPT mit Hilfe des Medienanwalts Prinz gegen kritische Berichte vorgeht. Schon bevor der Beitrag überhaupt fertig war, schickte die Kanzlei an den freien Mitarbeiter und den Justitiar des *Bayerischen Rundfunks* ein Schreiben, in dem rechtliche Schritte im Fall falscher Tatsachenbehauptungen angekündigt werden. Am 21. 1. 1997 bringt der *Bayerische Rundfunk* in der Sendung *Welt am Morgen* einen kurzen Bericht über UPT. Dabei wird der Originalton eines Teilnehmers eingespielt: »Der Ton war sehr imperativ, wir mußten unsere Sachen abgeben, und einem, der sich die Füße vertreten wollte, stellte sich eine Trainerin breitbeinig in die Tür.« Ferner ist die Rede davon, daß der Bund Deutscher Psychologen (BDP) untersucht, ob die Arbeitsweise von UPT mit den Grundsätzen des BDP vereinbar ist. Danach schickte die UPT-Anwaltskanzlei Prinz dem *Bayerischen Rundfunk* eine Unterlassungserklärung, wonach der Sender zum Beispiel folgende Aussagen künftig zu unterlassen habe: »Die Teilnehmer hätten morgens zum Joggen antreten und das Haus ohne Schuhe verlassen müssen«, oder: »Das Morgenprogramm hätte eine Stunde gedauert.«

Was an diesen Aussagen nun so verwerflich oder rufschädigend sein soll, ist allerdings unverständlich.

Wiederum ganz im Sinne von UPT war dagegen der *Focus*-Artikel im Januar 1997 von Holger Fuß, in dem UPT gemeinsam mit Block-Training als Opfer einer Verleumdungskampagne dargestellt wird (siehe Kapitel 6). Der Artikel kam UPT sehr gelegen. So schwenkte der UPT-Anwalt den *Focus*-Artikel freudig in der Verhandlung am 31. Januar, in der es erneut um meine gegen UPT erwirkte einstweilige Verfügung ging. Schließlich würde der Artikel doch beweisen, daß UPT keine Sekte sei – doch das hatte ich auch nie behauptet.

Seit Ende 1996 bemüht sich UPT offenbar um eine neue Zielgruppe. In seinem Heft 4/96 berichtete das *Incentive-Journal* über ein Abenteuer-Wochenende im Trainingszentrum Gut Sedlbrunn, zu dem UPT Incentive-Agenturen eingeladen hatte, und lobte die »gewöhnungsbedürftige, aber vielversprechende Art von Incentive«. Dabei war auch die Rede von Bioenergetik, Atemübungen und Herausforderungserlebnissen. Sollen nun auch die Teilnehmer von Incentive-Veranstaltungen mit den umstrittenen Hechelübungen à la Rebirthing beglückt werden? Da darf man nun wirklich gespannt sein, was UPT als nächstes einfällt.

8
DER WOLFGANG-CLAN

Wahnhafte Ideen?
Karlheinz Wolfgang und seine
Individualpsychologie

Dieses Kapitel handelt von Karlheinz Wolfgang, einem ehemaligen Vertriebsmanager, der unter dem Deckmantel der Individualpsychologie mehrere tausend Menschen mit seinen Psychokursen beglückte, dabei Millionen verdiente und mindestens ein Unternehmen um Millionenbeträge erleichterte.

Wolfgangs Imperium umfaßt mehrere Institute und Organisationen. Bereits 1981 gründete er das Institut für berufsfördernde Individualpsychologie (IIP) in Neuss. 1990 folgte »Die Sprache Lehr- und Forschungsgesellschaft mbH«, von der er sich inzwischen formal getrennt hat. 1991 rief er den Verein für IP-Entwicklungsprogramme (VIPE) ins Leben, der sich in El Salvador karitativ engagieren soll. Ferner gibt es noch das Internationale Institut für Individualpsychologie (IIIP), und auch der »Berufsverband individualpsychologischer Berater (BIB)« gehört zumindest zum Umfeld des umstrittenen Psychotrainers.

Seit einige Teilnehmer vor sechs Jahren damit begannen, die Psychokurse öffentlich zu kritisieren und die merkwürdigen Geschäftspraktiken Wolfgangs zu entlarven, führt er einen erbitterten Krieg. Die ausgeprägte Klagefreudigkeit des Psychogurus hält die Gerichte auf Trab, und die Auseinandersetzungen füllen längst mehrere Aktenschränke.

Die breite Öffentlichkeit erfuhr von den Aktivitäten Wolfgangs wohl erstmals im April 1993. Damals enthüllte das Wirtschaftsmagazin *TopBusiness* Schockierendes über Psychoseminare bei Webasto in Stockdorf bei München. Denn Werner Baier, Vorstand und Miteigentümer des renommierten Autozulieferers, hatte sein Unternehmen auf Gedeih und Verderb dem Psychotrainer ausgeliefert. Er war besessen von der Idee, sein ganzes Unternehmen therapieren zu lassen. Die Folgen waren verheerend. So wurde die Frau eines Vorstandsmitglieds während eines Seminars in die psychiatrische Klinik eingeliefert. »Diagnose: Nervenzusammenbruch, akute Selbstmordgefahr.

██

██

██«, schrieb *TopBusiness*. Das war jedoch kein Einzelfall. »Solche und ähnliche Szenen sind bei Webasto mittlerweile fast an der Tagesordnung«, behauptete das Wirtschaftsmagazin. Der Betriebsrat zeigte sich entsetzt über den »totalitären Anspruch«, mit dem Baier die Ideologie der Individualpsychologie (IP) durchsetzte. Es herrschte ein Klima der Angst. Selbst betroffene Spitzenmanager wagten nur hinter vorgehaltener Hand über die Seminare auszusagen und sicherten sich absolute Anonymität zu. Das »sektenähnliche System« hatte das Unternehmen in ein Führungschaos gestürzt. Immer mehr Manager hatten das Unternehmen verlassen oder standen kurz vor dem Absprung. Neun Manager wurden in dem *TopBusiness*-Artikel namentlich genannt.

Dabei hatte alles ganz gut begonnen. Inspiriert durch den US-Bestseller *Auf der Suche nach Spitzenleistungen*, hatte Baier bei Webasto neue Managementleitlinien geschaffen und seine

Manager durch zahlreiche Führungstrainings geschleust. Doch all das führte nicht zum erwünschten Erfolg. »Entweder stampfen wir die Führungsgrundsätze ein – oder wir müssen hart an uns arbeiten«, sagte Baier 1992 dem *ManagerMagazin*. Er entschied sich für den zweiten Weg und schickte seine Manager zu Karlheinz Wolfgang.

Ab 1988 arbeitete man zusammen. Gemeinsam wurde die Webasto-Akademie im Kloster Asbach bei Passau als »Stätte der Lehre und Forschung zwischen dem Institut für berufsfördernde Individualpsychologie und der Webasto Fahrzeugtechnik« gegründet. Die Akademie sei eine neutrale und unabhängige Einrichtung und werde für alle Kreise der Bevölkerung zugänglich sein, heißt es in der Gründungsurkunde.

Bei Webasto wurden die Wolfgang-Kurse zu De-facto-Pflichtveranstaltungen für Führungskräfte. »Natürlich kann jemand ohne Seminarteilnahme bei Webasto etwas werden. Ich kann es mir allerdings schwer vorstellen«, zitiert *TopBusiness* den Webasto-Vorstand. Der damalige Personalchef Moser war da schon deutlicher: »Jeder muß da durch. Jeder.« Mehr als 500 Mitarbeiter sollen bis 1993 durch die Seminare geschleust worden sein. Dafür soll Wolfgang laut *TopBusiness* Webasto jährlich 1,5 Millionen Mark in Rechnung gestellt haben. In seinen Grundkursen saßen dann 70 bis 100 Leute, denen er »über neun Tage in völliger Abgeschiedenheit vom Tagesgeschehen« den Hintergrund seiner Lehre erläuterte, die sich »vage an die Ideen des Individualpsychologen Alfred Adler« anlehnte.

Für Wolfgang, so *TopBusiness*, gab es keine Sachprobleme, sondern nur Beziehungsprobleme. Diese müssen gelöst werden, um im Betrieb ein Klima völliger Offenheit zu schaffen. Nur so könne dann konstruktiv zusammengearbeitet werden. Da die Beziehungsprobleme jedoch oft aus dem Privatleben herrührten, mußten die Teilnehmer zum Teil einen wahren Seelen-Strip vollführen und ihre Ängste noch einmal durchleben. Vor versammelter Mannschaft sollen dann Eheprobleme, sexuelle Schwierigkeiten und Vaterkomplexe diskutiert worden sein. Nicht selten brachen Teilnehmer dabei heulend zusammen.

Dazu kam, daß die Webasto-Mitarbeiter schnell merkten, daß die Vorkommnisse in den Seminaren – trotz zugesagter Vertraulichkeit – offenbar an die Unternehmensspitze weitergegeben wurden. Selbst auf Geschäftsführerebene sollen die IP-Seminare daher zur Vorbereitung von Kündigungen gedient haben. In einem Fall habe Wolfgang bei einem Geschäftsführer im Gespräch über Beziehungsprobleme gewissermaßen »die Daumenschrauben angesetzt«. Der Manager soll regelrecht vorgeführt worden sein. Später ließ die Kündigung des Managers dann das Gerücht aufkommen, das sei auf Anweisung Baiers inszeniert worden.

Ehemalige Webasto-Manager bestätigen auch heute noch den *TopBusiness*-Artikel. »Wer die Kurse nicht besuchte, konnte die Sprache in der Firma nicht mehr verstehen und galt daher als Nicht-Wissender«, erinnert sich ein ehemaliger Manager. Wolfgang sei ein exzellenter Rhetoriker gewesen. Er habe geschickt auf der Gefühlsebene agiert und, da die meisten unbelastet von psychologischen Theorien waren, zunächst durchaus einen kompetenten Eindruck hinterlassen. Mit der Zeit habe er jedoch den Eindruck gehabt, Wolfgang lebe selbst nicht, was er predigt. Schließlich wollte er nicht mehr mitmachen und kündigte.

Wie sehr das IP-Denken damals im Unternehmen verwurzelt war, zeigt das Schreiben einer Wolfgang-Anhängerin und Mitarbeiterin aus dem Personalbereich kurz nach dem Erscheinen des *TopBusiness*-Artikels. Dort heißt es: »Zur IP und Karlheinz Wolfgang sehe ich keine Alternative – dazu ist der Prozeß insgesamt zu weit fortgeschritten, und es ist auch in der Industrie schon bekannt, daß es die Menschen sind, die ein Unternehmen voranbringen; oder eben nicht. Was ist sonst unsere Antwort auf Einzelkinder, Verwöhnungstendenzen und insgesamt weltweit verschärfte Marktbedingungen sowie ständigen Wandel in immer kürzeren Zyklen?«

Auch im Webasto-Werk in Neubrandenburg wurden die Mitarbeiter mit den Psychokursen beglückt. Am 29. April 1994 erscheint in der *Zeitung für Neubrandenburg* der Artikel *Umstrittene Psychoseminare bei Webasto*. Darin ist von Abhängigkeit, seelischem Druck bis hin zu Psychoterror die Rede. Bei Webasto werde erwartet, daß alle ab dem Vorarbeiter aufwärts zumindest an dem Grundseminar teilnehmen. Ein Kritiker warnte vor dem Besuch der Seminare: Die Geschulten litten unter völliger Selbstüberschätzung. Auseinandersetzungen über die Seminare seien nicht mehr möglich. Auf jede Kritik an den Methoden von Karlheinz Wolfgang werde aggressiv reagiert. »Die haben den Mann zu einem höheren Wesen stilisiert«, sagte der Kritiker. Er sei entsetzt gewesen, wie einfach sich Menschen in den Seminaren manipulieren ließen. In der Gruppe werde die Stimmung durch sogenannte »Flügeladjutanten« geprägt, also Leute, die das Seminar bereits besucht haben und im Sinne Wolfgangs reagieren. So habe Wolfgang zum Beispiel eine Teilnehmerin gefragt, wie alt ihre Mutter gewesen sei, als sie geboren wurde. Sie antwortete: »17 Jahre.« Wolfgang fragte daraufhin die Teilnehmer, was das wohl bedeute, und einer – vermutlich einer der »Flügeladjutanten« – antwortete: »Das Kind war ungewollt.« Die Teilnehmerin reagierte betroffen, doch Wolfgang habe weitergebohrt, bis die Tränen flossen.

Das in dem Artikel beschriebene Beispiel zeigt, mit welchen Methoden Wolfgang arbeitete. Denn durch die Unterstellung, daß Kinder junger Mütter ungewollt seien, bewirkte er auch bei anderen Teilnehmern Betroffenheit – schließlich könnte das ja auch bei ihnen stimmen. Nicht nur Wolfgang arbeitet mit solchen laienhaften psychologischen Verallgemeinerungen, auch andere Trainer setzen auf diesen wirkungsvollen Effekt. Die Teilnehmer finden plötzlich eine einleuchtende Erklärung für ihre Probleme, fühlen sich befreit und bewundern den Trainer.

Während in der Presse vor den Wolfgang-Kursen gewarnt wurde, sah man das bei Webasto natürlich ganz anders: Am

3. Mai 1994 heißt es in einem Informationsblatt für die Mitarbeiter: »Unter Verantwortung der Management-Akademie Asbach findet seit 6 Jahren ein systematisches Management-Entwicklungsprogramm statt. Enger Kooperationspartner ist das Institut für berufsfördernde Individualpsychologie (IIP) unter Leitung von Karlheinz Wolfgang. Seit 1988 haben 600 Beschäftigte, meist mehrfach, die Weiterbildung in Anspruch genommen. Eine anonyme Umfrage im Management ergab eine eindeutige Zustimmung zur Fortsetzung des Programms.« Unterschrieben ist das Blatt von Werner Baier, Vorstand Webasto und Lothar Georgs, Betriebsratsvorsitzender Werk Neubrandenburg. Vor allem der letzte Satz ist erstaunlich, hatte doch *TopBusiness* ein Jahr davor noch ausführlich über die Probleme im Management berichtet.

Ende 1991 zog sich Werner Baier aus dem Unternehmen zurück. Anfang 1992 wechselte Rudi Noppen von Porsche an die Webasto-Vorstandsspitze. Laut *ManagerMagazin* war der Selbsterfahrungskurs bei Wolfgang einer der Gründe, warum er sich damals für Webasto entschied. »Der Trainer nimmt einen Lappen und putzt das Bild blank, das man von sich hat«, schwärmte Noppen. Inzwischen hat sich Webasto offiziell von Wolfgang getrennt. Inwieweit der Psychoguru über in der Firma verbliebene Anhänger noch immer Einfluß hat, ist nicht bekannt.

Anfang 1996 bringt das ARD-Magazin *Plusminus* einen kritischen Bericht über Karlheinz Wolfgang. Auch hier tauchen wieder Vorwürfe über die Mißachtung der im Seminar zugesicherten Vertraulichkeit auf. Es ist von einem Spitzelsystem die Rede. Eine Familie berichtet, für sieben Personen insgesamt 150 000 Mark für Kurse bei Wolfgang ausgegeben zu haben. Zudem wird über das problematische Konzept der Studienberater berichtet. Ihre Aufgabe ist es, die Kurse zu verkaufen, und dafür mußten sie enorme Beträge für bestimmte Lizenzgebiete bezahlen (siehe nächstes Kapitel). Auch Webasto ist erneut ein Thema. Ein ehemaliger Webasto-Manager erinnerte sich: »Karriere war bei Webasto mit aktiver Mitarbeit bei Karlheinz

Wolfgang verbunden.« Weiter heißt es: Verschiedene Mitarbeiter mußten quasi das Unternehmen verlassen, weil sie nicht an den Kursen teilnehmen wollten. Der Sektenbeauftragte der Evangelischen Kirche im Rheinland, Joachim Keden, berichtet, daß Anfang der neunziger Jahre vermehrt Menschen nach Wolfgang-Kursen zu ihm kamen, weil sie unter seelischen Schwierigkeiten litten.

Die Individualpsychologie

Bei seinen Aktivitäten beruft sich Wolfgang auf die Individualpsychologie. Sie geht auf den Freud-Schüler Alfred Adler zurück, der sich 1911 von Freud trennte und seine eigene psychologische Forschungs- und Therapierichtung ins Leben rief. Neben Freud und Jung gehört die Individualpsychologie nach Adler zu den drei klassischen Schulen der Tiefenpsychologie. Sie richtet ihr Augenmerk auf Konflikte, die in der Kindheit entstanden sind und unbewußt weiterwirken. Den theoretischen Hintergrund beschreibt der renommierte Psychoanalytiker Karl Heinz Witte so: »Das Kind entwickelt in Wechselbeziehungen mit seinen Eltern und Geschwistern eine individuelle Grundhaltung zum Leben. Die Beziehung zu nahestehenden Menschen, zur Gesellschaft und zur Arbeit wird in der frühen Kindheit nach relativ starren Mustern vorgeformt. Diese Beziehungsmuster bilden die Charakterzüge, welche den Lebenserfolg begründen, in unglücklichen Fällen aber auch die neurotischen Verfestigungen, Wiederholungszwänge und Symptome bedingen. Zentral für die individualpsychologische Analyse ist die Erhellung von weitgehend unbewußten Fiktionen und Zielen, welche die Lebensbewegungen einengen. Sie untersucht die starr gewordenen Muster und die ihnen zugrunde liegenden unbewußten Ängste, Minderwertigkeitsgefühle und Sicherungstendenzen. Ziel der Therapie ist eine Befreiung der individuellen schöpferischen Kräfte.«

Wer individualpsychologischer Psychoanalytiker werden will, muß eine mindestens fünfjährige Ausbildung an einem der sechs Ausbildungsinstitute der Deutschen Gesellschaft für Individualpsychologie e.V. (DGIP) absolvieren. Dazu gehört eine umfangreiche Lehranalyse, bei der sich der angehende Psychoanalytiker mit seiner eigenen Persönlichkeit auseinandersetzt. Die Ausbildungen sind von der Kassenärztlichen Bundesvereinigung und den Landesärztekammern anerkannt.

Diese DGIP-Ausbildung hat Wolfgang allerdings nicht absolviert. Die Informationen über seine Ausbildungen sind insgesamt recht dürftig. In einem Artikel der *Neuss-Grevenbroicher Lokal-Zeitung* heißt es: »Karlheinz Wolfgang wurde am 7.9.1940 in Stuttgart geboren. Er wuchs mit fünf Geschwistern und ohne Vater auf ... Der gelernte Betriebswirt arbeitete im Vertrieb zuletzt 16 Jahre bei der IBM, die letzten fünf Jahre als Manager, zuständig für Vertrieb und Organisation. Über die Weiterbildungsaufgabe für Mitarbeiter kam er mit der Individualpsychologie Alfred Adlers in Berührung. Er ließ sich in Aachen und Köln zum IP-Analytiker ausbilden und gründete 1982 in Neuss das Institut für berufsfördernde Individualpsychologie (IIP), das einen fachlichen Schwerpunkt auf soziale Konflikte im Betrieb legt.«

Nach Auskunft der DGIP in Gotha hat Wolfgang Anfang der achtziger Jahre eine Weiterbildung zum individualpsychologischen Berater beim Alfred-Adler-Institut in Aachen begonnen, aber nicht abgeschlossen. Grund war seine Vorbildung: Damals konnten nur Teilnehmer aus pädagogischen und sozialen Berufen individualpsychologische Berater werden. Danach soll er sich von der in den USA ansässigen Lehranalytikerin Lucy Ackerknecht ausbilden haben lassen. (Ackerknecht bot damals in Europa eine Lehranalyse für jedermann an. Sie schied Anfang der achtziger Jahre aus der DGIP aus.)

1981 gründete Wolfgang dann sein Institut IIP und bot sowohl eine Weiterbildung zum individualpsychologischen Berater als auch zum Psychotherapeuten an. Gegen letzteres hatte die DGIP vor allem aufgrund von Wolfgangs zweifelhafter Ausbildung erhebliche Bedenken. Wolfgang verpflichtete sich zunächst, keine Psychotherapeuten mehr auszubilden, hielt sich jedoch nicht an die Vereinbarung und wurde daher »wegen Verstoßes gegen die Satzung« aus der DGIP ausgeschlossen. Er klagte gegen seinen Ausschluß und verlor. Dazu schreibt Wolfgang, er sei 1984 aus der DGIP ausgeschlossen worden, weil er »die IP-Weiterbildung entgegen der durch die Satzung nicht gedeckten Vorstandspolitik der DGIP nicht nur für Ärzte, Diplom-Psychologen und Pädagogen anbieten wollte, sondern für alle Berufs- und Interessentengruppen«.

Im Laufe der nächsten Jahre kam es immer wieder zu Auseinandersetzungen mit der DGIP. Im Juni 1993 stellt der Bundesvorstand der DGIP in einer Presseerklärung klar, daß die DGIP »in keiner Weise in einem Zusammenhang mit dem Institut für berufsfördernde Individualpsychologie (IIP) des Herrn Karlheinz Wolfgang in Neuss oder einem damit verbundenen Unternehmen steht, auch nicht mit dem ›Berufsverband individualpsychologischer Berater (BIB)‹«. Weiter heißt es: »Der Bundesvorstand der DGIP distanziert sich von den psychologischen Auffassungen des Herrn Wolfgang, weil sie nicht den wissenschaftlichen Regeln der Bildung eines psychologischen Systems folgen, sondern unkritisch mit weltanschaulichen oder ideologischen Überzeugungen vermischt werden.«

Bereits einen Monat davor hatte die Evangelische Zentralstelle für Weltanschauungsfragen (EZW) in Stuttgart eine umfassende Stellungnahme zu den Kursen Karlheinz Wolfgangs herausgegeben. Anlaß waren zahlreiche Anfragen seit 1991, bei denen Teilnehmer von Wolfgangs Kursen Hilfe bei der Verarbeitung ihrer Erfahrungen mit dem IIP und zum Teil auch seelsorgerische Betreuung suchten. Bei der »einfachen Form des IIP« handele es sich um eine »überholte Ideenwelt«, schreibt der langjährige Kenner der Psychoszene Hansjörg Hemminger. Sowohl bei Wolfgang als auch bei seinem engen

Vertrauten Hermann Bayer (siehe nächstes Kapitel) lasse sich eine »Überschätzung des eigenen psychologischen Angebots« feststellen. Andere Anbieter von Trainingskursen würden rüde abgewertet. Man habe den Eindruck, beide hätten wenig Gefühl für den Modellcharakter psychologischer Begriffe und Konstrukte. Eher werde das individualpsychologische Wissen und Erklären zur Wirklichkeit schlechthin hochstilisiert.

Das belegt auch eine Abgrenzung der Individualpsychologie von anderen psychologischen Ansätzen, die die drei Wolfgang-Anhänger Hermann Bayer, Christina Hartig und Roland Krennrich (alle drei waren als Studienberater für »Die Sprache« tätig) 1991 verfaßten. Darin schreiben sie: »Alle menschlichen Konflikte, wie Kriminalität, Perversionen, psychosomatische Krankheiten, störende Verhaltensweisen, Suchtverhalten, wie Ablehnung jeglicher Form der Eigen- und Gemeinschaftsverantwortung, sind Ausdruck fehlenden Gemeinschaftsgefühls.« Nach der »Analyse« der Verhaltenstherapie, der Transaktionsanalyse und des Neurolinguistischen Programmierens (NLP) kommen die drei zu dem Schluß: »Die Individualpsychologie beginnt tatsächlich dort, wo alle anderen aufhören.«

Doch nicht nur die Überhöhung des individualpsychologischen Ansatzes ist fragwürdig, für problematisch hält Hemminger ausweislich seiner Stellungnahme auch die therapeutische Struktur der Gruppenarbeit in Wolfgangs Kursen. Das aktuelle Verhalten der Teilnehmer werde individualpsychologisch gedeutet, persönliche Schicksale würden vorgetragen, und die eigene Kindheit und Familiengeschichte werde extensiv behandelt. Dabei komme es zu heftigen Gefühlsausbrüchen einzelner Teilnehmer in der Gruppe, die regelmäßig fachlich betreut werden müßten oder sollten. Verschärfend wirke dabei der konfrontative Umgangsstil von Wolfgang. So entstehe emotionaler Druck, und es würden seelische Konflikte aktualisiert, ohne daß es die Möglichkeit geduldiger Verarbeitung gebe. Durch die Art der Kurse komme es mit hoher

Wahrscheinlichkeit zu einer sogenannten therapeutischen Abhängigkeit. Diese wiederum könne zu regressiven Tendenzen der Klienten führen. Unter Regression versteht man eine Art Rückentwicklung auf bereits durchlaufene Entwicklungsstufen wie zum Beispiel die völlig unreflektierte Bewunderung für eine Person, wie sie Kinder zeigen. Das regressive Verhalten der Kursteilnehmer kann dann wiederum beim Kursleiter zu einer sogenannten Gegenübertragung führen. Er fühlt sich als der Größte und kann so seine unbewußten Ängste oder Minderwertigkeitsgefühle kompensieren.

Zudem, so Hemminger in seiner Stellungnahme, führe das Kurs-Setting dazu, daß sich die Gruppen schnell polarisieren »in Bewunderer, die zu starker Abhängigkeit vom Berater« neigen, und in Außenseiter, die sich »der regressiven und bewundernden Gruppenatmosphäre entziehen und damit kollektive Kritik auf sich ziehen«.

Bei Kursen mit therapeutischer Struktur greifen nach Hemmingers Ansicht die normalen Kontrollmechanismen des Marktes nicht mehr, von denen Wolfgang meint, sie könnten Fehlentwicklungen in seinem Umfeld verhindern. »Eine schlechte, abhängig machende Therapie wird meist nicht einfach aufgegeben, vielmehr kommt es zu seelischen Konflikten, ›Dauertherapien‹ und eventuell aufreibenden Kämpfen«, schreibt Hemminger. Ähnliches werde aus Wolfgangs Umfeld berichtet. Danach soll er von seinen Klienten geradezu persönliche Loyalität verlangt haben.

Bei Wolfgang ließen sich, so Hemminger, einige »sektiererische Züge« feststellen. Dazu gehören der fragwürdige Umgang mit therapeutischer Abhängigkeit und der Autoritätsanspruch Wolfgangs im Rahmen solcher Beziehungen. Auch die auffallende Unfähigkeit, mit innerer und äußerer Kritik umzugehen, könnte sektiererisch wirken. Es fehle allerdings der exklusive Wahrheitsanspruch einer Psychosekte, es lasse sich kein absolut gesetztes »IIP-Weltbild« ausmachen.

Ein zentrales Problem sieht Hemminger jedoch in den ideologischen Tendenzen. So vermitteln die Prospekte den Eindruck eines »massiven psychologischen Machbarkeitsglaubens«. Der Leitspruch des IIP lautet: »Alles, was ein Mensch sich vorstellen und zugestehen kann, kann er auch verwirklichen.« »Die Erfolgsversprechen an die Teilnehmer gehen deshalb weit über ein verantwortbares Maß hinaus. Man muß von einer realitätsfernen Leistungs- und Erfolgsideologie sprechen«, resümiert Hemminger.

Das Angebot

Das IIP-Angebot umfaßt mehrere Kurse, wobei der Basiskurs immer aus den drei Teilen IP-Grundlagen (2 $^1/_2$ Tage), Intensiv-Woche (5 Tage) und Praktikum (1 Tag) besteht. 1996 betrugen die Gebühren für das 8 $^1/_2$-Tage-Basisseminar 3505 Mark plus Mehrwertsteuer für Selbstzahler. Für Betriebe und Selbständige galten »höhere, marktübliche Gebühren«. Daneben gab es Kurse zu den Themen Gesprächsführung, Erfolgsgesetze, Kommunikation, Konflikt-/Sprachdiagnostik, Supervision und Berater als Unternehmer. Der Basiskurs entsprach offenbar auch dem Hauptseminar im Studiengang zum psychologischen Berater und Personalberater. Zu den weiteren Seminarangeboten des Studiengangs gehörten: »Mensch und Arbeitswelt«, »Partnerschaft-Gestaltung« und »Erfolgsgesetze I bis IV«. Wohl um seine Kunden zu beeindrucken, weist das IIP 1991 sogar drei Fachbereiche auf. Als besonders anmaßend erscheint dabei der Fachbereich III mit den Schwerpunkten Psychologie, Pädagogik und Medizin.

Die Kurse schienen gut zu laufen. Laut einem Informationsblatt 1/96 sind bis 31.12.1993 425 Seminare durchgeführt worden, und es gab 15 400 Teilnehmeranmeldungen. Dann ließen die Geschäfte offenbar nach. Denn im Juni 1996 heißt es: 1981 bis 1996: zirka 16 000 Anmeldungen in zirka 450 Seminaren. Interessanterweise spricht Wolfgang stets von

Anmeldungen und nicht von Teilnehmern. Das hat seinen Grund. Denn, so die Stellungnahme der EZW, im Durchschnitt nahm jede Person sechsmal an Kursen teil. Hinter 16 000 Anmeldungen könnten daher nur etwa 2700 Personen stehen. Wolfgang selbst behauptete 1995, lediglich zehn Prozent seien Mehrfachteilnehmer. Dabei bleibt jedoch offen, wie ein Basiskurs gezählt wird, der ja stets aus drei Teilen besteht. Weiter schreibt er: »90 Prozent der Teilnehmer kommen auf Empfehlung, und 92 Prozent beurteilten die Seminare als sehr gut und hervorragend.«

1996 gehörten zum IIP-Management folgende Personen: Karlheinz Wolfgang (Institutsleiter, IP-Analytiker, Ehe- und Familienberater, Unternehmensberater), Michael Arns (IIP-Studienleiter, Religionspädagoge und Ehe- und Familienberater), Dr. Hans-Peter Kasüschke (Akademischer Leiter des IIP, Erziehungswissenschaftler, Diplom-Pädagoge, Berater und Medienpädagoge), Dr. Hermann Bayer (IIP-Forschungsleiter, Sozialwissenschaftler, Diplom-Volkswirt, IP-Berater und Lehrberater (BIB)) und Patricia Schäffer (Leiterin internationale Projekte, Lic. oec. MBA, Diplom-Dolmetscherin).

Hier zeigt sich die nach wie vor vorhandene Verknüpfung von IIP und »Die Sprache«. Bayer ist Geschäftsführer und Studienleiter bei der »Sprache«. Arns und Kasüschke waren oder sind Studienberater, deren Aufgabe der Verkauf von Kursen der »Sprache« ist.

Zu Michael Arns heißt es in einer Information: »Seit 1985 Weiterbildung und Supervision am IIP Neuss.« Es folgten Tätigkeiten in der Hauptgeschäftsführung an der »Akademie für Wirtschaft und Verwaltung« und der »International Business School« in Lippstadt, Berater bei der Euro-Schulen-Organisation (ESO). Seit 1994 eigene Beratungspraxis und freiberufliche Koperation mit dem IIP Neuss als Studienleiter.

1996 erweitert Wolfgang sein Angebot mit POL (Professionelle Optimierung des Lebenserfolges). POL sei die Konsequenz aus seiner dreißigjährigen Analyse, schreibt er.»POL, eine genial einfache, sofort wirksame, lern- und übertragbare und befreiend anstrengende Zukunftsstrategie, beinhaltet in für jedermann verwertbarer Form alle wesentlichen Elemente ganzheitlicher erfolgreicher Lebensführung, unabhängig von politischer, religiöser und spezifischer sozialer Überzeugung und Vorbildung.« POL-Fachbereiche sind:»Die Entfaltung der Persönlichkeit, Der Mensch in der Arbeitswelt, Professionelle Methoden, Psychosomatik und Gesundheitsprogramme, Erziehung, Partnerschaft und Familie sowie Verantwortung für das Gemeinwohl.« Daneben gibt es Arbeitskreise u. a. für Selbständige und eine Unternehmensberatung.

Als Studiengänge werden angeboten: Gruppenleiter (1 bis 2 Jahre), Psychologischer Berater (2 bis 3 Jahre), Personal- und Managementberater (1 bis 3 Jahre).»Eingangsbedingung für alle Studiengangteilnehmer ist der MMPI-Persönlichkeitstest.« MMPI steht für Minnesota Multiphasic Personality Inventory. Der tiefenpsychologische Test (Kostprobe:»Manchmal bin ich von bösen Geistern besessen. Ich träume viel von sexuellen Dingen.«) wurde in der Psychiatrie entwickelt und an Personen mit geistig-seelischen Störungen normiert. Er wird daher vor allem in der klinischen Psychologie und in der Psychiatrie eingesetzt. Denn seine Aussagekraft außerhalb des klinischen Bereichs ist äußerst gering. Warum also zum Beispiel ein künftiger Personalberater den Test machen soll, ist schleierhaft. Hermann Bayer erklärte dazu, daß das MMPI ein umfassender Test sei, der»die grundsätzliche persönliche Eignung für in der Beratung Tätige mißt«. Hier wird das psychologische Halbwissen des Wolfgang-Vertrauten besonders deutlich.

»Per 6/96« gibt Wolfgang dann die Gründung der »Akademie für Kompetenz-Optimierung (AKO) – international« bekannt:»Das IIP wird künftig spezialisiert sein auf die Basisthemen der Individualpsychologie und die Themenbereiche Partnerschaft und Familie. Es wird außerdem die wissenschaftliche Grundlagenarbeit für alle dem BIB angeschlossenen Weiterbildungs-Einrichtungen leisten.« Damit würde das IIP jedoch vor allem für »Die Sprache« tätig werden. Die Akademie werde alle bisherigen Themen aus »Der Mensch in der Arbeitswelt« und von POL (Professionelle Optimierung des Lebenserfolgs) übernehmen und zudem für »viele fachliche Überraschungen« sorgen. Ab 1997 sollten das AKO und das IIP juristisch und fachlich getrennt werden. Zudem sollte im Mai 1997 ein internationales Seminar auf Mallorca stattfinden. Wolfgang selbst verordnet sich »besinnlichen Abstand zur Verarbeitung der letzten 14 Jahre« und absolviert ein Studium zum Master of Business Administration (MBA) mit Schwerpunkt Finanzwissenschaften. Denn das Thema sei von besonderer Bedeutung für die Akademie, da sie sich mit Firmengründungen und Risikokapital beschäftigen werde.

Der Kampf gegen die Kritiker

Die Neuorientierung dürfte auch noch einen anderen Grund haben. Denn seit seine Kurse 1992 erstmals öffentlich kritisiert wurden, investiert Wolfgang Unmengen von Zeit und Geld in den Kampf gegen seine Kritiker. Dabei ist der Psychoguru, der sich gern als Experte für eine gute Konfliktkultur sieht, im Umgang mit seinen Kritikern nicht gerade zimperlich. Er bescheinigt ihnen »bedenkliche wahnhafte Züge«, »pöbelhaftes und menschenverachtendes Verhalten«, spricht von »Lynchjustiz«, von »Haß zerfressenen Seelen«, »wahnhaften Ideen« und »kriminellen Machenschaften«. Im April 1995 schrieb er einem Kritiker: »Ihre manisch-wahnhaften Gedanken, die ich in Ihrem Verhalten erkenne, geben Anlaß zu großer Sorge. Ich empfehle Ihnen dringend, ärztliche Hilfe in Anspruch zu nehmen.« Das alles sind nur Kostproben für den Umgangston des »Konfliktberaters«.

Auch in der Stellungnahme der EZW geht Hemminger auf Wolfgangs Unfähigkeit zum normalen Umgang mit Konflikten ein: »Zahlreiche Personen, die im privatem Kreis den Verdacht geäußert haben, es handele sich um eine Psychosekte, wurden in Rechtsanwaltsschreiben mit Prozessen bedroht, und dies zum Teil auf bloßen Verdacht hin.« Daß bisher nicht mehr über die Machenschaften Wolfgangs an die Öffentlichkeit geriet, dürfte daher vor allem an seinem massiven Vorgehen gegen Kritiker liegen.

Nahezu grotesk wirkt da seine Aussage: »Jeder sachliche Kritiker ist mir willkommen, da er mich selbst in meiner Persönlichkeitsentwicklung nur weiterbringen kann. Gegen unsachliche Kritik setze ich mich sachlich zur Wehr.«

Wie weit diese »Gegenwehr« geht, macht ein Schreiben aus dem Jahr 1995 deutlich, in dem Wolfgang schreibt: »Zu meinem Schutz und zur Sicherstellung von Beweisen und Tatsachen habe ich deshalb unabhängige und professionelle Ermittler eingeschaltet. Ein entsprechender Bericht liegt mir vor.«

Unstimmigkeiten gab es jedoch nicht nur bei den IIP-Seminaren, sondern auch beim Verein für IP-Entwicklungsprogramme e. V. (VIPE), der vor allem in El Salvador tätig sein soll. Dazu heißt es in der Stellungnahme der EZW: »Als Kontrollinstanzen für die Mittelverwendung von VIPE werden die Konrad-Adenauer-Stiftung genannt sowie die deutsche Botschaft in El Salvador. Anfragen an beide Institutionen ergaben, daß das in der angegebenen Form wohl nicht zutrifft.« Wolfgang klagte gegen die Konrad-Adenauer-Stiftung. Auch detaillierte Auskünfte über die vom Verein eingenommenen Beträge und finanzierten Projekte gab es nicht.

Immerhin war Wolfgang Honorarkonsul der Republik El Salvador, zuständig für die Bundesländer Nordrhein-Westfalen, Saarland und Rheinland-Pfalz, und wurde dort aufgrund seiner vielen Patenschaften »Vater von 1000 Kindern« genannt. Deshalb widmete ihm die *Neuss-Grevenbroicher Lokal-Zeitung* auch gleich eine ganze Seite. In dem Artikel spricht Wolfgang von seinen vielfältigen Kontakten mit hochinteressanten Leuten aus Politik und Wirtschaft. Als Honorarkonsul sehe er seine Hauptaufgabe darin, Kontakte für El Salvador zur Industrie in Deutschland herzustellen, und das, obwohl er offen eingesteht, die Sprache des Landes nicht zu sprechen.

Umgang mit Abtrünnigen

Wer sich nicht mehr für VIPE engagieren wollte, bekam Briefe von Wolfgang-Fans. Dabei wurden dann kräftig Schuldgefühle provoziert. Einem »Abtrünnigen« schrieben die Studienberater Margarethe und Roland Krennrich am 15. 12. 1992: »Was Du Dir bezüglich Karlheinz, dem VIPE und damit allen davon berührten Menschen leistest, ist schlichtweg eine Sauerei. Wir stehen zu Karlheinz und möchten mit Dir in Zukunft nichts mehr zu tun haben.« Und Wolfgang-Vertrauter Hermann Bayer schrieb einen Tag später: »Ich halte Ihr Vorgehen diesbezüglich für indiskutabel. Besonders perfide finde ich dabei, daß fünfzehn Kinder in einem Entwicklungsland die Zeche durch entzogene Ausbildungschancen zahlen.« Er kenne Wolfgang seit »zehn Jahren sehr genau«. Er kenne niemanden, der »einen eventuellen Fehler sauberer und rigoroser korrigieren würde als Herr Wolfgang«. Wenn man bedenkt, daß es zwischen den VIPE-Mitarbeitern oftmals enge Beziehungen gab, dann dürften diese Schreiben durchaus ihre Wirkung gehabt haben.

Bemerkenswert sind auch die Briefe von Wolfgang-Anhängern. So beschwerte sich die Leiterin der Personalentwicklung einer namhaften Brauerei am 12. Januar 1993 bei Wolfgang über das Verhalten eines kritischen Teilnehmers: »Herr Wolfgang, ich möchte Ihnen jegliche Unterstützung anbieten, die es Ihnen ermöglicht, unbehelligt von Verleumdungskampagnen Ihrer Arbeit nachzugehen. Ich bin Ihnen dankbar, daß Sie durch das Angebot Ihres Instituts die Möglichkeit geben, sich selbst besser kennenzulernen, sich weiterzuentwickeln und dadurch glücklicher mit sich und anderen zu leben. Ich bitte Sie, diesen Brief gegen die beleidigenden Attacken einzusetzen und in Ihrem Sinn zu verwenden.« Wolfgang-Fan Henning Scheu schreibt 1994 gar einen zehnseitigen Erfahrungsbericht »zur Anwendung und Verwendbarkeit des in den Seminaren des IIP Neuss durch Herrn Karlheinz Wolfgang vermittelten Wissens«. Er sei Geschäftsführer einer Düsseldorfer Unternehmensberatung. Auf Empfehlung seiner Lebensgefährtin habe er sich entschlossen, an dem Grundlagenseminar teilzunehmen, und komme zu dem Schluß: »Das fachliche Wissen des Seminars ist gekennzeichnet von profunder Sachkenntnis, starker menschlicher Zuwendung und wohlwollender Konsequenz.« Auch eine Pfarrerin schwärmt 1994 von den Seminaren: »Der bisherige Umgang von Karlheinz Wolfgang mit der Rufmordkampagne zeigt mir über die Seminarerfahrungen hinaus die Transparenz und ethische Sauberkeit des Instituts und seines Leiters.« Und Michael Arns, seit 1993 freiberuflich für das IIP tätig, Studienberater und ehemaliger Vorstand des BIB, schreibt: »Das IIP leistet einen besonders wertvollen Beitrag zu einem konfliktfreieren Miteinander in Betrieb und Familie. Das IIP entspricht fachlich und ethisch höchsten Ansprüchen.«

Wolfgang scheint seine Anhänger also gut im Griff zu haben. Dabei läßt sich nicht nur bei ihnen eine gewisse Verklärung feststellen, auch Wolfgang selbst hatte immer wieder Probleme mit der Realität. So bemühte er wiederholt Kronzeugen für die Seriosität des IIP, die sich gar nicht in der behaupteten Form geäußert hatten. Dabei wurden munter Aussagen verdreht.

So erhielt der Sektenbeauftragte der Evangelischen Kirche in München, Wolfgang Behnk, 1992 einen Anruf vom Wolfgang-Vertrauten Hermann Bayer. Dieser fragte ihn, ob er etwas über Verbindungen von VIPE zu Scientology wisse, da er der in El Salvador karitativ tätigen Organisation etwas spenden wolle. Behnk hatte noch nie etwas von VIPE gehört und bat um die Zusendung von Unterlagen. Dann antwortete er, daß eine Anbindung von Scientology an die Individualpsychologie atypisch sei und er aufgrund der vorliegenden Unterlagen keine Informationen habe, die auf eine Sektentätigkeit von VIPE hindeuteten. Dieses Schreiben nutzte dann Wolfgangs Anwalt, um Kritiker einzuschüchtern, und aus Behnks Aussage wurde: Behnk habe bestätigt, daß »eine Verbindung meiner Mandantin zur Scientology Church völlig ausgeschlossen ist«. Behnk wehrte sich sofort, der Anwalt entschuldigte sich und korrigierte sein Schreiben entsprechend.

Immer wieder spannte Wolfgang Ahnungslose ein, um seine Unschuld zu belegen. Die Schreiben verwendete er dann umgehend für seine Zwecke. So erging es auch der PREMA Presseagentur in Berlin. Ein Schreiben vom April 1996, in dem sich der Journalist Hans-Joachim Maes zu den Vorwürfen gegen Wolfgang äußerte, nutzte dieser einige Zeit später – ohne Genehmigung des Autors – öffentlich zu seiner Rechtfertigung. »Durch Ihre Überschrift, Ihre Einleitung und Ihre Marginalien haben Sie das Schreiben in einer Weise entstellt, die ich als Urheber nicht hinnehme«, schrieb Maes am 13. Juni 1996 an Wolfgang. Er habe seine abwägende Darstellung auf Wolfgangs »vielfach geäußerte Bitte« verfaßt und dabei die Illusion gehabt, dadurch zur Beendigung des Konfliktes beitragen zu können. Doch dies scheine von Wolfgang gar nicht gewollt zu sein. Maes untersagte ihm jegliche weitere Verbreitung des Schreibens. Das hinderte Wolfgang jedoch nicht daran, 1997 in einer »Presseerklärung« erneut aus dem Schreiben zu zitieren. Allerdings unter Auslassung des vollständigen Namens. So beruft er sich auf den Berliner Journalisten H-J. M. von der Presseagentur P.

Als Wolfgang-Promoter agierte dagegen der Bremer Journalist Jens Brombach. Unter dem Titel *Wenn die heilige Inquisition zuschlägt* verfaßte er einen Artikel über Wolfgangs Kritiker. Vom Landgericht Bremen (bestätigt in II. Instanz durch das Hanseatische Oberlandesgericht) wurde er wegen einiger falscher Tatsachenbehauptungen in diesem Artikel auf Unterlassung verurteilt. Da er den Artikel nach diesem Urteil dennoch weiter verbreitete, verhängte das Gericht auf Antrag ein Ordnungsgeld gegen ihn.

Nicht gerade zimperlich ging Wolfgang mit seinen Teilnehmern um. Gegen eine Teilnehmerin, die sich zu einem Seminar (Kosten 1698,60 Mark) angemeldet, dann jedoch einige Monate vor dem Seminar wieder abgemeldet hatte, ging Wolfgang wegen der Seminargebühren vor Gericht. Dabei war ihr Grund für die Absage durchaus stichhaltig. Sie gab an, daß es bei ihrem Lebenspartner und zwei anderen Personen in einem Seminar, das ihrer Absage vorausging, zu starken psychischen Schädigungen gekommen sei. Auch sie selbst habe an diesem Seminar teilgenommen und habe danach unter massiven Panik- und Angstzuständen gelitten. Nach dieser Erfahrung habe sie an dem zweiten Seminar nicht teilnehmen wollen. Das Gericht entschied gegen sie – sie mußte zahlen.

Aber für Wolfgang ist jegliche Kritik lediglich Bestandteil einer gezielten Rufmordkampagne gegen ihn. In seiner umfangreichen »Gegendarstellung und Dokumentation einer beispiellosen Rufmordkampagne unter Mißbrauch des Rechtes freier Meinungsäußerung« schreibt er am 1.6.1994: Seit Herbst 1992 sehe er sich einer rufschädigenden und existenzgefährdenden Hetzkampagne der Familie B. sowie der beiden Sektenexperten Hansjörg Hemminger und Joachim Keden ausgesetzt. Das Vorgehen der Kritiker entspreche dabei »sehr genau dem Verhalten, das von der Scientology Church für den Umgang mit Andersdenkenden und Gegnern vorgegeben wird«. Dann drückt er kräftig auf die Tränendrüse: Aufgrund der Kritik seien die Spenden für VIPE zurückgegangen, und das bedeute, daß »zirka 60 Kinder auf der Straße bleiben müssen, und für diese Kinder den Verlust jeglicher Hoffnung auf eine bessere Zukunft und mangels eines Zuhauses erfahrungsgemäß auch den frühen Tod«.

Wolfgang selbst hat allerdings an der Lösung des Konflikts mit seinen Kritikern offenbar kein Interesse. Im März 1997 schreibt er an seine Kritiker: »Es wurde deutlich, daß Sie nicht mehr in der Lage sind, rational zu denken, und deshalb noch nicht einmal bewiesene Fakten richtig einordnen können. Dieser Realitätsverlust ist noch dazu verbunden mit dem irrealen Glauben, Dritte zur Rechtfertigung eigener Zwecke beliebig schädigen zu dürfen. Der Fanatismus in Ihren Augen war erschreckend für mich.«

Mobilmachung

Anfang 1997 macht Wolfgang mobil und droht, daß er nun offensiv »Dritten, Pressevertretern und der psychologischen Fachwelt« deutlich machen werde, was »missionarische Fanatiker unter Mißbrauch des Rechts auf freie Meinungsäußerung anrichten können«. In jede Aktion werde er »alle Presseorgane wie *Stern*, *Spiegel*, *Focus*, *Süddeutsche Zeitung*, *Handelsblatt*, *Wirtschaftswoche*« einbeziehen. Zeitgleich werde er alle öffentlichen und privaten Fernsehanstalten Deutschlands informieren. »Als rechtliche und fachliche Repräsentanz für die Erörterung der Thematik werde ich einen gemeinnützigen Verein gründen, der entsprechende Gutachter, Journalisten und Juristen als Mitarbeiter oder Berater haben wird.« Der Verein werde eine regelmäßige Informationsserie herausgeben. Die ersten Themen werden sein: »Die Bildung einer ethisch kriminellen Vereinigung ... zur Diffamierung von liberalen Weiterbildungseinrichtungen.« Zudem werde ein Buch über seine Erfahrungen erscheinen.

Für seine Vorhaben hat Wolfgang als Verbündeten Holger Fuß gewonnen. Der Journalist, der in seinem *Focus*-Artikel schon die umstrittenen Trainings von Block und UPT (Kapitel 6 und 7) reinwusch, hat hier ein neues Betätigungsfeld gefunden. So rief er Anfang 1997 Wolfgang-Opfer an, wandte sich an deren Anwältin und forderte Beweise für die Vorwürfe gegen Wolfgang.

Im Juni 1997 verschickte Wolfgang eine dreizehnseitige Presseerklärung mit der Überschrift: »Die Analyse einer vierjährigen gesellschaftlich relevanten Rufmord-Kampagne, erstellt auf der Basis von 3 journalistischen Recherchen und mehrerer unabhängiger Beobachter«. Darin beklagt er Umsatzeinbußen von rund vier Millionen Mark und 400000 Mark Anwaltskosten. Das Machwerk strotzt erneut von üblen Diffamierungen. Wie groß die Realitätsverluste bei Wolfgang sind, zeigt zum Beispiel sein Vorwurf gegen den *NDR,* der 1996 in der Sendung *Plusminus* einen kritischen Beitrag über Wolfgang gebracht hatte. Der Sender habe unter »Mißachtung der mindesten journalistischen Sorgfaltspflicht sich von Rufmördern einen Hetzbeitrag soufflieren« lassen, schreibt Wolfgang, und den Beitrag »gar ohne Gegenrecherche und wider besseren Wissens« gesendet. Tatsache ist jedoch, daß der *NDR* Wolfgang um ein Interview gebeten hatte, was dieser jedoch schriftlich abgelehnt hatte. Das Schreiben wurde sogar in dem Beitrag gezeigt.

Auch ein Gespräch mit seinen Kritikern lehnt der Psychoguru weiter stur ab. Im April 1997 schreibt er:»Ein persönlicher Kontakt ist von mir weder gewünscht, noch wird ein solcher als sinnvoll betrachet. Eine sachliche Auseinandersetzung ist mangels Bereitschaft zur Wahrnehmung von Realitäten nicht möglich.«

Hoffnungsvoll stimmt da sein Versprechen:»Sollte durch objektive Prüfung unabhängiger Dritter bestätigt werden, daß dem IIP fachliche oder ethische Vorwürfe gemacht werden können, stellt das IIP seine Arbeit sofort ein und spendet DM 100000 an eine gemeinnützige Einrichtung.« Doch dazu wird es wohl leider nicht kommen. Denn wer sich mit Wolfgang anlegt, wird seines Lebens nicht mehr froh. Und gegen wahnhafte Gedanken helfen, wie Wolfgang selbst schon richtig erkannte, selbst die besten rationalen Argumente nicht.

Die Coaching-Falle
Die Lehr- und Forschungsgesellschaft mbH
»Die Sprache«

»Führung, Vertrieb, Change Management heute ist Schwerstarbeit und Überlebensfrage zugleich. Es erfordert Coaching, also professionelles Konfliktmanagement«, heißt es auf einem Informationsblatt über den Studiengang zum Coach, den die Lehr- und Forschungsgesellschaft mbH »Die Sprache« anbietet. Training allein genüge nicht für ein professionelles Konfliktmanagement. Ein glatt-trainierter Manager finde niemals Akzeptanz und damit Bereitschaft zur Mitarbeit. Ein coachender Manager dagegen wisse um die seelischen Prozesse hinter einem aktuellen Konflikt und könne mit diesen angemessen umgehen. »Die Sprache« widme sich »der anspruchsvollen Aufgabe einer fundierten und professionellen Weiterbildung zum Coach«. In dem Programm gehe es um die Erweiterung von »fundierter Menschenkenntnis, persönlicher Überzeugungskraft, vertiefter Beziehungs- und Teamfähigkeit, geschärfter Wahrnehmung zur Konflikt-Früherkennung und Gesprächs- und Gestaltungskompetenz über das wichtigste Ausdrucksphänomen des Menschen: seine Sprache«.

Die Qualität der Weiterbildung und die Kriterien der Ausbildungsprüfung werden durch den Berufsverband individualpsychologischer Berater (BIB) e. V. gesichert (siehe nächstes Kapitel). Zudem ist »Die Sprache« Mitglied im Berufsverband Deutscher Unternehmensberater BDU e. V. Als Geschäftsbereiche werden angegeben: Studiengang zum Coach (offenes, firmeninternes Angebot), Aufbau von Coaching-Kompetenz im Betrieb, Coaching (Einzel-, System- und Prozeßcoaching).

»Die Sprache Lehr- und Forschungsgesellschaft mbH« wurde 1990 von Karlheinz Wolfgang gegründet. Ziel war es, seine individualpsychologischen Kurse auch in den Unternehmen zu verbreiten. So heißt es in einem internen Protokoll zu der Unterscheidung zwischen dem Institut für berufsfördernde Individualpsychologie (IIP) und »Die Sprache«:

IIP: »Zulassung für jedermann, Sozialberufler, Hausfrau ... für die berufliche Ausbildung zum psychologischen Berater, 7facher Umfang gegenüber Studiengang zum Coach, entspricht inhaltlich der Psychotherapeutenausbildung.«

Die Sprache: »reinrassig Arbeitswelt (so positioniert verkaufen), für Trainer, Führungskräfte, 8 Veranstaltungen, Professionalisierung, Verbreitung der IP in die Berufswelt.«

Am 22. April 1993 trat Wolfgang als Geschäftsführer der »Sprache« zurück. Neuer Geschäftsführer wurde sein langjähriger Vertrauter Hermann Bayer, der diese Position auch noch 1997 innehatte. Auch finanziell hat Wolfgang sich inzwischen zurückgezogen. Hatte er bis 1994 noch zusammen mit seinem Sohn Dirk Wolfgang die Mehrheit an der Gesellschaft, so waren die Anteile im März 1997 wie folgt verteilt: 36 Prozent für Hermann Bayer, je 26 Prozent für Günter Rentrop-Schmidt und Ute Rentrop und 12 Prozent für Dirk Wolfgang. Laut Wirtschaftsauskunft sind für die GmbH ein Angestellter, zwei Teilzeitkräfte sowie sechs bis zehn Freiberufler tätig. Der Jahresumsatz für 1995 und 1996 wird mit je 1,3 Millionen Mark angegeben. Doch obwohl Karlheinz Wolfgang sich formal von der »Sprache« getrennt hat, bestehen nach wie vor Verbindungen. So war zum Beispiel bis 1996 die Adresse der »Sprache« in Neuss identisch mit der des IIP.

Nach Bayers Angaben gehört Wolfgang auch noch zu den Fachdozenten des Studiengangs, ebenso wie Ulrike Blum, eine langjährige Wolfgang-Anhängerin und Studienberaterin. Eine Verbindung besteht auch über den BIB (siehe nächstes Kapitel), in dessen Vorstand sowohl Wolfgang als auch Bayer sitzen.

Ziel des Coaching-Studiengangs sei es, so Bayer, die soziale Kompetenz und Gesprächsführungskompetenz der Teilnehmer aufzubauen. Der Studiengang umfasse elf Seminare mit insgesamt 34 $\frac{1}{2}$ Ausbildungstagen, verteilt über zwei Jahre. Er koste für Selbstzahler zirka 19 000 Mark, für Unternehmen 25 000 Mark. Der Basiskurs umfasse drei Teile und dauere 8 $\frac{1}{2}$ Tage. Er dürfte wohl weitgehend dem IIP-Grundkurs entsprechen. Weiter gibt es verschiedene Kurse, wie zum Beispiel »Methodik und Klimagestaltung in Gesprächen« (2 Tage für 1160 Mark plus Mehrwertsteuer für Betriebe und Selbständige), »Der Coach als Diagnostiker und Konfliktlöser« (2 Tage für 2140 Mark plus Mehrwertsteuer) oder »Supervision für Coaches« (3 Tage für 2550 Mark plus Mehrwertsteuer).

Mitte 1997 gab es nach Angaben Bayers insgesamt 200 Studienteilnehmer. Rund die Hälfte finanzierte das Programm selbst, andere bekommen die Kosten von den Unternehmen ersetzt. Dabei arbeite »Die Sprache« überwiegend mit kleineren und mittleren Betrieben zusammen.

Wer sich für den Studiengang interessiert, der kann für 150 Mark eine Studienberatung in Anspruch nehmen. Die Schutzgebühr wird bei der Anmeldung mit den Seminargebühren verrechnet. Daß ein Weiterbildungsanbieter bereits für die Information über das Angebot Geld verlangt, ist zumindest ungewöhnlich.

Den Ansatz der »Sprache« beschreibt Bayer als »individualpsychologisch vor dem humanwissenschaftlichen Hintergrund«. Der Vorteil sei die Umsetzung individualpsychologischen Wissens in der Arbeitswelt. Denn der klinische Hintergrund sei viel zu komplex. Man brauche lediglich das Grundlagenwissen darüber, was in der Zusammenarbeit möglich ist, und müsse seine Schwierigkeiten vor dem Hintergrund seines Denkens sehen. Den Unterschied zu anderen Ansätzen begründet Bayer mit der »wissenschaftlichen Absicherung« der Individualpsychologie. Auf die Frage, wie sich denn ein tiefenpsychologischer Ansatz wissenschaftlich absichern lasse, verweist Bayer dann auf die »praktische Empirie« (als ob es auch eine theoretische Empirie gäbe). Wichtig sei doch vor allem, daß der Teilnehmer durch das neu erworbene Wissen einen anderen Zugang zum Gesprächspartner bekomme.

Bayer ist nicht nur Geschäftsführer der »Sprache«, sondern auch Studienleiter für den Coaching-Lehrgang. Er ist Diplom-Volkswirt, hat nach eigenen Angaben ein paar Semester Psychologie studiert und in Sozialwissenschaften promoviert. Seine Ausbildung habe er am Dreikurs Institut Schönacker und am IIP gemacht. Zudem habe er verschiedene Veranstaltungen an den Alfred-Adler-Instituten besucht und eine Lehranalyse bei Josef Rattner in Berlin und bei Erik Blumenthal in Immenstadt gemacht.

Der Individualpsychologe Josef Rattner war Schüler von Friedrich Liebling, der in Zürich die »Psychologische Lehr- und Beratungsstelle« (PLB) gründete, und führte in Berlin die ersten Großgruppentrainings durch. Liebling war Anhänger von Adler und seiner Individualpsychologie, hatte aber – soweit bekannt ist – keinerlei akademische Ausbildung. Liebling starb 1982. Nach seinem Tod kam es unter seinen Anhängern zu heftigen Richtungskämpfen, und schließlich setzte sich die Gruppe um Annemarie Buchholz-Kaiser durch. Diese Gruppe firmiert heute unter dem Namen »Verein zur Förderung der Psychologischen Menschenkenntnis« (VPM). Sie wendet sich vor allem an Psychologen, Ärzte und Lehrer und wird von Kritikern als »rechte Psychosekte« bezeichnet. Verbindungen zwischen Rattner und VPM sind nicht bekannt.

Bayer dürfte daher – ebenso wie Wolfgang – nicht über eine von der DGIP anerkannte individualpsychologische Ausbildung verfügen. Dafür schmückt er sich aber mit dem Titel »Professor (UT)«. Das UT stehe für Universidad Technologica, eine technische Universität in der Stadt San Salvador, wo er einen Lehrauftrag für »Kommunikation und Zusammenarbeit im Betrieb« hat. Dabei dürfte es wohl kaum ein Zufall sein, daß auch Wolfgangs Organisation VIPE in dem mittelamerikanischen Land El Salvador tätig ist.

Doch nicht nur die Verflechtung der »Sprache« mit dem Psychoguru Karlheinz Wolfgang weckt Zweifel an dem Kursanbieter. So heißt es in der Stellungnahme der Evangelischen

Zentralstelle für Weltanschauungsfragen (EZW) in Stuttgart von 1993: »Das Marketing der GmbH ›Die Sprache‹ gibt zu kritischen Rückfragen Anlaß. Die Kurse der Gesellschaft sind für Führungskräfte der Wirtschaft bestimmt. Sie kosten zirka 25 000 Mark. Vertrieben werden die Kurse von sogenannten Studienberatern, die Lizenzen für ein bestimmtes Gebiet bzw. für eine bestimmte Branche erwerben. Die Studienberater zahlen für einen drei Jahre laufenden Lizenzvertrag in der Regel 100 000 Mark. Dafür erhalten sie eine Provision von 25 Prozent der eingenommenen Kursgebühren. Es läßt sich abschätzen, daß von den Studienberatern in den drei Jahren Laufzeit Abschlüsse von zirka 1 Million DM pro Gebiet/Branche getätigt werden müssen, um aus der Vertretung ein durchschnittliches Einkommen zu erwirtschaften. Das Risiko in Höhe der Lizenzgebühr und ihrer zeitlichen bzw. technischen Investitionen tragen die Studienberater allein. Da es sich um neue, am Markt keineswegs bekannte oder gar führende Fortbildungen handelt, ist dieses Risiko erheblich. Es wird berichtet, daß zumindest einige Studienberater seit 1991 nichts oder fast nichts verkauft haben. Die Studienberater kommen anscheinend (auch nach eigenen Angaben) aus dem Klientenkreis Wolfgangs. Es ist fraglich, ob sie bei Vertragsabschluß imstande sind, die Risiken dieses Geschäfts nüchtern abzuwägen. In jedem Fall haben die Studienberater sowohl eine enge, persönliche Beratungsbeziehung als auch eine Geschäftsbeziehung zu Wolfgang bzw. zu anderen leitenden Personen in seinem Umfeld.«

In einem Kooperationsvertrag aus dem Jahre 1991 zwischen der »Die Sprache« Lehr- und Forschungsgesellschaft mbH, vertreten durch Geschäftsführer Karlheinz Wolfgang, und einem Studienberater umfaßt das Vertragsgebiet »alle Betriebe des Hotel- und Gaststättengewerbes in der BRD ohne die in den bis zum 12. 2. 91 bereits vergebenen Gebieten«. In einem anderen Vertrag wird das Gebiet so beschrieben: »das Postleitzahlgebiet 2800, ausgenommen sind: alle Uhren- und

Schmuckfachgeschäfte, Augenoptikergeschäfte, Augenärzte sowie spezielle Augenoptikunternehmen gemäß vorliegeder Liste sowie das Hotelgewerbe in der BRD«.

Die Gebiete wurden also offenbar sowohl nach Regionen als auch nach Branchen vergeben, wodurch es schnell zu Überschneidungen und damit auch zu Abrechnungsproblemen kommen konnte.

Zum Einkommen der Studienberater schreibt Wolfgang im Juni 1994: »Die Studienberater erhalten von der Sprache eine Beteiligung an den Gebühren der von ihnen vermittelten Seminarteilnehmer und derjenigen Seminarteilnehmer, die ohne Vermittlung kommen und ihrem Vertragsgebiet zugeordnet sind. Die Vergütung amortisiert sich je nach vom Studienberater vertriebenen Vertragstyp schon bei Vermittlung von jährlich 4 bis 7 Verträgen, also pro 2-3 Monate ein Auftrag.« Dabei bleibt Wolfgangs Rechnung allerdings etwas rätselhaft. Geht man von Lehrgangskosten in Höhe von 25 000 Mark und einer Provision von 25 Prozent aus, dann kommt bei sieben Verträgen erst die Summe von 43 750 Mark zusammen. Der Studienberater hätte also in einem Jahr noch nicht einmal die Hälfte der gezahlten Lizenzgebühr von 100 000 Mark wieder hereinbekommen – ganz zu schweigen von seinem Aufwand. Aber offenbar schwankten die Lizenzgebühren stark. So schreibt Wolfgang 1996, daß sie zwischen 10 000 und 200 000 Mark lagen.

Daß die Aufgabe der Studienberater vor allem das Anwerben neuer Teilnehmer war, geht auch aus zahlreichen internen Protokollen der Studienberater hervor. So heißt es etwa im September 1992: »Das Institut ist freiberuflich tätig, kann deshalb keine Verkäufer einstellen. Durch die Gründung von »Die Sprache« ist dies möglich gewesen. So kann die IP schneller und breiter bekannt werden. Studienberater als Vervielfältiger der IP. Vorstellung von Karlheinz war es, in jeder größeren Stadt ein Institut durch die Studienberater zu eröffnen.«

Ab 1993 sollten die Studienberater dann nur noch Studiengänge zum Coach und keine einzelnen Seminare mehr verkaufen. Die Geschäfte liefen jedoch offenbar schlechter als erwartet. So verpflichteten sich einige Studienberater sogar, eine bestimmte Zahl von Teilnehmern zu akquirieren. Wer es nicht schaffte, erklärte sich selbst zu Strafzahlungen bereit. Für die Akquise bekamen die Studienberater immer wieder Tips von Karlheinz Wolfgang: »Nicht immer an große Organisationen und Firmen gehen, besser über Einzelpersonen, die dann als Multiplikator wirken können.« Oder: »Nicht in die Firma gehen. In die eigenen Räume kommen lassen.«

Aus den Protokollen wird auch ersichtlich, daß die Studienberater offenbar auch an den IIP-Kursen teilnahmen und dabei – bewußt oder unbewußt – Stimmung machten. So heißt es am 3. April 1992: »Aufgabe der Studienberater ist, klimatische Prozesse zu unterstützen.« Weiter ist die Rede von den Anfeindungen, denen sie ausgesetzt waren. Die »normalen« Kursteilnehmer bezeichneten sie dabei offenbar als »Jünger«. Daher wurde »angeregt, daß jeder Studienberater einmal an einem Grundlagenseminar teilnehmen sollte. Das Verhältnis könnte pro 10 Teilnehmer 1 Studienberater sein.«

In seinem zu seiner Verteidigung gegen die Kritik erstellten »Gutachten« von 1994 bestritt Wolfgang das jedoch vehement: »Ich habe noch nie einen Studienberater der Sprache in meine Seminare ›geschickt‹. Ich benötige für meine Seminare keine Animateure – dies würde sich mit der Intelligenz meiner Seminarteilnehmer, die ein solches Spiel schnell durchschauen würden, nicht vertragen und auch nicht mit der Ethik der IP.«

Endlos mühten sich die Studienberater ab, die richtigen Argumente zu finden, entwarfen Anschreiben und erstellten Marketingpläne. Darin hieß es zum Beispiel: »Wir bieten an: Seminare zur Qualifizierung von Führungskräften: Erweiterung & Vertiefung der sozialen Kompetenz, Entwicklung eines professionellen Konfliktmanagements bis hin zur Führungskraft als Coach. Der Manager als Coach seiner Mannschaft! Unsere Seminare sind einzigartig in Deutschland, in Europa, in der Welt: in ihrem wissenschaftlichen Ansatz, in der Kompetenz der Dozenten, in ihrer Wirkung im Alltag.«

»Die Sprache« sollte »im Coaching die Nummer 1« werden. Ein Studienberater entwickelte einen Marketingplan und wollte dabei mit einer Fragebogenaktion an die Sicherheitsbeauftragten der Unternehmen herantreten. Zu den Vorteilen dieses Vorgehens hieß es: »Sicherheitsingenieure als Überleitung zu Führungskräften, Insider-Informationen über das Unternehmen.«

Gedanken machten sich die Studienberater auch zum richtigen Verhalten am Telefon. Eine Kostprobe:

»Frage: Auf welcher gedanklichen wissenschaftlichen Basis bewegen Sie sich denn?

Antwort: Stellen Sie sich vor, da kommt ein neuer Kollege zur Tür herein und Sie können ihn auf Anhieb nicht leiden. Was, glauben Sie, steckt da für ein Prozeß dahinter, woran kann das liegen? Wie wird auf anderen Seminaren mit so einem Beispiel umgegangen?

Frage: Wer sagt, daß mir dieses Seminar wirklich etwas bringt?

Antwort: Welche leidvollen Erfahrungen haben Sie denn mit Seminaren dieser Art gemacht?

Frage: Wie stelle ich fest, daß der Dozent auch in meinem Bereich kompetent ist?

Antwort: Prüfen Sie ihn!!

Frage: Haben Sie weiteres Informationsmaterial?

Antwort: Wofür? Glorreiche Seiten werden Sie auch nicht mehr überzeugen, oder? Wir leben seit 10 Jahren ohne Prospekte.«

Fragen wurden also mit Gegenfragen beantwortet. Der Fragende war daher danach genauso schlau wie vorher. Kein Wunder, daß sich die Studienberater da schwertaten.

Offenbar gab es immer wieder Probleme mit der Tätigkeit eines Studienberaters. Im *Rundbrief* 2/92 heißt es, der Studienberater sei »ein Vertriebsberuf, kein psychologischer Beratungsberuf«.

Aufschlußreich sind auch so manche anderen Aussagen in den Protokollen. So heißt es zum Beispiel: »Bei Veranstaltungen vor dem Seminar besteht die Gefahr, daß zu viele Fragen aufkommen und zuviel Inhaltliches erzählt wird. Das kann Verwirrung stiften und der Sache schaden.« Oder:»Besonders wichtig sind die Anmeldungen zu den Folgeseminaren. Kritische Grenze sind das erste und das zweite Seminar. Nach zwei Seminaren läuft die Anmeldung zu Folgeseminaren fast automatisch.«

Fragwürdige Anerkennung
Der Berufsverband individualpsychologischer Berater (BIB)

Nachdem Wolfgang 1981 sein Institut für berufsfördernde Individualpsychologie (IIP) gegründet hatte und dort verschiedene individualpsychologische Ausbildungen anbot, fehlte dem ehemaligen IBM-Verkäufer nur noch eines zum Glück: die Anerkennung seiner Ausbildungen. Denn die Weihen der Deutschen Gesellschaft für Individualpsychologie (DGIP) blieben ihm nach seinem Rausschmiß versagt.

Bereits 1984 wurde daher der Berufsverband individualpsychologischer Berater (BIB) quasi als Konkurrenzverein zur DGIP gegründet. Geschäftsführender Vorstandsvorsitzender war zunächst Reinhold Ruthe, Eheberater aus Wuppertal, erster Stellvertreter Karlheinz Wolfgang, Kaufmann aus Neuss, zweiter Stellvertreter Hans-Jürgen Kinzler aus Bergisch Gladbach. Am 4. Februar 1987 schieden Ruthe und Kinzler aus dem Vorstand aus. Geschäftsführender Vorstandsvorsitzender wurde der enge Wolfgang-Vertraute Dr. Hermann Bayer, Unternehmensberater in München, die erste Stellvertreterin wurde eine Sonderschullehrerin, zweiter Stellvertreter Karlheinz Wolfgang. 1991 schied die Lehrerin aus, ihre Position übernahm Michael Arns, ebenfalls ein Wolfgang-Vertrauter. Spätestens ab diesem Zeitpunkt waren alle Positionen mit Wolfgang-Anhängern besetzt. Bereits 1990 gründete Wolfgang »Die Sprache«, um seine Individualpsychologie auch in den Unternehmen zu verbreiten.

Eine von Hermann Bayer 1997 verschickte Liste des Bundesvorstands (Stand 2/96) zeigt, daß der Verband noch immer überwiegend von Wolfgang-Anhängern geleitet wird. Vorstandsvorsitzender ist Hermann Bayer, Geschäftsführer der »Sprache«. Seine beiden Stellvertreter sind Michael Arns, IIP-Studienleiter, und Hans P. Kasüschke, Akademischer Leiter des IIP. Weitere Vorstandsmitglieder sind Ulrike Blum, Studienberaterin bei der »Sprache«, sowie Astrid Hölsen, individualpsychologische Beraterin (BIB), und Annegret Hempel, Coach (BIB). Auch die beiden Letztgenannten dürften vermutlich ihre Ausbildung am IIP bzw. bei der »Sprache« gemacht haben. Zumindest deutet der Zusatz »BIB« darauf hin.

Äußerst aufschlußreich ist auch die Besetzung der Weiterbildungskommission. Dort sitzt neben Hans P. Kasüschke, Karlheinz Wolfgang, Hermann Bayer und Astrid Hölsen noch der Lehranalytiker Franzjosef Mohr, der, nach ähnlichen Querelen mit der DGIP, wie Wolfgang sie hatte, von dieser ausgeschlossen wurde.

Beisitzer in der Weiterbildungskommission und »Arbeitswelt-Vertreter bei der Coachprüfung« ist der Diplom-Ingenieur, MBA und Unternehmer Werner Baier. Der Mitinhaber und ehemalige Vorstand der Webasto AG hatte Wolfgang jahrelang promotet und dadurch für ziemliche Unruhe unter seinen Mitarbeitern gesorgt. Während Webasto sich nach dem Ausscheiden von Baier auch von Wolfgang trennte, hält dieser dem Psychoguru offenbar noch immer die Treue. Als weiterer Beisitzer wird der Diplom-Psychologe Winfried Berner genannt.

Bei einem derart deutlichen Übergewicht der Wolfgang-Anhänger im Vorstand und in der Weiterbildungskommission wundert es nicht, daß die beiden einzigen vom BIB akkreditierten Weiterbildungsinstitute das IIP und »Die Sprache« sind. Großzügigerweise erkennt man auch noch die Ausbildungen der der DGIP angeschlossenen Alfred-Adler-Institute an. Auch das Western Institute for Research and Training in Humanics (WIRTH) in Berkeley, USA, mit seinem Büro in Köln, findet die Anerkennung des BIB. An dem Institut lehrt nach Wolfgangs Angaben Lucy Ackerknecht, eine seiner Ausbilderinnen.

In seinen Informationsblättern preist Wolfgang stolz die Anerkennung seines Instituts an: »Das IIP ist anerkanntes Weiterbildungsinstitut des Berufsverbandes individualpsychologischer Berater (BIB) e. V.« Und 1996 heißt es über die IIP-Diplome: »Nach der Absolvierung der Studiengänge gibt es entweder eine Teilnahmebescheinigung des Instituts oder nach einer zusätzlichen erfolgreichen Überprüfung ein Diplom des Berufsverbandes individualpsychologischer Berater (BIB) e. V., dem wir als offizielles Ausbildungsorgan angehören. Danach sind Sie Fachmitglied unseres Berufsverbandes.« Und Hermann Bayer bezeichnet den Berufsverband sogar als eine Qualitätssicherungseinrichtung für »Die Sprache«.

Die Dreistigkeit, mit der Wolfgang und Bayer ihre eigenen Ausbildungen quasi selbst anerkennen, und das dabei offenbar fehlende Unrechtsbewußtsein weisen erneut auf einen gewissen Realitätsverlust hin.

Um so erstaunlicher ist, wer sich alles für den BIB einspannen läßt. So gab der Vorstand des BIB 1997 ein Gutachten in Auftrag bei »Professor Dr. theol. Dr. phil. Gerhard Besier, Dipl.-Psych., o. Prof. für Historische Theologie und Konfessionskunde an der Universität Heidelberg« und »Renate-Maria Besier, Dipl.-Psych., Dipl.-Päd., Freie Psychotherapeutin (DGVT)«. Aufgabe war es, »die weltanschaulichen Grundlagen, Arbeitsweisen, Arbeitsfelder und psychologischen Arbeitsformen (Therapie, Beratung und Fortbildung) der im BIB organisierten Institute zu beleuchten und vor diesem Hintergrund die seitens zweier Sekten- und Weltanschauungsbeauftragter der evangelischen Kirche geäußerten Verdachtsmomente gegen die BIB-Institute zu prüfen«. Dabei kamen die Gutachter im August 1997 zu einem äußerst erstaunlichen Ergebnis: Sie bestätigten, daß es sich beim BIB nicht nur um »einen durchaus seriösen, individualpsychologisch orientierten Berufsverband« handele, sondern daß man sogar »geradezu von einer Vorbildfunktion der BIB-Institute für den psychohygienischen Markt« sprechen könne.

Durch eine derartige Expertise gestärkt, geht der BIB am 30. September 1997 in die Offensive: In einem offenen Brief an alle Verbände, Trainer und Institute der »freien gewerblichen Weiterbildung« lädt er zu einer verbandsübergreifenden Fachtagung am 31. Oktober in Neuss ein. Thema: die »Gefährdung der Existenz der freien Führungs-, Vertriebs- und Verhaltenstrainer durch den Gesetzentwurf des Hamburger Senats, der auch von der Enquete-Kommission sogenannte Sekten und Psychogruppen« unterstützt wird. Der Gesetzentwurf sieht ein geändertes Kündigungsrecht für die Seminarteilnehmer sowie eine Umkehrung der Beweislast bei emotionalen Schwierigkeiten während des Seminars oder danach vor. Der Seminarleiter müßte dann sein Nichtverschulden beweisen. Für den BIB wäre das die Katastrophe, bedeutet der Gesetzentwurf doch »das Ende der freien und leistungsorientierten Weiterbildung«. Unterschrieben haben den Brief neben dem Geschäftsführer des Wolfgang-Ablegers »Die Sprache«, Hermann Bayer, die beiden IIP-Mitarbeiter Michael Arns und Hans-Peter Kasüschke. Die Wolfgang-Fans machen also mobil. Wie es der Zufall will, wird in dem Brief auch Professor Besier zitiert, der vermutet, daß durch den Gesetzentwurf »konkurrierende Weiterbildungsanbieter aus dem Markt gedrängt werden sollen«. Statt um den verbesserten Verbraucherschutz gehe es – so laut BIB ein Zitat von Besier – auch um »ein Maßnahmenbündel, das den freien Lebensberatungsmarkt in Deutschland systematisch austrocknen dürfte«. Ein Theologieprofessor unterstützt also – ob bewußt oder nicht – umstrittene Psychogurus.

Das U-Boot
Das außergewöhnliche Engagement einer Beraterin

Eine besondere Rolle im Wolfgang-Clan spielt Loni Lüke. 1988 gründete sie zusammen mit Jutta Häuser die Ypsilon Wirtschaftspsychologische Beratungsgesellschaft Lüke & Häuser mbH in Herdecke. Die Idee der beiden Frauen war gut und stieß damals auf ein großes Presseecho. Sie boten den Unternehmen an, sie bei der Auswahl der geeigneten Weiterbildungsprogramme und externer Trainer zu unterstützen. Vermittelt werden sollten grundsätzlich nur Trainer, die ihnen persönlich durch Seminarbesuche bekannt sind. Für die Unternehmen war dieser Service kostenlos. Das Honorar für die Beratung zahlte der vermittelte Trainer über Provisionen. Ihr Beraterhandwerk soll Lüke in den achtziger Jahren am Wirtschaftspsychologischen Institut in Solingen gelernt haben, so ein Artikel der *Süddeutschen Zeitung* vom 24. 2. 1991. Ihre Partnerin Jutta Häuser wird dort als gelernte Raumplanerin und Ingenieurin beschrieben.

Ypsilon gab es zumindest bis 1992. Dann trennten sich die beiden Frauen. 1993 firmiert Lüke bereits unter »Coaching for Corporate Culture« in Hamburg und stellt sich dabei als Beraterin, spezialisiert auf die Analyse von Trainingskonzepten, dar.

Seit 1991 besuchte Lüke nach eigenen Angaben kontinuierlich Schwerpunktseminare des IIP und der »Sprache« GmbH.

Als dann im April 1993 der kritische Artikel über Karlheinz Wolfgang im Wirtschaftsmagazin *TopBusiness* erscheint, ist Loni Lüke sofort zur Stelle und schreibt an den zuständigen Redakteur. Aufgrund ihrer Erfahrung als Beraterin wisse sie, daß es tatsächlich viele schwarze Schafe im Seminar-Markt gebe, aber Karlheinz Wolfgang gehöre »ganz sicher nicht dazu«. In den vergangenen zwei Jahren habe sie selbst miterlebt, wie »sehr die Arbeit von Karlheinz Wolfgang nachweislich der Entwicklung und Förderung von Menschen dient«.

Am 30. Juni 1993 schreibt Loni Lüke dann eine äußerst bemerkenswerte »Gutachterliche Bewertung der IIP-Seminare«. Seit elf Jahren sei sie auf die Analyse und Empfehlung von Weiterbildungsangeboten spezialisiert. Bei der Bewertung der IIP-Angebote zergeht die Seminarexpertin dann fast vor Bewunderung. Karlheinz Wolfgang sei extrem belastbar und halte sich streng an die wissenschaftlichen Grundlagen der Individualpsychologie, schreibt sie. »Karlheinz Wolfgang ist vermutlich in Deutschland der erfolgreichste Lehrer für psychologische Themen. Er löst damit oft Neid aus. Er lebt trotz nachrechenbarem Wohlstand relativ bescheiden und zurückhaltend. Karlheinz Wolfgang lebt, was er sagt, und setzt damit Maßstäbe. Er durchschaut rasch asoziales Verhalten, und da er nicht angewiesen ist, anderen zu gefallen, macht er dies sofort zum Thema. Er ist wirtschaftlich nicht erpreßbar und löst damit bei Menschen mit verwöhnter Anspruchshaltung oft Angriffsprozesse aus ... Karlheinz Wolfgang steht in einem massiven Kontrast zu Schnorrern, Scheinheiligen und Leistungsverweigerern als Ausdruck verwöhnter Anspruchshaltung. Die Angst vor der Wahrheit, angesprochen in praktischen Beispielen, führt manchmal zu Abwehrreaktionen. Seine rigorose Ablehnung von Manipulationstechniken und esoterischen Tendenzen wird von einigen Teilnehmern als zu extrem angesehen.«

Immerhin erkennt die IIP-Bewunderin noch, daß sie das IIP präferiert. Trotz ihres nachhaltigen Versuchs, verschiedene unbequeme Denkansätze bei Wolfgang in Frage zu stellen, müsse sie heute erkennen, daß nur auf diesem Weg eine professionelle Optimierung der Lebensführung möglich sei.

Für eine Beraterin, die Unternehmen bei der Auswahl eines geeigneten Weiterbildungsangebots unterstützt, ist das wahrhaft ein erstaunliches Gutachten. Da verwundert es nicht, daß Loni Lüke auch als Autorin verschiedener Artikel immer wieder auf Karlheinz Wolfgang oder »Die Sprache« hinweist. So nennt sie etwa im Fachblatt *Personal-Potential* 5/95 zehn »empfehlenswerte Konflikthelfer«, darunter natürlich das Wolfgang-Institut IIP und »Die Sprache«.

Aber auch sonst zeigt Loni Lüke ein außergewöhnliches Engagement für den umstrittenen Psychoguru. Nachdem Wolfgangs Aktivitäten seit 1992 vor allem durch eine Familie auch öffentlich kritisiert wurden, gründete man 1994 die »Schutzgemeinschaft gegen die B.-Rufmordkampagne«. Unterschrieben ist das Informationsblatt von Ulrike Kruse (1997 Pressesprecherin des IIP) in Köln, Henning Scheu in Düsseldorf und Loni Lüke in Hamburg.

Aufgrund der Verbreitung falscher Tatsachenbehauptungen über den angeblichen Rufmörder wurden die Sprecher der »Schutzgemeinschaft« und damit auch Loni Lüke im Januar 1996 vom Landgericht Bremen dazu verurteilt, diese Tatsachen nicht weiter zu verbreiten. Die Beklagten gingen in Berufung. Das Oberlandesgericht bestätigte im August 1996 das Urteil und verschärfte es sogar noch.

Bereits 1995 wurde eine weitere Organisation zum Schutz vor Rufmord gegründet. Am 29.11.1995 lädt Loni Lüke zu einer Informationsveranstaltung »Rufmord und Intrigen im betrieblichen Alltag« ein. »Rufmord und Intrigen können jedermann zu jeder Zeit vollkommen unvorbereitet und unbegründet treffen«, schreibt sie. »Trotz der großen Bedeutung des Themas und trotz der immensen Kosten für die Unternehmen gibt es kaum professionelle Hilfe durch Aufklärung im Vorfeld. Diese Beobachtungen und langjährige Erfahrungen in Unternehmen haben uns veranlaßt, den Verein gegen Rufmord ›RUMOR‹ e. V. zu gründen. Ziel von RUMOR ist es, durch Aufklärung in den Betrieben Basiswissen aufzubauen und in der Arbeitswelt für das Thema zu sensibilisieren.« Lüke firmiert dabei als Geschäftsstelle Nord und Öffentlichkeitsarbeit von RUMOR. Sie ist zudem stellvertretende Vorsitzende des Vereins. Sitz und Verwaltung von RUMOR sind in Düsseldorf; Geschäftsstellen gibt es in Hamburg, Karlsruhe, Köln und München. Laut Briefpapier sind alle Positionen mit Wolfgang-Anhängern besetzt.

Wie immer geht die Strategie zum Teil auf. Der *Blick durch die Wirtschaft* feiert den IIP-Leiter Karlheinz Wolfgang 1995 in einem großen Artikel als Experten für Intrigen und Rufmord. Wolfgang wird als Berater dargestellt, der den Unternehmen hilft, gegen Mobbing mobil zu machen und eine gute Konfliktkultur aufzubauen.

1997 präsentiert sich Loni Lüke als Coach, der Manager in der Midlife-Krise berät. So äußert sie sich im Mai 1997 in einem Artikel im *ManagerMagazin* als Kennerin der Managerpsyche. Der Manager ab 40, so die langjährige Wolfgang-Anhängerin, der nicht unter einer Identitätskrise leide, sei die Ausnahme. Inhalt des Artikels sind die Leistungs- und Potenzprobleme älter werdender Manager aufgrund abnehmender Testosteronwerte.

Ebenfalls 1997 veröffentlicht die Zeitschrift *Wirtschaft & Weiterbildung* einen Artikel von Loni Lüke über die Auswahl des richtigen Trainings. Dabei wird sie als Personal- und Organisationsentwicklerin bei Coaching for Corporate Culture in Frankfurt vorgestellt.

Mit dem Artikel, der keine Hinweise auf Wolfgang und Co. enthält, gelingt es ihr erneut, sich als Weiterbildungsberaterin für Unternehmen zu etablieren. Ob sie dabei tatsächlich noch als neutrale Beraterin agiert, ist nach dieser Vorgeschichte allerdings mehr als fraglich. Zumindest ist bisher nicht öffentlich bekannt, daß Lüke ihre Einstellung zu Karlheinz Wolfgang geändert hätte.

9

DER SCHÖNE GURU
DER PSYCHOMIX DES EX-MODELS
HANNES SCHOLL

Das Angebot klingt ganz harmlos. Für 95 Mark bietet »Infinity« ein eintägiges »Welcome Training« in einem Münchner Hotel an. Titel: »Navigiere Dein Schicksal – Ein Programm, das Menschen befähigt zu wissen, wie sie ihre Ziele und Sehnsüchte verwirklichen.« Dabei gibt es eine »interaktive Untersuchung«, was Ziele sind, wie sie funktionieren und was ihrer Verwirklichung im Wege steht. Es geht um berufliche, familiäre und persönliche Ziele und um die fünf wichtigsten Werte im Leben. Es gibt eine »geführte Entspannungsmeditation«, und begleitet durch »energetisierende und humorvolle Übungen«, werden die »zehn Gesetze der erfolgreichen Zielverwirklichung« erarbeitet. Und schließlich lockt sogar noch eine Geld-zurück-Garantie: »Sollte das Training nicht Ihren Erwartungen entsprechen, so erhalten Sie Ihr Geld ohne lästige Fragen sofort zurück.«

»Die Infinity-Methode zur effektiven Zielverwirklichung« kann man auch in dem zweieinhalbtägigen Training »Master your Life« kennenlernen. Hier erkennen die Teilnehmer ihre »unbewußten Verhaltensmuster und deren Wirkungen auf die wichtigsten Lebensbereiche« und lernen, wie »sie sich schnell und vollständig aus diesen Mustern befreien«. Daneben gibt es mehrere siebentägige Trainings auf einer Finca auf Mallorca wie »Into your Self« oder »Into your Power« mit Angstüberwindung und Fallschirmsprung. Für »Teilnehmer, deren Karriere im Vordergrund steht«, bietet sich »Into your Success« an. Das ebenfalls siebentägige Training soll dem Teilnehmer »alle substantiellen Gesetzmäßigkeiten einer erfolgreichen Karriere aufzeigen und ihn befähigen, sich und seine Produkte dynamisch und charismatisch zu präsentieren«. Inhalte des Trainings sind: »Die Infinity-Methode zur beruflichen Zielverwirklichung. Präsentation und Verkauf: die ersten 30 Sekunden entscheiden. Das Geheimnis der unwiderstehlichen Präsentation. Unverblümtes Selbstbewußtsein. Richtige Selbst- und Fremdeinschätzung. Beständigkeit und der Mut, auf die Nase zu fallen. Kennzeichen eines Sieges. Die Gesetze des Erfolgs.« Vermittelt wird das alles durch »Präsentations-Coaching mit Videofeedback, Peer Rating, Selbstausdruck, Kommunikations-Coaching und effektive Angstüberwindung.«

Doch was auf den ersten Blick wie ein normales Erfolgs- und Motivationstraining aussieht, entpuppt sich als das neueste Angebot des Münchner Psychogurus Hannes Scholl. Seit 1991 narrt das Ex-Model – unter ständig wechselnden Namen – Sinn- und Erfolgssuchende mit seinem bizarren Psycho-Mix. Es begann mit LightLife in den USA, dann folgten in München die Möglichkeit e. V., die Hannes Scholl Gesellschaft, die Hannes Scholl Einweihungsschule, die Hannes Scholl Gesellschaft für ontologische Trainings GmbH, das Ayura-Zentrum, Durchbruch e. V. und nun Infinity e. V. Dabei sucht der Achtunddreißigjährige seine Kunden jetzt verstärkt unter zahlungskräftigen Aufsteigern und Managern. Denn Hannes Scholl braucht dringend Geld.

Anfang 1996 traf den »Eingeweihten der siebten Stufe« ein Schicksalsschlag, von dem er sich noch immer nicht erholt hat. Bis dahin lief alles wie geschmiert. Rund 1500 »Schüler« absolvierten seine Trainings. Die Stufe I kostete 890 Mark, Stufe II schon 2500 Mark, und für Stufe III mußte man 8500 Mark hinblättern. Die Lernziele waren wieder einmal verlockend: Selbstfindung, Klarheit über die eigenen Ziele, Erfüllung aller Träume und schließlich vielleicht sogar die

Erleuchtung. 1995 gab es zudem noch ein Geldtraining (250 Mark), ein Kommunikationstraining (390 Mark) und ein Präsentationstraining (1290 Mark). Wer bei den Trainings assistieren wollte, zahlte je nach Stufe zwischen 100 und 500 Mark. Das Geschäft boomte. Abtrünnige Scholl-Anhänger schätzten den Umsatz Anfang 1996 auf drei Millionen Mark; Scholl selbst sprach von einem Verdienst von 850 000 Mark im Jahr 1995.

Doch dann brach alles zusammen. Als Scholl Ende 1995 auf einer weihnachtlichen Gruppenreise zu Ägyptens heiligen Orten mit einer seiner Jüngerinnen ins Bett stieg und damit seine ebenfalls anwesende Lebensgefährtin Janin Trapp bloßstellte, hatte diese die Nase voll. Das Fotomodell reiste zurück und brachte 14 von 16 der festen Mitarbeiter dazu, dem Guru die Gefolgschaft zu kündigen. Die Abtrünnigen warfen ihm vor, sie getäuscht zu haben, und sprachen ihm seine spirituelle Kompetenz ab. So soll Scholl seinen Anhängern zwar von dem irdischen Unsinn der Versicherungen abgeraten haben, selbst aber 9000 Mark für seine eigene Lebensversicherung vom »Tempelkonto« abgezwigt haben. Während Scholl einen aufwendigen Lebensstil pflegte und auf Schloß Eurasburg residierte, zahlte er seinen Mitarbeitern monatlich 300 Mark netto. Doch es kamen noch mehr Details aus den Tiefen der Guru-Psyche zum Vorschein. Ging er mit einer seiner Anhängerinnen ins Bett, dann mußte sie ein Schweigegelöbnis über den Tod hinaus unterschreiben und sich zu allem bereit erklären. Dafür gab's aber den Trost von Hannes: »Du kannst nicht schwanger werden, denn mein Raumanzug ist so umgebaut, daß alle fruchtbaren Samen in meinem Körper bleiben.«

Daß mit dem Guru öfter mal die Phantasie durchgegangen ist, zeigen auch seine unterschiedlichen Lebensläufe. Unstrittig scheint zu sein, daß Hannes Scholl am 5. Dezember 1959 im oberbayerischen Kolbermoor geboren wurde und seine Kindheit in München verbrachte. 1971 – also mit 12 Jahren –

lernte er seine erste Liebe kennen. »Die Gefühle dieser ersten Liebe erwecken in ihm eine Seinsqualität über die eigentliche Verliebtheit hinaus«, schreibt er 1991 in seinem Lebenslauf. In einem 1994 verfaßten Lebenslauf sind daraus schon »spirituelle Erfahrungen« geworden. Nach der mittleren Reife beginnt Scholl eine Lehre als Modellschreiner bei BMW, die er offensichtlich nie erfolgreich beendet hat. Denn bereits ein Jahr später zerstört der »Eintritt in die kalte, unpersönliche wie durchorganisierte Arbeitswelt die in den letzten Jahren immer öfters gewonnene Seinsqualität«. Von »der Entfremdung gepackt und zutiefst deprimiert«, findet Scholl Trost bei Dr. Manfred Weisbart, erlernt autogenes Training und macht eine Reinkarnations-Therapie bei Thorwald Detlefsen.

1980 versucht er erneut, »Erfüllung in der Wirtschaft« zu finden, diesmal in der Vermögensberatung. Doch auch das mißlingt. Schließlich hält er sich mit Gelegenheitsjobs in der Modebranche über Wasser. 1983 begegnet er dem indischen Guru Swami Muktananda, erlebt die »Geburt eines neuen Bewußtseins« und reist in dessen Kloster nach Indien. Dort stößt er zufällig auf die Schriften des indischen Philosophen Krishnamurti, kehrt nach München zurück, jobbt als Model und dreht Werbefilme. 1984 besucht er einen Rebirthing-Kurs in der Schweiz und macht sich als Rebirthing-Lehrer in München selbständig.

Nun gibt es wieder verschiedene Varianten. Denn erst in der Fassung von 1994 fällt ihm wieder ein, daß er in Kontakt mit der geistigen Bruderschaft kam (nach theosophischer Auffassung eine Gemeinschaft illustrer Weiser und Propheten) und »von dort die altägyptische Einweihung und den Auftrag erhält, sich für sein Lebenswerk als spiritueller Lehrer vorzubereiten«. 1991 hatte er die Begegnung noch nicht einmal erwähnt.

1986 fährt er nach Japan und beschäftigt sich mit Zen-Buddhismus. Ein Jahr später reist er »auf Weisung der Bruderschaft nach New York, um seine spirituelle Authentizität prüfen zu lassen«. Er besucht eine Schauspielschule, nimmt an diversen Trainings teil: bei der Werner-Erhard-Association (dem Vorläufer von Landmark), bei Lifespring und an »A Course in Miracles« (einem spirituellen Selbstlernkurs, der den Weg zu universeller Liebe lehrt; die 365 Lektionen sollen der Psychologieprofessorin Helen Schucman von 1965 bis 1972 von Jesus diktiert worden sein).

In einem dritten Lebenslauf schreibt er, daß er von 1987 bis 1989 Gruppenleiter bei Werner Erhard gewesen sei, und in einem *Newsletter* ist später auch noch von intensiven Erfahrungen mit Osho (früher Bhagwan) und Ramtha die Rede (der Kult beruft sich auf die Botschaften eines Kriegers, der vor 35 000 Jahren lebte; siehe auch Kapitel 4).

1989 heiratet Scholl und gerät in »erhebliche Konfrontationen mit dem Neuland Ehebeziehung«. Doch zum Glück wird er in der Nacht vom 31.10.1990 von der geistigen Bruderschaft »aus der Prüfung als Ehemann entlassen« und »durchbricht in dieser Nacht alle Schranken, und sein Geist geht in kosmisches Bewußtsein ein«. Dieser Tag wurde später von seinen Anhängern als »Tag der Erleuchtung« gefeiert.

So lautet die Fassung von 1994. Drei Jahre früher hatte er die Eheepisode und den Durchbruch ins kosmische Bewußtsein mit keinem Wort erwähnt. 1990 gründet Scholl dann sein erstes Trainingsinstitut »LightLife Seminars« in den USA.

Doch schon 1991 kehrt er nach München zurück, schreibt sein Buch *Wort – die vergessene Macht* und bietet sein erstes Intensivtraining an. Geld verdient er weiter als Model und Schauspieler. Sein größter Erfolg sei ein Werbefilm für American Express gewesen, verrät er 1996 der *Süddeutschen Zeitung*. Der habe ihm »sehr, sehr viel Geld eingebracht«. Offenbar genug, um sich als Psychoguru selbständig zu machen.

1992 gründet er das Zentrum für ontologische Trainings »Möglichkeit«, eingetragen als gemeinnütziger Verein. Nach mehreren Namensänderungen wandelt er 1994 sein Unternehmen »auf Aufforderung der geistigen Bruderschaft« in die »Einweihungsschule« um. Am 31. 10. 1995 legt Scholl dann seinen weltlichen Namen ab. »Wir sind nicht unsere Namen. Namen sind wie Kleider, und zu bestimmten Anlässen trägt man bestimmte Kleider. Ayura Sateth-Re ist das passende Kleid für den Anlaß der kommenden Jahre.«

Für 1,5 Millionen Mark plante der Guru nun ein Einweihungszentrum auf einer griechischen Insel. In den unterirdischen Gängen des Tempels wollte er dann die altägyptische Einweihung in die Welt zurückbringen. Dabei soll es sich um ein dreitägiges Ritual handeln, bei dem die Anwärter in völliger Dunkelheit und ohne Nahrung isoliert werden. War das Ritual vorbei, waren einige geisteskrank oder tot, andere erleuchtet.

Finanziert werden sollte der Tempel natürlich von seinen Anhängern, und um an Geld zu kommen, waren alle Mittel recht. So forderte Scholl 1995 seine Anhänger auf, aus der Kirche auszutreten und die Kirchensteuer seiner Einweihungsschule zu spenden. Ein paar Monate später wurde er noch dreister und bat seine Anhänger, von allem, was sie verdienen, ein Zehntel in die Tempelkasse zu zahlen. »Das Universum wird dir deine milde Gabe vergolden«, versprach Scholl. Die Anhänger spendeten zum Teil erhebliche Summen. Ein Geschäftsmann soll 40 000 Mark, eine Zahnärztin gar 200 000 Mark für den neuen Tempel lockergemacht haben. Wo das Geld blieb, ist rätselhaft. Einen Tag vor ihrem Weggang 1996 sollen Scholl-Mitarbeiter das Tempelkonto überprüft und nur noch fünf Mark vorgefunden haben.

Auch sonst hatte Hannes Scholl große Pläne: Er wollte Ausstellungen organisieren, ein ontologisches Theater ins Leben rufen, eine eigene Zeitung gründen und das »Café Möglichkeiten« eröffnen. Zudem gab es bereits eine ontologisch orientierte Kindergruppe, und eine neue Dependance in Berlin war in Gründung.

Scholls Trainings sind ein bizarrer Mix aus den Methoden von EST/Landmark, Lifespring und weiteren dubiosen Esoterik- und Psychogruppen. Der Münchner Sektenbeauftragte der evangelischen Kirche, Wolfgang Behnk, bezeichnete Scholl als »gefährlichen Guru mit totalitären Tendenzen«, und die Sektenexperten Martin Ottmann und Hansjörg Hemminger entdeckten bei Scholl erstaunliche Parallelen zu der Doktrin und den Psychotrainings von Scientology-Gründer L. Ron Hubbard. Es stelle sich daher die Frage, ob Scholl während seines USA-Aufenthalts nicht vielleicht auch Kontakte mit Scientology hatte. Möglicherweise, so die beiden Autoren in einer Informationsschrift der Evangelischen Zentralstelle für Weltanschauungsfragen (EZW) in Stuttgart, halte Scholl jedoch auch fälschlicherweise Werner Erhard für den geistigen Urheber. Schließlich sei Erhard bei Scientology gewesen, bevor er sich mit seinen EST-Trainings selbständig machte. Doch Scholl scheint Scientology gut zu kennen. So sagte er im Juni 1996 gegenüber der *Süddeutschen Zeitung*: »Die Scientologen ziehen mich nur deshalb nicht an, weil ich nicht sehe, daß sie irgend etwas zu bieten hätten, was ich nicht selber an Erfahrung oder Instrumenten schon integriert habe.«

Scholl veränderte seine Trainings ständig. 1994 dauerte das Stufe-I-Training drei Tage von Freitagabend bis Sonntagabend; dazu kamen vier Dienstagabende. Eines der Resultate des Trainings sei die Fähigkeit, sich in der Verwirklichung seiner Zukunft nicht mehr von Umständen und Ereignissen ablenken oder gar abbringen zu lassen. Dabei ging es vor allem um die Kraft des Wortes. Dazu Scholl: »Wenn du dir vornimmst, morgen um 6 ohne Wecker aufzuwachen, dann leitet dich die Kraft deines Wortes, und du wirst aufwachen, das ist auf alles übertragbar. Das ist wie ein Muskel, den man trainieren muß. Wort ist das Zentrum des Universums, alles entsteht aus Wort und geht darin ein.« Die Ähnlichkeiten mit Landmark und Lifespring sind verblüffend.

Auch bei Scholl gibt es die üblichen strengen Regeln: keine Gespräche untereinander, nur in der Pause aufs Klo, keine Medikamente (außer vom Arzt verordnete), keine Notizen, Klatschen nach jeder Äußerung und pünktlich wieder »im Stuhl sein« (auch das erinnert an Lifespring). Die Teilnehmer müssen ihr Wort geben, die Regeln bis zum Ende des Trainings einzuhalten. Wer sich nicht daran hält, hat keinen Anspruch, sein »Trainingsresultat« zu erreichen.

Im Training faselte Scholl dann vom ES. Das ES, unser Ich, unser Ego, müsse ersetzt werden. ES sei unsere Geworfenheit, die uns unfrei mache in unserem Tun. Scholl: »Du bist ein Mechanismus, denn ES denkt, fühlt und handelt, nicht Du. ES kümmert sich nicht darum, was du denkst, fühlst und willst. Je mehr du in der Möglichkeit stehst, daß es so ist, je freier wirst du.« Dafür starrte man sich dann in Zweiergruppen schweigend in die Augen oder tat bis zu drei Stunden nichts anderes, als sich auf Kommando hinzusetzen und wieder auf-zustehen. Nach dem Wochenende wurde totaler Informationsentzug bis Dienstag verordnet: keine Zeitung, kein Radio, keine Musik, kein Fernsehen. An dem Training nahmen auch Kinder unter 14 Jahren teil.

Im Stufe-II-Training sollten die Teilnehmer in Kontakt kommen mit ihrer individuellen Angst vor Verlust und dem Grauen, das sich in ihren bewußten und unbewußten Alpträumen erhebt. Die eingefrorene Energie, die durch die konstante Vermeidung des In-Kontakt-Kommens mit den Ängsten gebunden sei, werde befreit und zur nach oben ziehenden Kraft gewandelt.

Das Training umfaßte zwei Wochenenden und einen Abend. Am ersten Wochenende ging es darum, die Ängste hervorzuholen und sie zu intensivieren. Die Teilnehmer durften mit einem Baseballschläger auf einen Sandsack dreschen, um ihre Aggressionen abzubauen, mußten 90 Minuten in völliger Dunkelheit am Boden liegen und sich vorstellen, sie wären allein auf der Welt. Sie mußten ihr größtes Desaster aufschreiben und es dann eineinhalb Stunden in völliger Dunkelheit durchleben. »Höhepunkt« des bizarren Trainings war der Todesangst-Prozeß. Die Teilnehmer wurden von den Assistenten zu einem Stuhl geführt, mußten sich die Ohren zustopfen und sich an den Händen fesseln lassen. Dann wurden sie auf ein Podest geführt, ins Leere heruntergestoßen und von den Assistenten aufgefangen. Nach dieser symbolischen »Hinrichtung« begann eine zweistündige Todesphase. Es wurden Grablichter aufgestellt, schwarzgekleidete »Assistenten« trugen Kapuzen und Sensen in der Hand; im Raum stand ein leerer Sarg. Nun sollten die Teilnehmer ihre eigene Todesanzeige formulieren und ein Szenario für ihre Beerdigung entwerfen. Dann folgte die Todestrance. Das Licht wurde gelöscht, nur Grablichter und Sargbeleuchtung blieben an, ein Modergeruch zog durch den Raum.

Am Ende eines derartigen Stufe-II-Trainings soll Scholl zu seinen Schülern einmal gesagt haben: »Ha, ha, ihr habt alle 2500 Mark bezahlt, um herauszufinden, daß ihr Maschinen seid. Hier gibt es nichts zu ›kriegen‹ – das war's.« Kriegen bedeutet bei Scholl etwas verstehen. Denn wie es sich für einen zünftigen Guru gehört, definierte er eifrig Wörter um. So bedeutete zum Beispiel »tanzen« mit jemandem sprechen.

Noch abstruser wurde es dann beim Stufe-III-Training. Voraussetzung dafür war allerdings das Ableisten einer Art Arbeitsdienst. Die Anhänger mußten im Trainingszentrum Toiletten putzen oder für den Guru Hemden bügeln. Im Kurs ging es dann um »den Aufbau von Neuhirnmasse«, um so die physiologischen Voraussetzungen für weiteres geistiges Wachstum zu schaffen. Ein Phänomen, das die Hirnforschung als unmöglich ausschließt.

Nachdem einige Teilnehmer die Stufe III erfolgreich überlebt hatten, mußte nun die Stufe IV her. Aber da wußte der Guru offenbar nicht weiter. Um sich neue Inspirationen zu holen, soll Scholl daher einen Kurs bei Landmark besucht haben. Doch den mußte er leider abbrechen, der Auftritt in seinem Werbespot lockte.

In seinen abstrusen Trainings überließ Scholl nichts dem Zufall. Alles war detailliert durchorganisiert. Vor dem Training wurden die Assistenten genau vorbereitet, wann sie zu klatschen haben. Auszüge aus dem Trainingsmanual: »Assistenten bezüglich des Klatschens briefen! Das Klatschen ist eine Anerkennungsanimation. Ekstatisches Klatschen macht müde Teilnehmer munter und gibt dem Trainingsleiter und den Teilnehmern Energie.«

Auch das Anwerben neuer Teilnehmer war gut organisiert. Die Mitarbeiter Scholls erhielten genaue Anweisungen, wie sie auf die Fragen potentieller Teilnehmer reagieren sollten. Warf etwa einer dem Anrufer vor, das Training sei doch so etwas wie Gehirnwäsche, dann antwortete dieser: »Was heißt das für dich? Hast du nicht auch eine andere Wirklichkeit, wenn du verliebt bist?« Kam der Vorwurf von Abhängigkeit, dann lautete die Antwort: »Bist du nicht auch von der Luft abhängig? Würdest du deshalb jemals die Luft ablehnen?« Es gab auch konkrete Anweisungen, wie man neue Teilnehmer zu einem Gästeabend einlädt. So heißt es in einem Scholl-*Newsletter:* »Sag deinem Gast, daß es an diesem Abend um sein Leben gehen wird.« Und wer gar »Trainer« für den Einführungsabend werden wollte, der mußte ein »Praktikum« machen und dabei jede Woche eine neue Anmeldung heranschaffen.

Reichlich abstrus war auch das Geldtraining. Dazu heißt es im Juli 1995: »An zwei Freitagabenden fallen die Masken, kommt dein Geld-ES voll zum Vorschein – und bietet dir die Möglichkeit zur Transformation. Geld zu besitzen, nicht aber vom Geld besessen zu sein, ist ein bedeutsamer Schritt auf dem Weg der Komplettierung und in die Bewußtseinsbefreiung. Wenn du Geld willst, hol es dir. Es gibt jede Menge davon.«

Im Juni 1996 lädt Scholl zum Vortrag »Magie des Geldes«. »Hast du eine Ahnung, warum du nie genügend Geld hast?

Wenn du Geld willst, höre auf, dich zu beschweren, und hole es dir.« Das Training war dann offenbar weniger magisch. Teilnehmer sollen danach Bettelbriefe an ihre Eltern und Verwandten geschrieben haben oder auf der Straße Zettel »mit der Bitte um Unterstützung für meinen Weg« verteilt haben.

Jeden Monat beglückte Scholl in seinem *Newsletter* seine Anhänger mit nahezu unsäglichem Geschwafel. Im März 1995 schrieb er über den Zwischenbericht der »EGO-Forschungsabteilung«. Thema: »Errichtung von philosophischen Rückkoppelungen und ontologischer Konzepte zur Vermeidung von dominanzgefährdenden Einsichten.« Im selben *Newsletter* heißt es über einen Einführungsabend mit Hannes: »Menschen, die dem Abend beiwohnen, werden die Kraft der Einweihung Stufe I und das Licht von Hannes unmittelbar erleben können. Schenkt allen Menschen, die euch nahestehen, die außergewöhnliche Gelegenheit, mit Hannes zu sein und zu tanzen.«

Im April 1995 schrieb Scholl dann: »Gehirnwäsche tut dringend Not.« Doch leider werde die »Kunst der effizienten Gehirnwäsche« nicht an Schulen und Universitäten gelehrt. Doch zum Glück gebe es die Einweihungsschule, die es sich zur Aufgabe gemacht habe, »Frische und Reinheit in unser verstaubtes Innenleben« zu bringen. »Ein frisch gewaschenes Gehirn – und du erlebst auch dein Leben wieder als frisch und aufregend.«

Im Juli 1995 forderte er seine Schüler auf, sich »als eine Bewegung in einem Multiversum« zu erleben. »Ein Multiversum ist ein Netzwerk aus Universen, in dem jeder Mensch in seinem eigenen Universum lebt.« Da verwundert es nicht, daß Scholl sich auch von Trendguru Gerd Gerken inspirieren haben lassen soll.

Weiter gab es tolle Sprüche wie »Ich glaub' mein Sein pfeift«, ontologische Comics und immer wieder Dankesbriefe. So schreibt Teilnehmerin Josefina H.: »Die Trainings haben mich in eine Seins-Qualität gebracht, die ich nie für möglich gehalten hätte. Mein Umfeld (die Arbeitskollegen) sprechen jetzt zu mir, ich sei das Licht. Ich bin das Licht.«

Hübsch ist auch die Ankündigung von Segeltörns mit Hannes bzw. ab Ende 1995 Ayura: »Eine Reise mit Ayura geht über die Freuden und schönen Erlebnisse der normalen Gruppenerfahrung weit hinaus ... Durch das Teilhaben an ihm, speziell ihn bei menschlich-alltäglichen Dingen zu erleben, entsteht die Präsenz einer anderen Dimension mitten im normalen Leben.« Aber es wird noch besser: Um 21 Uhr stand eine »ekstatische Skatrunde mit Ayura« auf dem Programm. Kosten für zehn Tage: 2000 bis 2500 Mark.

Wer nun glaubt, gebildete Menschen fielen auf derart abstruse Dinge nicht herein, der irrt. Unter den 1356 Teilnehmern des Stufe-I-Trainings bis Dezember 1995 kamen 280 aus kaufmännischen (Unternehmen/Banken) und 108 aus künstlerischen Berufen (Fotografen, Schauspieler, Musiker). 104 waren selbständig. 46 Teilnehmer kamen aus dem Bereich EDV, Werbung und Marketing, 43 waren Lehrer oder Erzieher, 25 Ingenieure und je 22 Ärzte oder Journalisten. Sogar fünf Diplom-Psychologen lauschten den bizarren Ausführungen Scholls. »Für einen Außenstehenden ist das sehr schwer nachzuvollziehen«, weiß Helke Koulakiotis, die wohl beste Kennerin von Scholls Psycho-Mix. Noch heute ist es für die Mutter einer ehemaligen Anhängerin unfaßbar, wie es Scholl gelang, Menschen so hörig zu machen. »Scholl impfte seinen Schülern die Angst ein, ihnen negative Energie zu schicken, wenn sie abtrünnig werden«, weiß Helke Koulakiotis.

Anfang 1997 besserte Scholl seine Kasse wieder einmal mit einem Werbespot auf. Diesmal warb er für Milka-Schokolade. Doch im Juni 1997 ereilte ihn neues Ungemach. Der Fernsehsender *TM 3* zeigte einen kritischen Beitrag über Scholl. Bei Kraft Jacobs Suchard soll man entsetzt gewesen sein, und die Agentur soll Scholl sofort aus ihrer Kartei geschmissen haben. Nun setzt er verstärkt auf Infinity und auf zahlungskräftige Kunden. Im Oktober erscheint in der Fachzeitschrift *Sales*

Profi eine Anzeige von Infinity & Trainings und Methoden. Sie wirbt für »Das ultimative Power-Training«. Versprochen werden »Klarheit, Energie, Motivation für Sie selbst, Ihre Beziehungen, Ihre Karriere«.

Daher stehen die Chancen nicht schlecht, daß künftig vor allem Verkäufer und Manager dem umstrittenen Psychoguru auf dem Leim gehen.

10
BOTSCHAFT AUS DEM JENSEITS
DER BIZARRE HOFFMAN-
QUADRINITY-PROZESS

Psychogurus sind erfinderisch. Robert Hoffman, Herrenschnei-
der von Beruf, wußte die Entstehungsgeschichte seines Quadrinity-Prozesses mit Metaphysischem zu garnieren. Der Legende
nach soll er mit einem Freund vereinbart haben, wer von beiden zuerst sterbe, der solle dem anderen dann aus dem Jenseits
Tips fürs Geschäft übermitteln. Der Freund starb und übermit-
telte Hoffman die Grundlage des Quadrinity-Prozesses.

Seitdem blüht das Geschäft. Seit 1967 unterziehen sich Menschen auf aller Welt dem »psycho-spirituellen Intensivtraining«. Der Quadrinity-Prozeß wird weltweit im Franchise-
System angeboten; Hoffman-Institute gibt es von Argentinien
über Kanada bis nach Hongkong. In Europa sind die Hoffman-
Anhänger in Großbritannien, Frankreich und Italien aktiv. Im
deutschsprachigen Raum gibt es Hofman-Institute in Berlin,
Düsseldorf, Wien und Richterswil bei Zürich. Sieben Tage inklusive Unterbringung und Verpflegung kosten 4490 Mark (1997).
Beim Schweizer Quadrinity-Institut für Transpersonale Therapie AG spricht man von jährlich 300 Klienten. Nach Angaben
der Schweizer Psychologie-Zeitschrift *INTRA* gehen zehn Prozent des Umsatzes in die USA. Allein an Lizenzgebühren brächt-
en die Botschaften aus dem Jenseits dem ehemaligen Herren-
schneider daher einen zweistelligen Millionenbetrag ein.

Die Versprechungen sind wie immer grandios. Die Teilnehmer erzielten »existentielle Durchbrüche«, aber auch »psy-

chosomatische Krankheiten wie Magersucht, Migräne, Impotenz, Verfolgungswahn und viele Allergien« verschwänden – und das alles in sieben Tagen. Die Theorie dagegen ist mager. Hoffmans These: Die grundsätzliche Ursache emotionaler Probleme liegt in der negativen Programmierung, die man als Kind von den Eltern übernommen hat. Quadrinity bezieht sich auf die »Vierheit des menschlichen Selbst«: Körper, Intellekt, Gefühl und Spiritualität. Meist führten Intellekt und Gefühl dabei einen Dauerkrieg. Das Gefühl wiedersetze sich trotzig den Anweisungen des vernünftigen Intellekts. Das spirituelle Selbst könne daher nicht wahrgenommen werden. Durch den Prozeß sollen die Teile des Selbst wieder zu einer Ganzheit zusammengefaßt werden.

Quadrinity ist für jeden das Richtige. Unter den Teilnehmern sind daher Lehrer, Psychotherapeuten, Manager, Unternehmer, Rechtsanwälte und Ärzte ebenso wie Schüler, Arbeiter, Priester, Künstler und Rentner. In Deutschland sollen es viele Unternehmer, Ärzte und Managementtrainer sein. Der Prozeß wird in abgelegenen Seminarhäusern von einem »Therapeuten-Team« durchgeführt.

Die Zeitschrift *Esotera* brachte im März 1989 einen überschwenglich positiven Bericht, und Autor Michael Harlacher war offenbar so begeistert, daß er inzwischen Leiter des Schweizer Quadrinity-Instituts ist. Im Februar 1991 schwärmte *Cosmopolitan*-Autorin Gabriele Kuby von der »aufsehenerregenden Intensiv-Therapie«. Da konnte auch die *Männer-Vogue* nicht nachstehen und legte im Oktober 1991 nach. »Wenn es Ihnen so schlechtgeht, daß Sie nicht weiterwissen und sich fragen, wozu Sie überhaupt noch auf dieser Welt sind, dann werfen Sie Ihre Verzweiflung nicht gleich wieder weg. Gehen Sie nicht in die nächste Kneipe, um ein Bier nach dem anderen zu trinken und so zu tun, als sei sowieso alles egal. Machen Sie den Hoffman-Quadrinity-Prozeß«, empfahl Autorin Bettina Röhl.

Kritiker sehen das etwas anders. Denn das siebentägige Programm trägt durchaus Züge eines totalitären Psychokults. Gearbeitet wird täglich 14 bis 16 Stunden. Die Verweigerung jeglicher Rückzugsmöglichkeit, Schlafentzug und spartanische Verpflegung erhöhen den Streßlevel. Wie bei vielen anderen Psychotrainings spielt daher auch hier die extreme Belastung von Geist und Körper eine wichtige Rolle. Der Psychologe Colin Goldner sieht im Hoffman-Prozeß eine »maßlos trivialisierte Kopie des primärtherapeutischen Ansatzes von Arthur Janov«, bei der tief in die psychotherapeutische Trickkiste gegriffen wird. Das umstrittene Rebirthing (siehe Kapitel 7 zu UPT) wird ebenso genutzt wie Hypnotherapie und Psychodrama.

1990 beschreibt Autorin Mirjam Neidhart in der Psychologie-Zeitschrift *INTRA* ihre Erlebnisse beim »Prozeß« und kommt zu dem Schluß: »Der Quadrinity-Prozeß ist ein geschlossenes System. In dieses System werden die unterschiedlichsten Menschen mit autoritativen, faschistoid anmutenden Mitteln hineingepeitscht und durchgeprügelt.« Dabei zitiert sie einen Teilnehmer: »Nach dem Quadrinity-Prozeß hatte ich das Gefühl, mir sei mein Herz rausgerissen und durch eine standardisierte Herzprothese ersetzt worden. Ich wußte nicht mehr, wer ich war. Ich durfte ja auch nicht mehr sein, wer ich war. Ich wurde ein künstliches Ergebnis. Ich bin eine Prothese.«

Auch die Esoterik-Zeitschrift *essentia* hatte kritisch über Quadrinity berichtet und behauptet, daß der Quadrinity-Prozeß die Teilnehmer entmündige und mit emotionalen Manipulationen ein Glücksgefühl schaffe. In einem darauf folgenden Interview äußerte sich dann Quadrinity-Erfinder Robert Hoffman zum Vorwurf der Gehirnwäsche: »Ihr seid nicht die einzigen, die das sagen. Es ist aber hier in Europa ein bißchen anders als bei uns in Amerika, ihr hattet hier den Faschismus, der mit Gehirnwäsche arbeitete. Darum ist es verständlich, daß die Europäer davor Angst haben.« Dann erklärt er den Unterschied zwischen Gehirnwäsche und Geistesreinigung: »Wenn das Gehirn das körperliche Instrument ist, um geistige

Aktivität zu ermöglichen, so könnte man jetzt sagen, daß das Gehirn ein Computer ist und der Geist die Software, das Programm. Wenn du also einen Fehler im Softwareprogramm hast, so korrigierst du ihn. Du programmierst den Computer neu, und heraus kommt, was immer du willst. Das ist nicht Computerwäsche, sondern Computerreinigung.« Der Mensch als Maschine. Die Vergangenheit ist löschbar. Das erinnert doch an Scientology und ihre Theorie der Engramme, die es zu löschen gilt.

Der Crashkurs für die Seele trägt denn auch abstruse und bizarre Züge. Die folgenden Beschreibungen sind den Artikeln *Wir sind eure seelische Kanalreinigung* in der Zeitschrift *INTRA*, Winter 1997, und *In einer Woche frei von Neurosen?* in *Psychologie Heute* vom Juni 1996 entnommen. Autor ist der Psychologe Colin Goldner, der selbst einmal an dem Quadrinity-Prozeß teilgenommen hat.

Die Grundthese von Quadrinity lautet, alle Menschen seien seelisch schwer gestört. »Wir sind eure seelische Kanalreinigung«, sollen sich die »Therapeuten« daher vorgestellt haben. Bereits vor dem »Prozeß« muß der Teilnehmer einen endlosen Katalog von Fragen beantworten, in dem er Details über Krankheiten und psychische Probleme darstellt. Was mit dieser Sammlung intimster Daten passiert, weiß keiner.

Das Vorgehen der »Therapeuten« ist einfach: Zunächst wird jede Äußerung oder Nichtäußerung des Teilnehmers zum neurotischen Verhaltensmuster erklärt, das von den Eltern übernommen wurde und den »eigentlichen Wesenkern« erstickt. Egal ob man schweigt, lächelt, wütend tobt oder sich ängstlich zurückzieht – alles sind von den Eltern kopierte negative Muster, die es abzulegen gilt. Nachdem es den »Therapeuten« so schnell gelingt, jegliche Abwehr zu brechen, werden die Teilnehmer auf das neue Heilsangebot Quadrinity eingeschworen.

Zunächst erstellen sie eine »negative Autobiographie«. Dann werden sie mittels einer Visualisierungsübung in die frühe Kindheit versetzt, um so die »Ablehnung« ihrer Eltern zu spüren. »Schon nach wenigen Worten der Induktion wälzen sich die meisten auf dem Boden und schreien aus vollem Leben wie Neugeborene. Am Abend erhält jeder Teilnehmer ein Kuscheltier«, schreibt Goldner. Am zweiten Tag müssen die 35 »schlimmsten Wesenszüge der Mutter« auf kleine Kärtchen geschrieben werden, danach ist ein zwölfseitiger »Haßbrief« an die Mutter zu verfassen. In einer sechsstündigen Marathonsitzung schreit dann jeder Teilnehmer die 35 negativen Eigenschaften seiner Mutter, die er ja alle als Muster übernommen hat, heraus und drischt dabei bei jedem Anklagepunkt mit einem Baseballschläger auf ein großes Polster. Am nächsten Tag wird dieselbe Prozedur für den Vater wiederholt. In einem nächtlichen Ritual werden dann die Haßbriefe an die Eltern verbrannt.

Nach der Anklage erfolgt die Phase der Verteidigung. Die Teilnehmer werden in eine Art Trance versetzt, in der sie als Zwölfjährige ihren ebenfalls zwölfjährigen Eltern begegnen sollen. In einem Dialog »von Kind zu Kind« werden nun die Eltern nach ihren Kindheitserfahrungen befragt. Das Ergebnis wird auf exakt 20 Seiten pro Elternteil niedergeschrieben. Natürlich sind auch die Eltern Opfer von Mustern, die sie von ihren Eltern übernommen haben. Nun folgt eine flammende Verteidigung der Eltern, wiederum 20 Seiten je Elternteil.

Am nächsten Tag geht es ums Vergeben. Bei Trauermusik und brennenden Altarkerzen visualisieren die Teilnehmer den Tod ihrer Eltern. Gemeinsam wird der nächstgelegene Friedhof aufgesucht, um dort die Erfahrung des Verlusts der Eltern – Visualisierung im offenen Sarg – zum Exzeß zu treiben. Jeder Teilnehmer legt ein Gelübde ab, ab jetzt den »rechten Weg« zu gehen und alle alten Muster aufzugeben.

Am vorletzten Tag werden die Teilnehmer dann in eine gänzlich entgegengesetzte Stimmung versetzt. Es soll »der schönste Tag des Lebens« werden – mit Kinderliedern und Kinderspielen, eine Phantasiereise führt ins Schlaraffenland und zum Weihnachtsmann.

Dann wird Kindergeburtstag gefeiert. Am letzten Tag wird die anfangs geschriebene negative Autobiographie durch eine positive ersetzt. Es wird ein Liebesbrief an die Eltern geschrieben. Höhepunkt und Abschluß ist das Zusammenfügen der vorher widerstreitenden Bestandteile des Selbst zur »Ganzheit der Quadrinität«: Emotionales, intellektuelles, spirituelles und körperliches Selbst umarmen einander »wie in einer alchimistischen Hochzeit«, und jeder Teilnehmer erhält eine Urkunde, daß er den Prozeß erfolgreich überstanden hat.

Das gelingt nicht jedem, immer wieder brechen Teilnehmer vorzeitig ab. Manchmal werden sie auch nach Hause geschickt, weil sie sich dem rigiden Prozeß nicht unterordnen können oder wollen. Auch dabei sind die »Therapeuten« offenbar nicht sehr zimperlich. Auszüge aus dem Statement eines Teilnehmers in *INTRA* 1990: »Nun ging es darum, die negativen Eigenschaften auszuprügeln. Eine zweiundsechzigjährige Frau brachte dies nicht übers Herz und überwand sich, den Therapeuten mitzuteilen, sie habe entschieden, den Prozeß abzubrechen und zu gehen. Man forderte sie auf, auf ihrem Stuhl zu stehen. Dann wurde sie vor allen anderen bloßgestellt. Es schien der Teufel selbst auf dem Stuhl zu stehen. Die Frau machte erneut einen Versuch zu gehen. Sie wurde von den Therapeuten gepackt und in Leichenstellung zu Boden gelegt. Ein Therapeut improvisierte eine Trauerrede.«

Bei so manchem führte der Crashkurs zu ernsthaften Problemen. Schon mehrfach wurde berichtet, daß Teilnehmer in einen psychotischen Wahn abgeglitten sind. Im Frühjahr 1996 wurde ein Teilnehmer vom Quadrinity-Leiter in eine psychiatrische Klinik eingeliefert. Er hatte Wahnvorstellungen und sah sich selbst als Jesus Christus. In einem anderen Fall mußte eine Teilnehmerin mit Elektroschocks aus dem Zustand eines zweijährigen Kindes zurückgeholt werden. Im Frühjahr 1997 bringt *INTRA* einen Bericht von einem Teilnehmer, der 1995 an einem Quadrinity-Kurs teilnahm, danach einen psychotischen Schub bekam und in die Psychiatrie eingeliefert werden mußte. Das Schweizer Quadrinity-Institut erklärte, es handele sich um einen Einzelfall. Es dürfte jedoch eher die Spitze des Eisbergs sein. Sektenberatungen berichten von einigen Fällen, in denen Teilnehmer unter massiven psychischen Problemen litten. Auch von Todesfällen wird immer wieder gemunkelt.

Die Selbstdarstellung von Quadrinity ist natürlich ganz anders. Im Internet schwärmt der in den USA offenbar bekannte Psychiater Harold Bloomfield, daß Quadrinity »die Psychotherapie des 21. Jahrhunderts« sei und er es als seine Pflicht ansehe, den »Prozeß« zu verbreiten. Schließlich sei das so, als ob man eine wichtige Impfung entdeckt habe. Im Internet rühmt man sich auch psychologischer Untersuchungen, die den Erfolg des »Prozesses« belegen. Kritiker Colin Goldner ging der Sache offenbar nach und kam zu dem Schluß: »Fragen nach den ›Langzeituntersuchungen‹, von denen stets großspurig die Rede ist, wurden bislang von keinem Institut beantwortet. Man läßt sich nur ungern in die Karten schauen und reagiert auf Kritik in der Manier sektoider Gruppen.«

Erhebliche Zweifel äußert der Psychologe auch an der Ausbildung der »Therapeuten«. Die akademische Grundqualifikation scheine eher Nebensache zu sein. Entscheidend sei offenbar vielmehr die Bereitschaft, sich in die Ideologie und das streng hierarchische Gefüge der Organisation einzuordnen.

Da verwundert es nicht, daß der Leiter des Hoffman Institute USA & California (laut Internet Juli 1997) der langjährige »persönliche Begleiter« von Werner Erhard ist. Nachdem Raz Ingrasci sich vom Erfinder des EST-Trainings (dem Vorläufer des heutigen Landmark-Forums) trennte, war er 1990 Director of Corporate Affairs bei der EST/Landmark-Schwesterorganisation Lifespring. Und nun fand er bei Hoffman-Quadrinity offenbar ein neues Tätigkeitsfeld. Wer ein Faible für autoritäre und totalitäre Gruppen hat, der landet eben schnell bei der nächsten.

NACHWORT

Für die sind doch alle Persönlichkeitsseminare schlecht. Die macht den ganzen Markt kaputt. Die hat keine Ahnung. Die möchte einzelnen Anbietern einfach nur eine reinwürgen. Die hat sich an dem Thema festgebissen.

So werden die Anbieter und die Fans bestimmter Seminare auf dieses Buch reagieren. Statt sachlicher Auseinandersetzungen wird es Diffamierungskampagnen geben. Die Betroffenen werden auf der persönlichen Ebene zurückschlagen.

Andere werden das Buch schlichtweg für Panikmache halten. Schließlich würde ihnen so etwas nicht passieren. Wer in solche Seminare geht, ist selbst schuld. Doch es sind nicht nur die Schwachen, Erfolglosen und Suchenden, die auf die Tricks der Psychotrainer hereinfallen, es sind oftmals gerade die Selbstbewußten und Erfolgreichen. Die Methoden, mit denen Menschen mürbe gemacht werden können, sind längst erforscht, und sie funktionieren. Der Mensch ist eben konditionierbar wie eine Graugans, auch wenn viele das nicht glauben wollen.

So manchem Leser wird das Buch daher die Augen öffnen, und nur wer die Manipulationsmethoden und die Tricks kennt, kann sich schützen. Denn der Psychomarkt wird immer undurchsichtiger, die Zahl der fragwürdigen Persönlichkeitstrainings immer größer. Das Buch zeigt davon nur einen kleinen Ausschnitt.

Die Leidtragenden des Wildwuchses sind natürlich die Anbieter von seriösen Persönlichkeitsseminaren. Denn leider schmeißen viele sofort alle Trainings in einen Topf. Dabei sind gute Persönlichkeitstrainings, die den einzelnen bei seiner Entwicklung unterstützen, notwendiger denn je, da die Auseinandersetzung mit den eigenen Stärken und Schwächen Basis jeder funktionierenden Teamarbeit ist.

Bisher haben die Wölfe im Psychopelz einfaches Spiel. Denn im lukrativen Geschäft mit Erfolgs- und Persönlichkeitsseminaren kann jeder mitmischen – vom ehemaligen Bankkaufmann bis zum verkrachten Verkäufer. Ohne entsprechende Ausbildung bedienen sich die selbsternannten Persönlichkeitstrainer höchst wirksamer Methoden aus der Psychotherapie oder Verhaltenskontrolle und richten dabei bisweilen erheblichen Schaden an.

Mit ihrer Forderung nach einem »Gesetz zur Regelung der gewerblichen Lebensbewältigungshilfe« ist die Enquetekommission »Sogenannte Sekten und Psychogruppen« daher auf dem richtigen Weg. Denn Kernstück ist ein schriftlicher Vertrag zwischen Kunden und Anbieter. Dabei müssen die Anbieter detailliert Auskunft geben, welche Methoden sie anwenden, auf welchen theoretischen Grundlagen diese basieren und über welche Qualifikation der Kursleiter verfügt. Zudem wird die Kündigungsfrist geregelt. Der ursprünglich geplante Opferschutz wurde aus dem Gesetzentwurf gestrichen.

Kein Wunder, daß auch einige der in diesem Buch genannten Seminaranbieter schon jetzt gegen die geplante Regelung Sturm laufen. Schließlich ist einer ihrer Haupttricks das Verschweigen des Seminarablaufs.

Die Crashkurse für die Seele passen in unsere Zeit. Die Angst vor Arbeitslosigkeit und der zunehmende Leistungsdruck nagen am Selbstwertgefühl. Um ihrer Machtlosigkeit zu entfliehen, suchen viele Hilfe, und dabei sind die Versprechungen so mancher Persönlichkeitsseminare durchaus verlockend.

Wenn jedoch immer mehr Menschen unter dem Deckmantel der Selbstverwirklichung zu funktionierenden Marionetten gemacht werden, sollte uns das nachdenklich stimmen. Denn wer die Selbstbestimmung und den freien Willen eines Menschen angreift, der gefährdet letztlich auch die Demokratie. Dabei haben alle totalitären Ansätze eines gemeinsam: Sie versprechen die totale Kontrolle für denjenigen, der sich der totalen Kontrolle unterwirft. Der amerikanische Journalist Paul Keegan brachte das nach seinem Besuch bei Lifespring sehr treffend auf den Punkt: »Wir haben die Kontrolle für unser Leben aufgegeben, und wir fühlen uns befreit. Wir sagen, daß wir uns großartig fühlen, weil wir konditioniert wurden, uns so zu fühlen.«

LITERATUR

Bücher

Goss, Tracy: Das Re-Invention-Zukunftsprogramm. Düsseldorf: Metropolitan Verlag 1997.

Hartwig, Renate: Scientology. Die Zeitbombe in der Wirtschaft. Pfaffenhofen: Direkt Verlag 1994.

Hassan, Steven: Ausbruch aus dem Bann der Sekten. Reinbek bei Hamburg: Rowohlt Verlag 1994.

Hemminger, Hansjörg: Eine Erfolgspersönlichkeit entwickeln. Information 132. Stuttgart: Evangelische Zentralstelle für Weltanschauungsfragen 1996.

Lell, Martin: Das Forum. Protokoll einer Gehirnwäsche. Der Psychokonzern Landmark Education. München: DTV 1997.

Lifton, Robert J.: Thought Reform and the Psychology of Totalism. New York: W. W. Norton 1969.

Milgram, Stanley: Obedience to Authority. New York: 1983.

Pressman, Steven: Outrageous Betrayal. New York: St. Martin's Press 1993.

Rhinehart, Luke: Das Buch EST. München: Heinrich Hugendubel Verlag 1983.

Scheich, Günter: Positives Denken macht krank. Frankfurt: Eichborn Verlag 1997.

Schein, Edgar: Coercive Persuasion. New York: W. W. Norton 1961.

Schwertfeger, Bärbel; Koch, Klaus: Der Therapieführer. München: Heyne Verlag 1995.

Singer, Margaret; Lalich, Janja: Crazy Therapies. San Francisco: Joessy-Bass Inc. 1996.

Singer, Margaret; Lalich, Janja: Cults in our Midst. San Francisco: Joessy-Bass Inc. 1996.

Singer, Margaret; Lalich, Janja: Sekten. Heidelberg: Auer Verlag 1997.
Stamm, Hugo: Sekten. Zürich: Kreuz Verlag 1995.

Artikel

Birkenfeld, Winfried: Gib dein Äußerstes und gelange an dein Innerstes. *Weiterbildung* Heft 1, 1991.

Fisher, Marc: Inside Lifespring. *The Washington Post Magazine* 25. Oktober 1987.

Fuß, Holger: Kampf um Psycho-Dollars. *Focus* Heft 4, 1997.

Gelman, David: The Sorrows of Werner. *Newsweek* Heft 25, 1991.

Glass, Leonard L.; Kirsch, Michael A.; Parris, Frederick A.: Psychiatric Disturbances Associated with Erhard Seminar Training. I. A Report of Cases. *American Journal of Psychiatry* 134, 1977, 245-247.

Glass, Leonard L.; Kirsch, Michael A.; Parris, Frederick A.: Psychiatric Disturbances Associated with Erhard Seminar Training. II. Additional Cases and Theoretical Considerations. *American Journal of Psychiatry* 134, 1977, 1254-1258.

Goldner, Colin: Wir sind eure seelische Kanalreinigung. *Intra* 30, Winter 1997.

Goldner, Colin: Rebirthing – Mißgeburt des New Age. *Skeptiker* Heft 4, 1992.

Haaken, Janice: Pathology as Personal Growth: A Participant-Observation Study of Lifespring Training. *Psychiatry* 46, 3, 1983, 270-280.

Harlacher, Wolfgang Michael: Der Mensch im Hofmann-Prozeß. *Esotera* Heft 3, 1989.

Howe, Robert F.: Self-Help Course Allegedly Shattered a Life. *Washington Post* 7. Juli 1992.

Keegan, Paul: Into the Void. *Boston Business* Februar/März 1990 (Lifespring).

Klünsch, Corinna: Die Götterschule in Schloß Eurasburg. *Süddeutsche Zeitung* Landkreis Wolfratshausen, München 29./30. Juni 1996.

Lattin, Don: Ex-Employees Describe Abuse In Suit Against EST's Erhard. *San Francisco Chronicle* 3. April 1990.

Looser, Sandro: Wie gefährlich ist der Quadrinity-Prozeß? *Intra* 31, Frühjahr 1997.

MacNamara, Mark: The Return of Werner Erhard: Guru II. *Los Angeles Magazine* Nr. 5, 1988.

Main, Jeremy: Trying to Bend Managers' Minds. *Fortune* 23. November 1987.

N. N.: Fit für den Alltag. *Test* August 1997.

N. N.: Wie Zombies. *Der Spiegel* Heft 13, 1976 (Artikel über EST).

Schwertfeger, Bärbel: Das Denken schafft die Wirklichkeit. *Süddeutsche Zeitung* 15. Mai 1993.

Schwertfeger, Bärbel: Viele Scharlatane unter den Anbietern. *Acquisa* September 1995.

Schwertfeger, Bärbel: »Ich fühlte mich wie in einer Sekte.« *Stern* Heft 16, 1996.

Schwertfeger, Bärbel: Erschütternde Erlebnisse vermitteln Pseudo-Selbstvertrauen. *Handelsblatt* 13. September 1996.

Schwertfeger, Bärbel: »Sie denken, ich bin bekloppt, aber ich verdien' heute 125 000 Mark.« *Handelsblatt* 28. Februar 1997.

Schwertfeger, Bärbel: In drei Tagen zum Glück. *Süddeutsche Zeitung* 13. März 1997.

Schwertfeger, Bärbel: Tanzen wie ein Derwisch. *Wirtschaftswoche* Heft 19, 1997.

Skolnick, Andrew: The Maharishi Caper: Or How to Hoodwink Top Medical Journals. *Science Writers* Fall 1991.

Thiede, Roger: Immer hart an der Grenze. *Focus* Heft 29, 1996.

Welkos, Robert W.: Founder of EST Targeted in Campaign by Scientologists. *Los Angeles Times* 29. Dezember 1991.

Wendt, Barbara: Der schöne Guru. *Die Woche* (Hamburg) 1. März 1996.

Werner, Kai: Erleuchtung im Preis inbegriffen. *Psychologie Heute* August 1988.

Wiercks, Frank: Webasto auf der Couch. *TopBusiness* April 1993.

REGISTER

299

Campus Wirtschaftssachbuch

Birte Siedenburg
Jeder nimmt sich, was er kann
Diebstahl, Betrug und Unterschlagung im Unternehmen
1998. Ca. 220 Seiten, gebunden
ISBN 3-593-35912-X

Von Bagatelldiebstählen bis zum minutiös geplanten Datenklau reichen die kleinen und großen Delikte im Selbstbedienungsladen Arbeitsplatz. Schreibutensilien lösen sich in Luft auf. In kaum einem Betrieb ist es noch möglich, einen Laptop unbeaufsichtigt zu lassen. Während der gewöhnliche Arbeitnehmer Stichprobenkontrollen und Videoüberwachung überwinden muß, haben es die Führungskräfte oft einfacher. Denn nicht der schnelle Griff in die Ladenkasse oder der geklaute Bleistift sind die Gefahren, die Unternehmen in den Ruin treiben können: Datenmanipulation und Finanzaktionen auf eigene Rechnung bergen ein enormes Risikopotential.

Birte Siedenburg fragt, warum die Hemmschwelle zur Selbstbereicherung immer weiter sinkt und welche Maßnahmen gegen diese Form der Kriminalität ergriffen werden. An zahlreichen erschreckenden wie erstaunlichen Fallschilderungen verdeutlicht die Autorin, mit welcher Raffinesse die Täter vorhandene Kontrollen austricksen und welche Schäden dadurch jährlich entstehen.

Campus Verlag · Frankfurt/New York

Campus Wirtschaftssachbuch

Jörg Staute
Das Ende der Unternehmenskultur
Firmenalltag im Turbokapitalismus
1997. 222 Seiten mit 17 Grafiken
ISBN 3-593-35790-9

Das wirtschaftliche Klima ist rauher geworden. Die Arbeitslosenzahlen klettern in nie gekannte Höhen, die Börse meldet Rekorde über Rekorde. Der Arbeitsplatzabbau hinterläßt seine Spuren, auch bei denen, die noch Arbeit haben. Jörg Staute, Unternehmensberater, liefert erneut einen Insiderbericht aus dem Unternehmensalltag und kommt zu dem Schluß: es herrscht ein immenser Druck. Immer weniger Leute müssen immer mehr leisten. Eine geschönte Umschreibung dazu lautet »Arbeitsverdichtung«.

Die Unternehmen sind bevölkert von Workaholics, Karrieristen und innerlich Gekündigten. Sie sind geprägt durch verunsicherte Mitarbeiter, einem von der Verschlankung bedrohten mittleren Management und einem inzwischen völlig überforderten Topmanagement. Trotz dieser für die neunziger Jahre typischen Firmenrealität reden die Unternehmer weiter von Teams, Selbstverantwortung, Mitarbeitermotivation und davon, daß der Mensch im Mittelpunkt stehen müsse. Das Topmanagement verliert an Glaubwürdigkeit, die Loyalität der Mitarbeiter bleibt auf der Strecke. Ein wichtiges Buch für die Verantwortlichen in Unternehmen.

Campus Verlag · Frankfurt/New York